新时代
部队理论学习
前沿问题研究

国防大学习近平新时代中国特色社会主义思想研究中心　编写

贺　霞　汤俊峰　主编

人民出版社

目　录

第一篇
强国必须强军，军强才能国安

第一章

习近平强军思想是实现党在新时代强军目标的科学指南

第一节　习近平强军思想的深远战略考量

强国强军的千秋伟业，必须靠雄韬伟略引领铸就。习近平强军思想，以宏阔高远的战略视野谋划新时代强军伟业，点亮了照耀强军征程的思想灯塔，为我军实现强军目标、迈向世界一流立起了光辉旗帜，正在引领"中华号"巨轮在世界军事革命大潮中劈波斩浪、行稳致远，胜利驶向强军制胜的新境界。

一、从经受执政考验的高度统筹谋划，把确保绝对忠诚与永葆革命初心、提高履行使命任务能力统一起来

执政考验是我们党面临的"四大考验"之首，经受住执政考验在维护国家安全中居于核心地位。推进安全与发展、强国与复兴，首要的是谋划如何过好执政关，确保党的领导始终是中国特色社会主义的最本质特征和最大优势，确保中国共产党始终是最高政治领导力量。习近平强军思想，是从政治高度谋划军事的宏图大略，其中包括从经受执政考验视角进行的战略思考和设计。总体来看，这一战略上的顶层设计就是要

求人民军队把确保绝对忠诚与永葆革命初心、提高履行使命任务能力统一起来，做到为巩固中国共产党领导和我国社会主义制度提供战略支撑。

国家大柄，莫重于兵。巩固党的执政地位，必须毫不动摇坚持党对人民军队的绝对领导，确保部队绝对忠诚，使党和人民的政权得到军队的坚定捍卫和坚强支撑。必须看到，党的执政地位不是自封的，而是因为党始终紧紧与人民站在一起而取得的，是得到人民的高度认可和衷心拥护的。由此出发，对党绝对忠诚、捍卫和支撑党的执政地位的军队也必须是人民的军队。习近平强军思想，一方面强调党对人民军队的绝对领导是人民军队建军之本、强军之魂，必须全面贯彻党对人民军队的绝对领导的一系列原则和制度；另一方面下大力气解决问题积弊，永葆人民军队性质、宗旨、本色。这就把军队的党性和人民性高度统一起来，使我军始终是绝对忠诚、绝对纯洁、绝对可靠的人民军队。

一支政治上可靠的军队，必须同时是军事上过硬的军队。政治上的可靠有赖于军事上的过硬提供的力量保证，政治上的忠心与初心必须与强大的军事能力有机结合在一起。习近平强军思想，在明确听党指挥是灵魂、作风优良是保证的同时，明确能打胜仗是核心，强调建军治军抓住这三条，就抓住了要害，就能起到纲举目张的作用。近年来，习主席以巨大政治勇气和强烈责任担当，带领全军重振政治纲纪，坚定不移推进政治整训，有效解决了弱化党对人民军队绝对领导的突出问题；重树作风形象，强力推进正风肃纪反腐，有效解决了不正之风和腐败现象滋生蔓延的突出问题。当前，经受住执政考验，关键是要有强军底气和能战底牌。我们要把人民军队的战斗力当作军队的生命力，当作党的生命力的终极保障，大力提高基于网络信息体系的联合作战能力、全域作战能力，保证社会主义红色江山永不变色。

二、从实现强国复兴的高度统筹谋划，把打造坚强战略支撑与保持强军的"度"统一起来

目标，是战略筹划的中心环节，是全局之纲。治党治国治军千头万绪，战略筹划必须紧紧扭住宏伟目标通盘考量。我们党和国家的战略目标，就是全面建成社会主义现代化强国，实现中华民族伟大复兴的中国梦。习近平强军思想，把国防和军队建设放在实现中华民族伟大复兴这个大目标下来认识和推进，把强国复兴作为战略核心点和根本着眼点来谋划强军兴军。这个谋划，既体现了强国必须强军、强大人民军队必须为强国复兴提供坚强战略支撑的基本逻辑，又体现了在追赶世界强国的时代条件下必须保持强军的"度"的战略考量。

历史的发展紧要处往往只有几步，搞好了就上去了，搞不好就可能出问题，甚至出大问题。当前，我国安全的内涵外延、时空领域、内外因素都在发生深刻变化。我们发展的战略机遇期，与国力跃升关键期、追赶强国敏感期、安全风险高发期、矛盾问题攻坚期叠加交织，对维护国家安全的要求更高了，对强军的"强"要求也更高了。习近平强军思想"十个明确"的科学体系，第一个明确就是："强国必须强军，巩固国防和强大人民军队是新时代坚持和发展中国特色社会主义、实现中华民族伟大复兴的战略支撑。"这一"明确"鲜明地要求我军必须把握新时代国家安全战略需求，增强忧患意识和进取精神，以时不我待、只争朝夕的紧迫感，加快提升履行新时代使命任务能力，以足够的"强"保证民族复兴进程不被打断，支撑国家的"强"不断向上向好。

强军如此重要，但这并不足以要求我们让强军的"强"超越强国的"强"，而是必须使强军的"度"恰到好处，使强军成为强国的标配，决不能"过度"成为"错配"。强军的"度"就是介于强军上限与下限之间的范围，国力可承受的阈限是强军的上限，确保支撑强国进程是

火箭军某旅在发射场进行夜间火力突击演练。　　　　　　　　（刘明松摄）

强军的下限。超越上限会步入苏联衰亡覆辙，在与西方强国"比宝"中被抽干经济血脉；不及下限会被敌对势力武力肢解，进入亡国灭种的绝境。上限下限取其中，才能真正实现强军支撑下的和平发展、强国复兴。习主席科学把握强军的"度"，高度警惕对军事力量的功能作用定位过高、以过度超前的军事消耗拖垮整个国家的危险，多次引用先哲"国虽大，好战必亡"的名句来警醒人们，强调要建设同我国国际地位相称、同国家安全和发展利益相适应的巩固国防和强大军队，从而有力地抵制和防范让军事发展超前于国际地位和国家安全需求的错误倾向。在习近平强军思想引领下，我军既坚定不移打造强国复兴的战略支撑，又绝不陷入因过度强军拖垮强国的泥沼，使强军兴军始终运行在正确轨道上。

三、从构建人类命运共同体的高度统筹谋划，把建设世界一流军队与打造维护世界和平的坚定力量统一起来

中国共产党是有着远大理想抱负和崇高价值追求的马克思主义政党，既主张"为人民谋幸福""为民族谋复兴"，又强调"为世界谋大同"；既注重从中国人民和中华民族的根本利益出发来定位自己的使命，又注重从世界人民根本利益和人类文明发展的高度来拓展自己的使命，强调始终把为人类作出新的更大的贡献作为自己的使命，明确向全世界宣示坚持走和平发展道路，推动构建人类命运共同体。这样的使命追求和伟大倡议，为新时代中国共产党人的战略运筹确立了道义制高点和最高着眼点。习近平强军思想，把建设世界一流军队与打造维护世界和平的坚定力量统一起来，使人民军队能够积极适应国际体系变革、构建人类命运共同体的时代要求，确保能够为促进世界和平与发展提供战略支撑。

命运共同体，往往在同一个时代大潮中竞合而成。这个时代大潮，既是和平、发展、合作、共赢更加强劲的时代大潮，又是"惊涛拍岸，卷起千堆雪"的世界新军事革命大潮。同一个潮流，催生同一个梦想。世界新军事革命大潮，融汇着世界各国军队普遍追求强军的共同梦想。构建人类命运共同体，要求我军必须跟上甚至引领世界新军事革命潮流，成为这个大潮中的弄潮儿。习近平强军思想，将强军的坐标既置于历史的经纬中把握，又置于世界的舞台上观照，在当今世界军事革命大潮中谋划强军目标，在当今世界军事博弈大棋局中确立强军方略，明确党在新时代的强军目标是建设一支听党指挥、能打胜仗、作风优良的人民军队，必须同国家现代化进程相一致，力争到2035年基本实现国防和军队现代化，到本世纪中叶把人民军队全面建成世界一流军队。这一概括定位，引领我军建设强大的现代化陆军、海军、空军、火箭军、战略支援部队、联勤保障部队和武装警察部队，毅然决然踏上到世界军事

发展潮流中击水弄潮的新征程。

打造人类命运共同体，必须使这个共同体中的强大军事力量成为维护世界和平与发展的坚定力量。在当今世界百年未有之大变局中，中国致力于打造人类命运共同体，为破解各种世界性难题贡献中国智慧和中国方案，同时在习近平强军思想指引下着力建设世界一流军队、打造维护世界和平的坚定力量。习主席强调，"中国不认同'国强必霸'的陈旧逻辑"，"中国将坚定不移走和平发展道路"。① 这表明，无论人民军队多么强大，都是维护世界和平的坚定力量。中国军力的日益强大，不是对世界的威胁，而是对和平与发展的保障，是人类文明进步力量的增长。这表明，在习近平强军思想指引下，人民军队越强大，对世界和平的维护也越有效。着眼承担更多国际责任义务和为世界提供更多公共安全产品，把人民军队全面建成世界一流军队，必将为营造和平稳定、平等互信、合作共赢的国际安全环境增添更为重要的战略砝码，使"中国主张"更容易为世界所重视，使"中国声音"更容易为世界所聆听，使中国的发展壮大日益为推动世界大变局向人类文明进步方向演变不断贡献力量。

第二节　习近平强军思想创立形成的时代条件

一切新事物的产生、新理论的出现，都有着深刻的客观现实需求和时代背景。一个时代的伟大，在军事上必然有它的表现。党的十八大以来，中国特色社会主义进入新时代，国防和军队建设也进入新时代，习近平强军思想就是新时代我们党在军事上的鲜明理论标志。深刻认识强国强军的新时代是习近平强军思想创立形成的时代条件，具有重要的

① 《习近平谈治国理政》第一卷，外文出版社 2018 年版，第 266 页。

认识论方法论意义。

一、习近平强军思想是基于世界百年未有之大变局的深刻洞察

对时与势的科学判断和正确把握，是我们党谋划国防和军队建设的基本依据。习主席以全球视野、世界眼光、天下情怀，科学分析国际形势发展演变，深刻揭示我国外部环境基本特征和复杂局面，多次强调"当今世界正面临百年未有之大变局"。大变局的重大判断意蕴丰富，本质是国际力量大洗牌、国际秩序大重构；内涵是危与机相统一、破与立相衔接、变与不变的二重奏；突出特征是"四大趋势"。

世界权力大转移，新兴国家群体性崛起。世界就是一盘大棋局，世事如棋局局新。百年来，世界权力首次向非西方世界转移扩散。新兴市场国家和发展中大国力量显著上升，国际权力不再是少数西方国家你输我赢的"换手"，国际主导权"西方化"的历史惯性正在发生改变，过去几个西方大国凑在一起决定世界大事的时代已经一去不复返了。"东升西降"的历史发展势头已经出现，资本主义的压力感和危机感与日俱增。在国际体系重塑过程中，美国不甘心被人"动奶酪"，持续升级单边制裁，将美国主导、服务美国的秩序强加于国际社会，不断加剧世界局势的动荡紧张。

国际变量大迸发，多重因素撼动旧局。世界形势白云苍狗，波谲云诡。政治多极化、经济全球化、文化多样化、社会信息化、安全威胁多元化前所未有地同时并存，成为大变局新的时代环境。第四次工业革命扑面而至，大数据、人工智能、区块链、量子科技等蓬勃兴起，成为推动大变局的加速器。美国知名教授保罗·肯尼迪在《大国的兴衰》中指出，历史上的大国都不是被崛起国家打败的，而是被维护国际秩序的成本拖垮的。为了避免这样的结果，美国执意奉行本国第一、本国优先，

大搞单边行径，不断退群毁约，不但放弃自身应当承担的国际义务，还把牟取一己私利建立在损害别国正当利益的基础之上。今天的美国正在成为当代国际秩序的最大破坏者。

发展模式大竞争，"向东看"成为一种潮流。苏联解体后，中国特色社会主义的成功实践，极大改变了世界社会主义与资本主义力量对比失衡局面。2018 年，中国经济总量占世界经济总量的 16.7%，相当于印度、巴西、南非、俄罗斯总和的 1.72 倍，近年来对全球经济增长年均贡献率超过 30%。中国特色社会主义的理论先进性、道路启发性、制度优越性、文化可亲性更加突出，"朋友圈"越来越大。中国的成功实践，拓展了发展中国家走向现代化的途径，给世界上那些既希望加快发展，又希望保持自身独立的国家提供了全新选择和参照范例。但是，中国的成功，让西方国家"感觉到战略上的震动"，它们忧惧自身中心地位和既得利益受到来自中国的"威胁和挑战"，屡屡抛出"中国威胁论"，将中国视为其拓展霸权的对手，采用冷战思维，不断压制社会主义中国的发展空间。

和平发展大挑战，天下很不太平。回顾历史，大变局多与血雨腥风相伴，通过惨烈战争、缔结条约体系方式定局。当前和平与发展的时代主题没有变，以中国为代表的和平力量，摒弃通过战争塑造体系的老路，积极参与改革完善全球治理体系。同时和平发展面临新的挑战，世界经济复苏缓慢，逆全球化浪潮来势汹汹，地缘政治争夺加剧，各种传统和非传统安全威胁交织涌现，和平赤字、发展赤字、治理赤字、信任赤字日益突出，极端主义、种族主义和恐怖主义全球肆虐，热点地区小战不断、冲突不止，全球动荡源和风险点增多。世界和平与发展受到种种挑战阻力，我国越走近世界舞台中央，各种风险内外联动、交织叠加的风险就越大，特定情况下可能多点并发。

这"四大趋势"深刻表明，当前国际形势正处在新的转折点上，国际体系进入加速演变和深刻调整时期。习近平强军思想，把我军建设放在国际体系深度调整、中国全面回归世界舞台中央的历史进程中深度考量，深刻把握军事力量对重塑国际体系的战略功能，体现了以大国强军应对变局、引领变局、塑造变局的大思考大智慧。

二、习近平强军思想是基于中华民族复兴图强的战略运筹

实现中华民族伟大复兴，是中华民族近代以来最伟大的梦想，也是中国共产党自成立以来的初心使命。实现中国梦对军队来说就要实现强军梦。没有一支强大的军队，没有一个巩固的国防，中国梦就难以真正实现。以军队强大支撑国家强盛，是世界上大国崛起的历史规律，也是习主席运筹谋划新时代国防和军队建设的根本着眼点。习近平强军思想的创立形成，正是深刻把握了"我国正处于由大向强发展的关键阶段"这一国内历史条件，它必定指引我军为捍卫祖国取得的伟大历史性成就、扎实推进民族伟大复兴新征程而保驾护航。

始终坚持政略统领战略、军事服从政治。近代中国军力赢弱，饱受列强欺凌，现代化进程一再被打断，实现民族复兴成为一代又一代炎黄子孙、华夏儿女矢志不渝的追求，成为中国人民的最高利益，是新时代中国的高昂旋律和精神旗帜，也是党和国家工作最大的大局。习主席指出："国防和军队建设，必须放在实现中华民族伟大复兴这个大目标下来认识和推进，服从和服务于这个国家和民族最高利益。"[1] 军事和政治之间的关系处理好坏，事关国家前途和命运。中华民族五千多年来，强国梦总是与强军梦相融交织在一起。"战争是流血的政治"[2]，"战争是政

---

[1]　阮青主编：《中国特色社会主义理论体系建设 40 年》，人民出版社 2018 年版，第 249 页。

[2]　《毛泽东选集》第二卷，人民出版社 1991 年版，第 480 页。

治的继续"①，马克思主义者始终把这一原理作为考察战争和军事问题的理论基础。习近平强军思想，准确把握政治和军事日益增强的相关性整体性，始终从实现民族复兴的政治和全局高度，思考认识战争问题，统筹推进军队建设，筹划指导军事行动，深刻揭示了政治与军事之间的辩证关系和基本原理。

始终坚持国防实力与经济实力相匹配。深化改革、开放搞活，我国经济建设持续高速发展，综合实力不断增强，但军事实力跟不上的问题一直很突出。如果把综合国力比作一个木桶，各个要素就是木桶的木板，军事实力就好比底板，有短板就装不满水，但如果底板脆弱、不够坚实，就难以承重、持重。纵观历史，经济发展与国防建设从不是独立存在的，而是在不断发展中相辅相成，强军是强国的标配。古今中外的历史充分说明：国防实力必须同经济实力相匹配，经济社会发展到哪一步，国防实力就要跟进到哪一步，不然就不能为经济社会发展提供有力安全保障。习近平强军思想，着眼国防实力与经济实力相匹配，深刻回答了富国与强军、发展与安全、经济与国防等一系列根本性的重大战略课题。

始终坚持军队使命服从服务于党的使命。当前，我国由大向强、将强未强，既面临走近世界舞台中央的历史机遇，更面临"登顶冲刺"的压力阻力。习主席从政治、经济、战略安全等方面列举一系列需要高度重视的风险，强调我国安全的内涵外延、时空领域、内外因素正在发生深刻变化，安全需求的综合性、全域性、外向性特征更加突出；新形势下我国国家安全和社会安定面临的威胁和挑战增多，特别是各种威胁和挑战联动效应明显。军事手段是实现伟大梦想的保底手段和坚强后盾，我军历来以党的意志为意志，以党的主张为主张，以党的方向为方向，

---

① 《列宁全集》第 37 卷，人民出版社 2017 年版，第 347 页。

以党的使命为使命，党和人民所需就是军队使命任务所系，必须牢牢把握新时代国家安全战略需求，为实现中华民族伟大复兴提供战略支撑。习近平强军思想，始终着眼于实现中华民族伟大复兴的中国梦，围绕强军兴军创造性提出一系列战略性、前瞻性的重大战略思想，积极回应强国对强军的时代呼唤，全面彰显以强军支撑强国的历史担当。

三、习近平强军思想蕴含着掌握战略主动权的深谋远虑

世界军事领域竞争，与世界政治经济等领域发展变化相互呼应、相互传导，对国际政治军事格局产生了重大影响，是世界大发展大变革大调整的重要内容之一。当今世界，战争形态加速向信息化演进，智能化战争初现端倪，作战方式深刻变革，战场空间多维拓展，新概念新技术迭代更新，大国军事竞争日益激烈，国际军事竞争态势发生重大变化。习近平强军思想，紧扣世界军事发展时代脉动，瞄准世界军事领域发展前沿，充分吸纳世界军事文明优秀成果，着眼抢占 21 世纪战略主动权，创造性地打开了军事理论和实践发展新空间。

从特征上看，21 世纪以来，人类社会进入前所未有的创新活跃期，新一轮科技、产业、军事"三大革命"融合孕育、叠加兴起，使得这轮新军事革命具有划时代意义。表现为根本性，这是军事史上最为深入、最为彻底、最高层次的革命，其结果是信息化战争甚至智能化战争形态取代机械化战争形态；表现为系统性，涉及军事领域方方面面、军事力量所有要素，都将发生质的变化；表现为快速性，当年冷兵器革命持续4000 多年，热兵器革命经历 900 多年，机械化军事革命经历 200 多年，而当前的新军事革命来势凶猛，呈指数级增长、裂变式发展；表现为深刻性，世界主要国家改革正从军事技术层面、军事组织层面、作战理论层面，深入军事文化层面，提出军事转型文化、联合文化和理论创新文化等。这场军事革命仍在加速推进，军事电子信息技术快速发展，太空

和网络攻防技术成为军事竞争新的制高点，纳米技术、临近空间技术、高超声速技术不断取得突破，新概念武器向实战化方向发展，武器装备远程精确化、智能化、隐身化、无人化趋势更加明显。

从实践上看，世界主要国家纷纷调整安全战略、军事战略，调整军队组织形态，抢占军事竞争制高点。美军全力推进"二次转型"，力图与潜在对手拉开时代差；俄军深入推进"新面貌"军事改革，英、法、德、印等国也不断采取新的重大军事举措，日本企图实现从"基础防卫力量"向"机动防卫力量"转型……在世界军事革命大势之下，变则兴，缓变则衰，不变则亡。特别是高新技术在军事领域运用的速度、广度、深度前所未有，对战争形态和作战方式产生决定性影响。普京发表的 2018 年度国情咨文，披露了俄罗斯 6 种战略武器，包括核动力巡航导弹、"萨尔马特"洲际弹道导弹、"匕首"高超音速导弹、"先锋"高超音速导弹、战斗激光武器、无人潜航器等。美国实施"第三次抵消战略"，企图利用颠覆性技术优势抵消中俄的军事实力，重点技术包括复杂系统、无人系统、隐身、远程、电磁五大领域。叙利亚战争中，美俄投入 F-22、苏 -57、无人机等大批信息化智能化武器，就是想利用战场这个平台检验新军事革命在技术革新上的最新成果。

从发展上看，这轮新军事革命正在孕育新的质变。人类近代史上历次科技革命和产业变革，都对军事领域产生了根本性影响，直至改变战争形态。人类用什么方式生产，就会用什么方式打仗。以人工智能、生物交叉、网络信息、微纳米等为代表的新兴技术，很可能在军事上产生颠覆性作用。特别是人工智能快速发展，人类正迈向未曾开垦的感知智能以及更高阶的认知智能新大陆，类脑芯片、大数据、云计算或超算、深度学习等新技术层出不穷，使人工智能在图像识别、自然语言识别及人机博弈性游戏对抗中别开生面，大有"奇点临近"之势。人工智能使"未来已来"，推动军事智能化快速发展，将全面塑造新的战争形态、军队组织形态和战斗力生成模式，引发军事领域链式突破。目前，世界各军事强国纷纷加大人工智能应用的投入力度，致力于打造具有常识、情景感知和效能更高的军事系统，抢占未来军事竞争制高点。美国明确提出把军事智能作为"改变战场游戏规划"的关键技术领域，重点发展自主创新系统、人机协同决策、机器辅助人员作战、网络赋能自主武器等。还大力发展"算法战"，通过大数据分析、机器学习、计算机视觉算法、卷积神经网络技术，加速人工智能在军事领域的应用。可以预见，人工智能发展将更加深刻影响世界新军事革命，信息化军事革命的未来发展走向，必然是从数字化到网络化至智能化。

在激烈的国际军事竞争中掌握主动，就必须紧跟世界新军事革命潮流。这一轮新军事革命和国际军事大竞争，对创新军事战略、军事技术、作战思想、作战力量、组织体制、军事理论等，既带来历史性机遇，也提出全方位挑战。机遇和挑战，抓住了就是机遇，就能乘势而上；抓不住就是挑战，就可能错过整整一个时代。习近平强军思想放眼世界、因时而变、应势而动，对未来人民军队进行前瞻设计和主动布局，引领我军以大格局、大胸怀拥抱世界，坚定不移走中国特色强军之路，深刻揭示了当代世界军事发展的新理念新趋势新规律。总而言之，习近平强军思想，就是在上述时代背景下孕育产生的，是在回应和解答时代课题过程中丰富发展的，可以说是应民族复兴梦而生，应军队"强起来"而立，凝结着时代精神的精华。

第三节　习近平强军思想的辩证唯物主义意蕴

学习和运用马克思主义唯物辩证法，一直是我们党提倡的优秀传统，也是我们党极大的思想优势和理论优势。党的十八大以来，习主席坚持辩证唯物主义的基本原理和基本方法，深刻把握新时代国防和军队建设的大战略，深刻洞悉新时代军事变革的大趋势，谋划强军之路、破解强军难题、把握强军方略、推进强军事业，形成了习近平强军思想。我们应深刻领悟习近平强军思想中贯穿的辩证唯物主义意蕴，从中汲取哲学智慧和理论力量，不断提高辩证思维能力，在理论和实践的统一中奋力实现强军梦。

一、唯物论意蕴：坚持以实事求是谋划强军之路

辩证唯物主义是马克思主义理论的哲学基础。恩格斯曾指出："全部哲学，特别是近代哲学的重大的基本问题，是思维和存在的关系问题。"① 辩证唯物主义第一次真正解决了思维和存在的关系这一哲学基本问题，是哲学史上的伟大变革，是马克思主义区别于其他一切唯心主义和旧唯物主义的根本标准。辩证唯物主义科学揭示了世界的物质统一性，将自然界和人类社会真正置于科学唯物论的视野。物质统一性原理的真谛是坚持从现实实践出发而不是从意识出发理解事物。毛泽东同志把这一原理表述为"实事求是"。实事求是是马克思主义活的灵魂，是我们一切思想路线、理论路线和实践路线的核心。习主席指出："世界物质统一性原理是辩证唯物主义最基本、最核心的观点，是马克思主义哲学的基石。遵循这一观点，最重要的就是坚持一切从客观实际出发。"② 理解和运用实事求是这一思想，必须立足客观实际洞察趋势、把握大局、制定政策、推动工作。

当前的客观实际是什么？就是中国特色社会主义进入新时代。当今我们面临的客观现实就是军队要为坚持和发展中国特色社会主义，为实

① 《马克思恩格斯文集》第4卷，人民出版社2009年版，第277页。
② 中共中央宣传部编：《习近平总书记系列重要讲话读本（2016年版）》，学习出版社、人民出版社2016年版，第279页。

现中华民族伟大复兴提供战略支撑，这是认清形势特点、筹划战略安排、制定军事政策的客观基点。习主席着眼上述客观基点，全面把握国际国内发展大势，站在国家安全和发展的战略高度，紧紧围绕新时代建设一支什么样的强大人民军队、怎样建设强大人民军队，提出了一系列新思想新观点新论断，筹划了一系列重大决策、重大改革、重大行动。当然，我们面对的客观实际并非一成不变的，而是一直处于发展变化之中。习近平强军思想准确把握了新时代国防和军队建设的新趋势新变化，从实际出发不断调整和完善强军指导，提出了新时代军队使命任务、新时代军事战略方针、新时代国防和军队建设的战略安排和战略重点等一系列重大思想，成为我们在大变革时代中坚如磐石的科学指南和行动纲领。

辩证唯物主义并非片面的"唯物质论"，而是十分重视意识的反作用和能动性。辩证唯物主义的精髓在于"能动性"，强调主体不是消极被动接受客观现实，而是主体可以能动地改造世界。习近平强军思想强调意识的反作用，强力纠治理想信念动摇、党性原则丧失、作风纪律涣散等问题，强力推进反腐惩恶、纠治"四风"等行动，有效解决了危及我军性质和根基的"负作用"意识问题；强调意识的能动性，注重把精神文化作为强军兴军的深层战略资源，把革命意志作为强军兴军的坚强精神保证，把信仰信念作为强军兴军的终极精神力量，强化"四个意识"，培养"四有"新时代革命军人，充分激发了意识的巨大能动性。

强军道路上，坚持辩证唯物主义方法论，我们就要始终坚持世界的物质统一性原则，深入强军实践、深入基层实际进行系统全面的调查研究，把客观存在事实和状态弄明白，把事物的本质和联系搞清楚，以实事求是的姿态谋划国防和军队建设；我们还要始终坚持对马克思主义的信仰、对中国特色社会主义的信念、对实现中国梦强军梦的信心，充分发挥意识的能动性，以崇高的精神激励广大官兵不懈奋斗。

二、矛盾论意蕴：坚持以问题导向破解强军难题

问题是时代的先声。矛盾是辩证唯物主义的基本范畴，是指事物自身所包含的既相互排斥又相互依存、既对立又统一的关系。矛盾存在于一切事物发展的始终，既有普遍性，也有特殊性。问题是矛盾的表现形式，学习和运用矛盾论，归根结底是为了发现问题、解决问题。我国自古就有朴素的矛盾论思想，"阴阳相推而生变化""反者道之动""相反相成"等思想深刻影响着我们的文化认知。毛泽东同志把马克思主义与中国革命实践相结合，写出了著名的《矛盾论》。《矛盾论》是中国革命实践经验的总结，是马克思主义基本原理和中国具体实际相结合的光辉典范。习主席指出："矛盾是事物联系的实质内容和事物发展的根本动力，问题是矛盾的表现形式，人类认识世界和改造世界的过程就是发现问题、解决问题的过程。"① 党的十八大以来，中国之所以能够取得举世瞩目的成就，离不开直面矛盾、攻坚克难的问题意识和具体实际导向。理解和运用矛盾论这一根本方法，要承认矛盾的客观性、普遍性，掌握矛盾运动的本质和规律，善于抓住主要矛盾。在现实实践中，矛盾的具体表现就是各种各样的问题，运用矛盾论，要的是增强问题意识，坚持以问题导向直面矛盾、认识矛盾、破解矛盾。

党领导下的人民军队从小到大、从弱到强的发展成就，归根结底就是一个不断直面矛盾、不断认识矛盾、不断解决矛盾的过程。如果对国防和军队建设中的重大现实矛盾熟视无睹、畏缩不前、听之任之，势必量变引起质变，导致矛盾发生根本性恶化，造成难以弥补的重大损失和战略失误。党的十八大以来，习主席坚持强烈的问题意识，以巨大政治魄力和历史担当，针对国防和军队建设中存在的政治领导、体制机

---

① 本刊编辑部：《学好用好马克思主义哲学这个看家本领》，《求是》2019 年第 1 期。

制、练兵备战、作风纪律等方面的突出问题，重振政治纲纪、重塑组织形态、重整斗争格局、重构建设布局、重树作风形象，在解决矛盾中带领人民军队浴火重生、阔步向前。我军取得的深层次、根本性变革和历史性、创造性成就充分表明，强烈的问题意识和正确的矛盾分析法是习近平强军思想的根本方法之一。

强军道路上，我们要正确把握矛盾的本质，积极面对矛盾、解决矛盾，注意把握好主要矛盾和次要矛盾、矛盾的主要方面和次要方面的关系，善于抓住事关人民军队宗旨性质、战略利益、战斗力生成的主要矛盾，做到"秉纲而目自张，执本而末自从"，推动人民军队建设和改革不断顺利前进；要坚持鲜明的问题导向，既要善于发现问题，更要敢于解决问题，尤其是针对形式主义、官僚主义、和平积弊等反复发作、久治不愈的顽疾毫不松懈、持续用力，从根本上破解强军难题。

三、辩证法意蕴：坚持以辩证思维把握强军方略

辩证思维是马克思主义哲学的核心思维方法。恩格斯曾指出："蔑视辩证法是不能不受惩罚的。"① 辩证思维要求我们用普遍联系和整体发展的观点看问题，深刻把握对立统一、质量互变、否定之否定三大主要规律，深刻把握现象与本质、形式与内容、原因与结果、偶然与必然、可能与现实、内因与外因、共性与个性等基本范畴。唯物辩证法深刻揭示了自然、社会和思维的客观辩证运动规律，为我们全面、系统、联系地认识客观世界和主观世界提供了科学方法。毛泽东同志在延安时期曾将马克思主义哲学形象地比喻为"望远镜"和"显微镜"。习主席非常重视学习和运用辩证思维，不止一次强调要善于从全局上抓住问

---

① 《马克思恩格斯选集》第 4 卷，人民出版社 1995 年版，第 300 页。

新疆军区某红军师官兵在昆仑高原进行攻防战术演练。　　　　　　　（刘永摄）

题的本质，善于用联系和发展的观点把握事物的规律，并指出，我们的事业越向纵深发展，就越要不断增强辩证思维能力。理解和运用辩证思维这个根本方法，最重要的是把思想方法搞对头。要坚持发展地而不是静止地、全面地而不是片面地、系统地而不是零散地、普遍联系地而不是单一孤立地观察事物、处理关系，反对思维方法的形而上学、机械主义；要坚持以全局的视野、长远的眼光、战略的高度理解和把握事物的本质，在历史和现实的思考中做好工作，防止思维的短视、肤浅；要坚持两点论和重点论的统一，在对立统一中把握规律，找准抓住事物的主要矛盾、重点要害、关键环节，防止思维的片面化。

习近平强军思想创造性坚持和运用辩证思维方法研究解决国防和军队建设发展问题，处处闪耀着唯物辩证法的思维理念。国防和军队建设的各种关系十分复杂，这就要求我们善于处理务虚与务实、局部和全局、当前和长远、重点和非重点的关系，在权衡利弊中趋利避害，作出最为有利的战略抉择。因此，新时代分析、思考和谋划问题，必须坚持唯物辩证法，以辩证思维正确处理重大问题、复杂局面和战略态势。比如，坚持战争与和平的辩证法，指出"能战方能止战，准备打才可能不必打，越不能打越可能挨打，这就是战争与和平的辩证法"①，为新时代军事指导提供了基本方法论；坚持整体协调推进强军建设，站在强军实践领域各个要素普遍联系的哲学高度，提出了政治建军、改革强军、科技兴军、依法治军和"五个更加注重"的战略指导，统筹推进军队建设、改革和练兵备战各个方面协调发展；坚持重点论和两点论的统一，善于抓住关键、找准重点、把握规律，辩证分析事关全军的重大问题，突出作风建设、战斗力标准、政治制度建设、军事战略方针等关键，正确处理安全和发展、当下和长远、各方面建设和提升战斗力、自主创新和立足实际等关系，全面系统有重点地分析和解决问题，克服了主观化、极端化和片面化的问题。

强军道路上，我们必须深刻领悟和学习运用习近平强军思想大气磅礴、精妙缜密的辩证思维方法，紧密结合新时代强军目标，以辩证思维方法把握强军方略、解决具体问题，提高运用军事辩证法指导国防和军队建设的理论自觉和方法自觉；我们要在解决矛盾中抓好贯彻落实，善于运用辩证思维分析和解决复杂矛盾，在事关战略全局、战斗力生成和长远发展的重要领域和关键环节取得实质性突破。

四、实践论意蕴：坚持以科学实践推进强军事业

思想是时代之精华，实践是思想之来源。实践的观点是马克思主义

---

①　中共中央宣传部编：《习近平总书记系列重要讲话读本（2016 年版）》，学习出版社、人民出版社 2016 年版，第 252 页。

哲学首要的、基本的观点。马克思指出，"哲学家们只是用不同的方式解释世界，而问题在于改变世界"①。辩证唯物主义第一次把实践概念引入传统哲学研究领域，彻底纠正和颠覆了以往哲学只是从被动客体或者朴素直观去解释世界的局限性，克服了旧唯物主义主客二分、片面强调客观自然性的不足。马克思主义实践论认为，社会生活本质上是实践的，实践是认识和改造客观世界的基础，是检验真理的唯一标准。中华民族向来重视务实理性的实践精神，强调"知先行后""知之真切笃实处即是行，行之明觉精察处即是知""纸上得来终觉浅，绝知此事要躬行"，将"知行合一"作为传统思想的核心内涵之一。我们党历来坚持实践第一的原则，强调以行促知、实干兴邦。邓小平同志曾说过，"世界上的事情都是干出来的，不干，半点马克思主义都没有"②。"实践决定认识，是认识的源泉和动力，也是认识的目的和归宿，根本的还是要靠实践出真知"③。理解和运用科学实践这一根本方法，就要坚持做到知行合一，在实践中深化认识，在认识中推进实践；就要坚持现实和实践相统一，勇于破除教条主义和经验主义的束缚，坚持从变化的实际出发，提高实践创新能力。

习近平强军思想产生于强军兴军的伟大实践之中，又指导、发展国防和军队建设实践，鲜明体现了马克思主义实践论的哲学智慧，具有重要的实践意义。党的十八大以来，习主席就国防和军队建设提出一系列新思想新战略新举措，出台一系列重大改革方针政策，推出一系列重大战略举措，推进一系列重大工作，逐渐形成了科学严谨、实践性强的习近平强军思想。这一思想直面实践挑战，着眼实践要求，解决实践问

---

① 《马克思恩格斯选集》第 1 卷，人民出版社 2012 年版，第 140 页。

② 沈传亮主编：《向邓小平学习》，人民出版社 2014 年版，第 100 页。

③ 中共中央党校（国家行政学院）：《习近平新时代中国特色社会主义思想基本问题》，人民出版社、中共中央党校出版社 2020 年版，第 423 页。

题，始终贯穿着科学辩证的唯物主义实践观，是当代鲜活的马克思主义军事实践思想，是实现国防和军队现代化的科学理论指导和行动指南，对推进建设世界一流军队的伟大实践具有重要作用。比如，坚持以战斗力标准检验成效，突出强调在全军牢固树立起战斗力这个唯一的根本的标准，紧紧围绕强军目标做好各项军事斗争准备，不断提升我军实战化水平；坚持科学实践观的重要性，强调在解放思想和实事求是中把握正确实践观，在机遇与挑战中推进巩固国防和军队的历史实践，在斗争与重建中推进破除积弊、浴火重生的改革实践，在捍卫国家主权和领土完整中推进建设世界一流军队的伟大实践；坚持实干兴军、持之以恒，做到亲力亲抓、知行合一，善始善终、善作善成，以钉钉子精神把各项工作落到实处。

强军道路上，我们要全面贯彻落实习近平强军思想所蕴含的实践精神和实践理念，坚持把提高战斗力作为第一要务，努力研究新时代军事斗争克敌制胜的实践方法；坚持把握世界新军事变革发展大势，全面深化国防和军队改革实践，构建系统完备、功能齐全、相互贯通的科学实践体系；坚持真学真用、学用一致，切实学习践行习近平强军思想的实践要求，在统一思想、凝聚力量上取得实践成效。

新时代新使命新目标，坚持辩证唯物主义世界观和方法论，就有了解决强军道路上各种问题挑战的正确立场、观点和方法，就有了应对世界局势风云变幻、保证能打仗打胜仗的战略眼光和制胜法宝。我们要自觉地学习运用辩证唯物主义，把学习马克思主义经典著作、基本原理同学习习近平新时代中国特色社会主义思想、习近平强军思想特别是贯穿其中的辩证唯物主义思想紧密结合起来，从中汲取智慧和力量，不断提高运用辩证唯物主义观察、分析和解决问题的能力，在提高主观世界理论水平和改造客观世界中全面推进国防和军队现代化，努力把人民军队建设成为世界一流军队。

第四节　不断开拓马克思主义军事理论发展的新境界

2018 年 12 月 18 日，习主席在庆祝改革开放 40 周年大会上的讲话中强调："必须坚持马克思主义指导地位，不断推进实践基础上的理论创新。"① 这一重要论述，为我们丰富发展和学习贯彻习近平强军思想指明了方向。马克思主义军事理论是马克思主义关于战争和军队等问题的科学理论体系，是马克思主义理论的重要组成部分。我们党对马克思主义军事理论既一脉相承又与时俱进。学习研究习近平强军思想，就是把中国化的马克思主义军事理论作为我们的思想武器，指导新时代实现强军伟业，不断开创马克思主义军事理论发展的新境界。

一、开拓新境界就是坚持发展马克思主义战争观，揭示新时代战争的本质根源和性质问题

马克思、恩格斯运用他们所创立的唯物史观研究战争，提出战争根源于私有制和阶级、战争是阶级之间的暴力斗争、战争在一定条件下可以引起革命、经济是战争暴力的根本物质基础、暴力是孕育新社会的旧社会的助产婆等重要思想，创立了具有完整科学形态的马克思主义战争观。这种战争观，是建立在历史唯物主义基础上的战争学说，是马克思主义军事理论的核心和基石，集中表现为战争根源于社会基本矛盾运动的基本理论，深刻揭示了战争的起源、本质及其与经济、政治等社会因素的本质联系，在人类军事思想发展史上实现了战争观的一次最伟大的深刻变革。列宁、斯大林在继承的基础上，着重阐述了帝国主义和无产

---

① 习近平：《在庆祝改革开放 40 周年大会上的讲话》，人民出版社 2018 年版，第 25 页。

阶级革命时代的战争理论，提出帝国主义就是战争、帝国主义争夺世界霸权是战争的根源、帝国主义战争必然引起无产阶级革命。毛泽东同志根据所处时代特征和中国特殊国情，科学总结了我军正反两个方面的实践经验，深刻揭示了中国武装夺取政权的历史必然性和战争的社会基础，科学分析了当时中国的政治、经济发展的不平衡规律，成功探索和实践了由农村包围城市、最后夺取城市的暴力革命的正确道路，系统论述了战争是流血的政治、政治是决定战争胜负的基本因素、战争伟力根源于民众之中、兵民是胜利之本等重要观点，坚持将革命政治贯彻于战争的全过程、各个阶段和各个方面，最大限度地强化和发挥我军政治上的优势，以奠定进行革命战争的坚实的政治基础，充分肯定广大人民群众在革命战争中的重要地位和伟大作用，新中国成立后确定了建设现代化国防和现代化正规化革命军队的基本目标，阐明了建设强大国防对于维护国家主权和安全的重大作用，提出了正确处理国防建设与经济建设相互关系的理论，作出了霸权主义和强权政治仍然是当代战争的主要根源的新论断。邓小平同志在 20 世纪七八十年代论及当代世界和平与发展等问题时又多次明确指出："霸权主义是世界最危险的战争策源地，是危害世界和平、安全和稳定的根源。"[①] 江泽民同志在新的形势下也明确指出："霸权主义和强权政治仍然是威胁世界和平与稳定的主要根源。"[②] 从而丰富和创新发展了马克思主义战争观，提供了观察分析和指导战争及一切军事问题的根本观点和方法。

党的十八大以来，习主席对马克思主义战争观进一步丰富和发展，进行了深入的阐述。从战争的根源看，习主席指出，尽管"世纪疫情和百年变局交织，国际格局深刻演变。人类社会正在经历百年来最严重的

---

① 中共中央文献研究室编：《邓小平年谱（1975—1997）》（上），中央文献出版社 2004 年版，第 491 页。

② 《十五大以来重要文献选编》（上），人民出版社 2000 年版，第 42 页。

传染病大流行，世界经济正在经历上世纪 30 年代大萧条以来最严重的衰退"，但"我们坚信，和平与发展的时代主题没有改变，世界多极化和经济全球化的时代潮流也不可能逆转"。① 同时，国际竞争的"丛林法则"并没有改变，霸权主义、强权政治和新干涉主义有所上升，"世界仍很不太平，战争的达摩克利斯之剑依然悬在人类头上"。② 从战争的本质看，战争是政治的继续，这是马克思主义战争理论的一个基本观点。习主席指出："筹划和指导战争，必须深刻认识战争的政治属性，坚持军事服从政治、战略服从政略，从政治高度思考战争问题。"③ 这一重要论述深刻阐明了战争与政治的辩证关系，明确了战争指导的根本原则。同时，他还指出，当今时代，军事和政治的联系更加紧密，在战略层面上的相关性和整体性日益增强，政治因素对战争的影响和制约愈发突出，军事斗争的政治性、政策性、敏感性显著增强。从战争的性质来看，虽然新的军事变革使得当代战争的作战手段、作战样式、作战对象发生了根本性的变化，但是，"依靠武力对外侵略扩张最终都是要失败的"④，从而表明了反对非正义战争的原则立场。

二、开拓新境界就是坚持发展马克思主义人民战争理论，探索充分发挥新时代人民战争的整体威力问题

人民战争思想是马克思主义军事理论的重要基石。马克思主义经典作

① 《习近平出席金砖国家领导人第十二次会晤并发表重要讲话》，《人民日报》2020 年 11 月 18 日。

② 傅婉娟、许炎：《今天，我们应该有怎样的战争观》，《解放军报》2018 年 12 月 20 日。

③ 何怀远：《军安邦的大智慧》，《解放军报》2016 年 12 月 28 日。

④ 李谦、王远：《"中国共产党百年瞬间" 习近平出席全民族抗战爆发 77 周年仪式并发表讲话》，央广网，2021 年 7 月 7 日，见 https://baijiahao.baidu.com/s?id=1704626330152519856&wfr=spider&for=pc。

家运用历史唯物主义观察战争，对人民群众在战争中的地位和作用作出科学阐释，深刻揭示了人民战争是被压迫人民、被压迫民族进行争取阶级解放、民族解放的革命战争的最有效方式，指明了"真正的革命战争"或"真正的民族战争"必然是由代表人民利益的革命政治力量领导的人民战争，而这样的人民战争必然是正规军作战与人民群众的广泛游击战相结合的战争，所采取的战略战术必须有利于实现两者的结合，从而创立了马克思主义的人民战争思想。以毛泽东同志为主要代表的中国共产党人，把马克思主义普遍真理运用于中国革命战争实际，在理论与实践的结合上系统全面地解决了依靠人民进行革命战争的问题，创建了一整套动员人民、组织人民、武装人民进行革命战争的方式方法，实行了一整套建立在人民战争基础之上的战略战术，导演了一场人类历史上罕见的波澜壮阔的伟大的人民战争，形成了独具特色的毛泽东人民战争思想，从而极大丰富和发展了马克思主义人民战争理论。随着改革开放的深入发展和社会主义市场经济体制的建立，以邓小平、江泽民、胡锦涛同志为主要代表的中国共产党人，善于运用马克思主义人民战争思想的科学世界观和方法论，积极探索新的时代条件下集聚人民群众力量，发挥人民战争威力的新机制、新方法，推动马克思主义人民战争思想的不断创新和发展。

进入新时代，世界新军事革命深入发展，武器装备远程精确化、智能化、隐身化、无人化趋势明显，太空和网络空间成为各方战略竞争新的制高点，战争形态加速向信息化战争演变。

面对这些新挑战新问题，习主席指出，"不论形势如何发展，人民战争这个法宝永远不能丢，要把握新的时代条件下人民战争的新特点新要求，创新内容和方法，充分发挥人民战争的整体威力"①。我们应当善于运用马克思主义人民战争思想的科学世界观和方法论，积极探索新的

---

① 毕京京：《强国强军的战略思考》，人民出版社 2019 年版，第 142 页。

2016 年 8 月 5 日，美国国防部高级研究项目局宣布，名为"破坏"的超级计算机系统在美国拉斯维加斯举行的首次机器黑客大赛中拔得头筹，成为最强"机器黑客"。本次大赛旨在提高信息安全，改变目前基于漏洞的软件安全攻防依赖于人的现状，推动人工智能参与网络安全攻防。图为 8 月 5 日在美国拉斯维加斯拍摄的机器黑客大赛现场。 (郭爽摄)

时代条件下集聚人民群众力量，发挥人民战争威力的新机制、新方法，实行适应时代发展的新型人民战争，推动马克思主义人民战争思想的不断创新和发展。

三、开拓新境界就是坚持发展马克思主义战争指导理论，不断增强新时代军事战略指导的积极性主动性问题

马克思和恩格斯在创建马克思主义军事理论的过程中，根据指导欧洲各国无产阶级革命运动的需要，高度关注当时世界各地发生的各种各样的战争，他们所撰写的大量战争评论，不仅论及这些战争的政治、经济问题，而且深入讨论了这些战争的战略战术问题，提出了战略的奥妙在于集中兵力、正确规定基本打击方向、积极防御是最有效的防御、实行多种形式多种力量相配合的人民战争等重要战略战术原则，形成了体现辩证唯物主义和历史唯物主义精神的战争指导理论。列宁和斯大林在领导俄国无产阶级武装夺取政权、反对帝国主义武装干涉和反法西斯卫国战争中，根据他们所面对的战争实际，提出了战略就是规定基本打击方向、积极防御承认必要的退却并以转入反攻为目的、在主要突击方向集中强大的突击集团、掌握预备队并要有巩固的后方等重要战争指导原则，丰富和发展了马克思主义战争指导理论。毛泽东同志在领导波澜壮阔的中国革命战争实践中，先后提出了"十六字诀""诱敌深入""积极防御""把游击战提升到战略地位""十大军事原则"等重要战争指导原则，创建了具有中国特色的人民战争战略战术思想，为马克思主义军事理论宝库增添了全新的内容。新中国成立后，积极防御战略思想作为党和国家政策的集中体现，其内涵不断地充实和丰富，为国防和军队现代化建设和军事斗争提供了理论依据和实践遵循。20 世纪 90 年代初，针对两极格局终结和新军事变革兴起，江泽民同志提出了以打赢高技术条件下局部战争为基点，以"遏制战争，打赢战争"为核心的战略指导。进入21 世纪，又确立了打赢信息化条件下的局部战争这一基点，提出了"遏制危机，控制战局，打赢战争"的战略指导。

坚持积极防御，是总结历史经验、科学判断现实和未来得出的结论。新时代，习主席着眼国家发展战略和安全战略新要求，与时俱进创新军事战略指导，领导制定新时代军事战略方针，确立了统揽军事力量建设和运用的总纲。习主席指出："要把新时代军事战略思想立起来，把新时代军事战略方针立起来，把备战打仗指挥棒立起来，把抓备战打仗的责任担当立起来。"① 这一重要论述中，第一次提出新时代军事战略

---

① 《习近平谈治国理政》第三卷，外文出版社 2020 年版，第 391 页。

思想和新时代军事战略方针，表明中央军委把军事斗争准备提到了一个新的高度，是我军今后很长时期内的工作重点。全军要贯彻积极防御的重要战略思想，推动方针要求进入军队建设、改革和军事斗争准备工作实践，充分发挥方针的引导和牵引作用，增强新时代军队履行使命能力，坚决完成党和人民赋予的各项任务。

四、开拓新境界就是坚持发展马克思主义建军理论，在实现中华民族伟大复兴的背景下谋划国防和军队建设问题

马克思主义建军理论是马克思主义军事理论的重要组成部分。马克思主义的创始人马克思、恩格斯认为，军队是国家机器的主要构成之一，任何阶级要取得政权并巩固政权，必须拥有一支服从自己意志的军队。军队是实行阶级统治的主要工具之一。他们运用唯物史观深入研究了军队发展的历史，特别是深入研究了资产阶级军队的历史，揭示了军队建设的基本规律，提出了建设无产阶级军队的设想，为无产阶级建设自己的军队进行了必要的理论准备。比如，关于军队是阶级统治的暴力工具；没有一个人民的军队，便没有人民的一切；无产阶级的军队是无产阶级专政的首要条件；无产阶级的军队只能接受无产阶级政党的领导，党对军队的绝对领导是建设无产阶级军队的根本原则，政治工作是人民军队的生命线；军队战斗力的构成取决于多方面因素；军队进步的关键在改革；等等。马克思主义建军理论所揭示的军队建设普遍规律，是无产阶级军队建设的基本规律。列宁、斯大林在领导俄国无产阶级建立苏维埃国家政权的过程中，创建了世界上第一支无产阶级政党领导的军队，并运用这支军队战胜了帝国主义的武装干涉和国内反革命势力的武装叛乱，巩固了新生的人民政权，同时形成了一整套适合苏联情况的无产阶级建军理论，发展了马克思主义建军理论。毛泽东同志在探索中国革命道路的过程中，正确解决了如

何在一个半殖民地半封建的国家里，把一支以农民为主要成分的革命军队改造为新型的无产阶级军队的问题，创立了体现中国无产阶级革命要求的人民军队思想，进一步丰富和发展了马克思主义建军理论。改革开放以后，邓小平同志要求我军要始终不渝地坚持自己的性质，并将我军的性质概括为"党的军队，人民的军队，社会主义国家的军队"①。世纪之交，我军建设面临反"和平演变"斗争，以及对外开放和发展社会主义市场经济等新情况所带来的新考验，对此，江泽民同志明确指出，我军要"始终保持无产阶级性质，坚持为人民服务的宗旨，在错综复杂的斗争中保持正确的政治方向"②。进入新世纪新阶段，胡锦涛同志高度关注并紧紧抓住党对军队绝对领导这个首要问题不放。正是由于我军矢志不渝地坚持了无产阶级领导的人民军队的革命性质，才保证了军队建设的正确方向，保证了我军的健康成长和不断壮大。

当今世界正面临百年未有之大变局，我国进入由大向强发展的关键阶段，我国安全和发展同外部世界的交融性、关联性、互动性不断增强。党的十八大以来，中国特色社会主义进入新时代，国防和军队建设也进入新时代，我们正处于新旧格局转换、新旧秩序更迭、新旧体系更替的关键期，必须在实现中华民族伟大复兴的战略背景下谋划国防和军队建设。从强军使命上看，强国必须强军，巩固国防和强大人民军队是新时代坚持和发展中国特色社会主义、实现中华民族伟大复兴的战略支撑。从强军目标上看，党在新时代的强军目标是建设一支听党指挥、能打胜仗、作风优良的人民军队，必须同国家现代化进程相一致，力争到2035 年基本实现国防和军队现代化，到本世纪中叶把人民军队全面建成世界一流军队。从强军方略上看，推进强军事业必须坚持政治建军、

---

① 《邓小平文选》第三卷，人民出版社 1993 年版，第 334 页。
② 中共中央文献研究室编：《江泽民思想年编（1989—2008）》，中央文献出版社 2010 年版，第 40 页。

改革强军、科技兴军、依法治军，更加注重聚焦实战、更加注重创新驱动、更加注重体系建设、更加注重集约高效，全面提高革命化现代化正规化水平。从强军举措上看，改革是强军的必由之路，创新是引领发展的第一动力。

站在新时代的高度，我们要以广阔的视角，通过对马克思主义的基本原理和本真精神的发掘，通过经典理论与重大现实问题的对话，从理论到实践、从历史到现实的结合中学习和研究习近平强军思想，从而紧跟新时代战争和军事实践的发展，不断开辟马克思主义军事理论发展的新境界。

第五节　把学习贯彻习近平强军思想进一步引向深入

把学习贯彻习近平强军思想进一步引向深入，是一项重要的政治任务和战略任务，需要在以下方面用功着力。

一、着力树牢强军思维

不仅要准确把握习近平强军思想的基本观点和科学体系，更要深入掌握蕴含其中的科学方法，确立和树牢强军思维。这些科学思维作为新时代军事思维方式，是唯物辩证法在当代中国军事领域的运用和发展，是马克思主义军事辩证法创新发展的最新成果。这一思维方式内涵丰富，贯穿于强军认识和实践活动的方方面面，包含一系列具体的思维方法。如坚持从政治看军事，强军服从服务强国、战略服从服务政略的政治思维；坚持实践第一，从实践出发思考国防和军队现代化建设的实践思维；坚持问题导向，把分析矛盾、解决问题、开拓发展作为着力点的创新思维；坚持大局观念，从全局出发思考问题的战略思维；坚持体系思考，全面把握和妥善处理各方面各领域各环节关系的系统思维；坚持居安思危，筹谋应对最不利态势和情形的底线思维；坚持历史分析，从宏大的历史进程分析把握当代中国军事现状和未来发展的历史思维；坚持世界眼光，从国际体系、世界战略格局和大国博弈棋局的发展变化来认识处理当代中国军事发展问题的全球思维；等等。这些思维方法从各个方面深刻揭示和反映了党中央、中央军委和习主席认识强军问题、推进强军实践的价值立场、认识基点、着力重点、创新品格、全局观念、整体取向、危机意识和时空特色。把这些科学思维学习好、把握好、运用好，是学习贯彻习近平强军思想的根本要求，也是评价强军思想是否落细落地落实的重要标准。

2020 年 12 月 9 日，北部战区陆军某边防连"东极哨所"官兵迎着朝阳举行升旗仪式。

（李宝成摄）

二、着力推进强军实践

思想源于实践,又指导实践、成于实践。推动习近平强军思想贯彻落实,根本的是要准确把握其实践要求,全面推进强军实践,把习近平强军思想提出的目标步骤、方针原则、建设方略和作战思想、战略设计转化为现实的军事力量体系和强大的作战能力,有效塑造态势、管控危机、遏制战争、打赢强敌,为民族复兴提供坚实的战略支撑。强军实践是需要长期推进的系统工程,有其鲜明的精神特质和实践要求。要着力倡导弘扬四种精神,推进展开四种实践:首先是倡导弘扬集体主义精神,推进展开各安其位、各司其职、各尽所能、紧密配合的体系化实践;其次是倡导弘扬法治精神,推进展开以强军思想和军事战略为指导,以作战筹划、建设规划、发展计划为遵循和依据的有序化实践;再次是倡导弘扬职业精神,推进展开以精细精准精要为标准,以专业知识专业素养为依托的专业化实践;最后是倡导弘扬创新精神,推进展开以发现新问题、揭示新机理、开创新领域、获取新成效为价值取向的开拓性实践。通过倡导弘扬四种精神,推进展开四种实践,厚植强军实践的思想基础和精神力量,增强强军实践的战略性、有序性、科学性、创新性和有效性。

三、着力破解强军难题

把学习贯彻习近平强军思想引向深入的过程,就是破解矛盾问题的过程。党的十八大以来,军队建设取得了五个方面的成就,就是从破解五个方面的突出矛盾问题进行梳理总结的,这是如何看待矛盾问题和成绩成就的重要方法论。在这一过程中,既要破解战略性的技术难题和武器装备、编制体制、军事观念、能力素质等方面的矛盾问题,也要着力解决形式主义问题。形式主义长期存在,阻碍发展的全局,是强军途中必须搬开的"拦路虎""绊脚石"。形式主义本质上是唯心主义和形而上学，反映在实践和工作的方方面面。在工作指导上，集中表现为"缺乏针对性、上下一般粗"；在工作态度上，集中表现为"重轰轰烈烈、轻脚踏实地"；在工作过程中，集中表现为"学用不一致、知行不统一"；在工作内容上，集中表现为"换汤不换药、新瓶装老酒"；在工作评价上，集中表现为"重表不重里、重虚不重实"。形式主义是习近平强军思想贯彻落实的大敌，是强军兴军的大敌，必须放在更加突出的位置认真加以解决。

第二章

改革强军是决定军队未来的关键一招

第一节　深入贯彻习主席关于改革强军重要论述
坚定不移走中国特色强军之路

党的十八大以来，习主席在领航改革强军伟大进程中，着眼实现中国梦、强军梦，对深化国防和军队改革作出一系列重要论述，开启引领了人民军队整体性、革命性重塑的伟大变革，实现了全方位的历史性突破，取得了开创性的理论成果、实践成果、制度成果，人民军队体制一新、结构一新、格局一新、面貌一新，朝着实现党在新时代的强军目标、把人民军队全面建成世界一流军队阔步前进。

一、习主席关于改革强军重要论述是深化国防和军队改革伟大实践的行动纲领

党的核心、军队统帅、人民领袖的决心意志，是推进改革的根本保证。深化国防和军队改革能够攻坚克难、连战连捷、成果巨大，根本在于习主席亲自领导、亲自决策、亲自推动，在于习主席关于改革强军重要论述的科学引领。

习主席亲自提议把深化国防和军队改革作为全面深化改革的重要组

成部分，写入党的十八届三中全会决定，上升为党的意志。习主席亲自担任中央军委深化国防和军队改革领导小组组长，领导改革调研论证和方案拟制工作，面对面听取有关领导同志意见建议，多次主持重要会议决策改革重大问题。习主席出席一系列军队改革工作会议并发表重要讲话，向新调整组建单位授军旗、发布训词训令，两次亲自视察军委联合作战指挥中心，多次深入全军部队指导改革实施。

习主席关于改革强军重要论述，是习主席领导改革强军的创新创造，是习主席躬身实践、深邃思考、不懈探索的重大成果。习主席关于改革强军重要论述作为统领改革全局的"魂"，推动各项改革的"纲"，在我军具有划时代意义的整体性、革命性重塑中彰显出巨大真理光芒和实践伟力，指导深化国防和军队改革取得重大历史性成就，解决了许多长期想解决而没有解决的难题，办成了许多过去想办而没有办成的大事。

（一）推进领导指挥体制改革，形成"军委管总、战区主战、军种主建"的新格局

"军委管总、战区主战、军种主建"总原则，既是对领导指挥体制的全新设计，也是中国特色社会主义政治制度和军事制度有机结合的重大创新。根据这一原则，打破长期实行的总部体制、大军区体制、大陆军体制，构建起"军委—战区—部队"的作战指挥体系和"军委—军种—部队"的领导管理体系，实现了领导掌握部队和高效指挥部队有机统一。

着眼强化军委集中统一领导和战略谋划、战略管理功能，实行军委机关多部门制，调整组建15个职能部门，将原来权力高度集中的"总部领导机关"，变为军委直接领导下的参谋机关、执行机关、服务机关，使指挥、建设、管理、监督等链路更加清晰，决策、规划、执行、评估等职能配置更加合理。

着眼解决我军组织体系中长期存在的结构性短板，健全军兵种领导管理体制，成立陆军领导机构，将第二炮兵更名为火箭军，组建战略支援部队、联勤保障部队，完善战区陆军、海军、空军领导管理体制。

2019 年 10 月 1 日，庆祝中华人民共和国成立 70 周年阅兵式上的火箭军方队。

着眼适应打赢信息化战争需要，构建联合作战指挥体系，健全军委联合作战指挥机构，重新划设五大战区，打造坚强高效的战区联合作战指挥机构，构建平战一体、常态运行、专司主营、精干高效的战略战役指挥体系。

着眼编密扎紧制度的笼子，构建严密的权力运行制约和监督体系，组建新的军委纪委（军委监察委）、军委政法委和军委审计署，由中央军委直接领导，健全巡视制度和军事司法体制，形成决策权、执行权、监督权既相互制约又相互协调的权力运行体系。

着眼全面落实党对全国武装力量的绝对领导，调整武警部队领导指挥体制，按照"军是军、警是警、民是民"原则，党中央和中央军委对武警部队实行集中统一领导，实行中央军委—武警部队—部队领导指挥体制，同时将列武警部队序列、国务院部门领导管理的现役力量全部退出武警，将海警队伍转隶武警部队，将武警部队担负民事属性任务的黄金、森林、水电部队整体移交国家相关职能部门。

（二）推进规模结构和力量编成改革，构建中国特色现代军事力量体系

习主席把优化我军力量体系与健全领导指挥体制紧密结合起来，推动我军由数量规模型向质量效能型、由人力密集型向科技密集型转变，推动部队编成向充实、合成、多能、灵活方向发展。

聚焦精兵，重构规模比例。以结构功能优化牵引规模调整，官兵比例、机关与部队比例、作战部队与非战斗单位比例明显优化，我军总员额裁减30万，但作战部队人员不减反增，实现了"瘦身"与"强体"的统一。

聚焦联战，重构力量布局。调整军兵种结构比例，压减陆军员额，充实其他军兵种员额，大力优化各军兵种内部力量结构，整体重构联勤保障力量，推进预备役部队与现役部队一体建设和运用，改变了长期以来陆战型、国土防御型的力量结构和兵力布势。

聚焦多能，重构部队编成。将原来18个集团军重组为13个集团军，在全军主要作战部队实行旅—营体制，减少指挥层级，提高模块化水平，打造具备多种能力和广泛作战适应性的部队。

聚焦新质，重构新型作战力量。着眼提高新质作战能力，打造具有竞争优势的战略力量，下决心"腾笼换鸟"，加快淘汰老旧装备步伐，逐步形成以高新技术装备为骨干的武器装备体系。

聚焦人才，重构军队院校教育、部队训练实践、军事职业教育"三位一体"的新型军事人才培养体系。对军队和武警部队院校进行大范围整合，构建以联合作战院校为核心、兵种专业院校为基础的院校新布局，深化训练机构改革，建强联合作战指挥人才、新型作战力量人才、高层次科技创新人才、高水平战略管理人才等各方面人才队伍。

聚焦创新，重构军事科研体系。坚持科技兴军、创新驱动，重塑军事科学院，形成以军事科学院为龙头、军兵种科研机构为骨干、院校和部队科研力量为辅助的军事科研力量新布局，全面推动军事理论创新、国防科技创新、军事科研工作组织模式创新。

（三）推进政策制度改革，构建中国特色现代军事政策制度体系

习主席强调："军事政策制度调节军事关系、规范军事实践、保障军事发展，军事政策制度改革对实现党在新时代的强军目标、把人民军队全面建成世界一流军队，对实现'两个一百年'奋斗目标，实现中华民族伟大复兴的中国梦具有重大意义。"[①]

要着眼完善和发展中国特色社会主义军事制度，坚持政治建军、改革强军、科技兴军、依法治军，坚持确保党对军队绝对领导、全面深入贯彻军委主席负责制，坚持备战打仗导向，坚持调动军事人员积极性主动性创造性，整体设计和推进军队党的建设、军事力量运用、军事力量建设、军事管理等方面政策制度，建立健全符合现代军事发展规律，服务打仗、支撑打赢、约束有力、激励有效的政策制度体系。

完善军事人力资源政策制度。强化党管干部组织优势，以专业

---

① 《"军强才能国安"——学习〈习近平谈治国理政〉第三卷第十四专题》，光明网，2020年10月16日，见 https://m.gmw.cn/baijia/2020-10/16/34275327.html。

化为核心，科学设置军官发展路径，着力推进军官服役、分类管理、任职资格等制度改革，建立军官职业化制度，为建设强军兴军的高素质军官队伍提供有力制度保障。实行统一的文职人员制度，为各类优秀人才献身国防、报效国家搭建良好平台。同时，统筹推进士官制度、兵役制度改革，构建军人荣誉体系，让军人成为全社会尊崇的职业。

完善作战战备、军事训练、部队管理、后勤和装备建设等政策制度。着眼提高军事系统运行效率和我军建设质量效益，完善"需求—规划—预算—执行—评估"的战略管理链路，加强军费管理和资源统筹。推进军人医疗、保险、住房保障、工资福利等政策制度改革，让官兵有更多获得感。

习主席决策在国家层面加强对退役军人管理保障工作的组织领导，结合深化党和国家机构改革，组建退役军人事务部，更好为退役军人服务。全面停止军队有偿服务，是习主席着眼纯洁部队风气、保持我军性质本色作出的重大决策，在中央和国家机关、地方各级党委和政府大力支持下，军队不从事经营活动的目标基本实现。

二、习主席关于改革强军重要论述是一个内涵丰富、系统完整、富于创新、理论与实践高度统一的科学体系

习主席关于改革强军重要论述，是习近平强军思想中最富创新、尤为鲜亮的重要部分，深刻回答了新的时代条件下人民军队"为什么改、怎么改、改成什么样子"等一系列根本性方向性全局性重大问题。

（一）阐明了深化国防和军队改革的时代意义

习主席把深化国防和军队改革放到当今世界深刻变化的大格局、实现中国梦的大事业、国家改革的大盘子和强军兴军的大战略中来谋划。强调应对当今世界百年未有之大变局、有效维护国家安全，坚持和发展中国特色社会主义、协调推进"四个全面"战略布局，贯彻落实强军目标和军事战略方针、履行好新时代军队使命任务，必须深化国防和军队改革，这是实现中国梦强军梦的时代要求，是强军兴军的必由之路，是决定我军未来的关键一招。习主席从世情、国情、军情三个维度，全方位揭示了深化国防和军队改革面临的"时"与"势"，蕴含了宏大的战略视野、深邃的战略考量、强烈的战略忧患、坚毅的战略决心，谋的是民族复兴伟业，布的是富国强军大局，立的是安全发展之基，确立了深化国防和军队改革的时代方位和战略制高点。

（二）阐明了深化国防和军队改革的本质属性

党的十九大把"坚持党对人民军队的绝对领导"上升为新时代坚持和发展中国特色社会主义的基本方略。坚持党对军队的绝对领导，是中国特色社会主义军事制度的最大优势、最大特色，是人民军队的建军之本、强军之魂。习主席强调，深化国防和军队改革，是中国特色社会主义军事制度自我完善和发展，是为了更好发挥中国特色社会主义军事制度的优势。改革不是改向，变革不是变色。习主席从坚持和发展中国特色社会主义的战略高度，明确了改革坚持什么方向的根本问题，就是要更好坚持党对军队的绝对领导，更好坚持人民军队的性质和宗旨，更好坚持我军的光荣传统和优良作风。

（三）阐明了深化国防和军队改革的根本引领

建设一支听党指挥、能打胜仗、作风优良的人民军队，把人民军队建设成为世界一流军队，是党在新时代的强军目标，是统领新时代国防和军队建设的总纲。习主席强调，深化国防和军队改革，关键是要抓住强军目标这个"牛鼻子"，坚持用强军目标审视、引领、推进改革。习主席把强军目标作为改革必须抓住的"牛鼻子"，指明了深化国防和军队改革的根本方向，明确了深化国防和军队改革的聚焦点和着力点，提供了深化国防和军队改革的检验标尺。

（四）阐明了深化国防和军队改革的目标任务

习主席指出，深化国防和军队改革要"着力解决制约国防和军队建设的体制性障碍、结构性矛盾、政策性问题，推进军队组织形态现代化，进一步解放和发展战斗力，进一步解放和增强军队活力，建设同我国国际地位相称、同国家安全和发展利益相适应的巩固国防和强大军队，为实现'两个一百年'奋斗目标、实现中华民族伟大复兴的中国梦提供坚强力量保证"[①]。到 2020 年前，在领导管理体制、联合作战指挥体制改革上取得了突破性进展，在优化规模结构、完善政策制度等方面改革上取得了重要成果。习主席确定的深化国防和军队改革的目标任务，绘就了改革的宏伟蓝图，擘画了我军未来的样子，具有很强的科学性、指向性、实践性，与全面建成小康社会和全面建设社会主义现代化国家进程相一致，与推进国防和军队现代化"三步走"战略安排相衔接，为今后二十年、三十年国防和军队建设打下坚实基础。

（五）阐明了深化国防和军队改革的核心要求

习主席念兹在兹的是，在党和人民需要的时候，我们这支军队能不能拉得上去、打胜仗，各级指挥员能不能带兵打仗、指挥打仗。统帅的这个"胜战之问"令人警醒，深刻说明，不改革，军队是打不了仗、打不了胜仗的。习主席着眼有效履行新时代军队使命任务，把能打仗、打胜仗作为深化国防和军队改革的逻辑起点，牢固树立战斗力这个唯一的根本的标准，强化向改革要战斗力的思想，把改革主攻方向放在军事斗争准备的重点难点问题上，放在战斗力建设的薄弱环节上，让一切战斗力要素的活力竞相迸发，推动提高塑造态势、管控危机、遏制战争、打赢战争能力。

[①]　《习近平谈治国理政》第二卷，外文出版社 2017 年版，第 407 页。

（六）阐明了深化国防和军队改革的重要指向

习主席指出："没有军队组织形态现代化，就没有国防和军队现代化。"① 强调深化国防和军队改革，要适应战争形态加速演变新趋势，适应国家由大向强发展新形势，适应军队使命任务拓展新要求，加快推进军队组织形态现代化。习主席立足全面推进国防和军队现代化的全局，下决心破解与新形势新任务不相适应的深层次矛盾问题，深入推进领导指挥体制、力量结构、政策制度等各方面改革，在推动军队组织形态现代化上迈出历史性步伐，为赢得军事竞争优势提供有力制度支撑。

（七）阐明了深化国防和军队改革的战略举措

习主席强调，深化国防和军队改革要着眼于贯彻新形势下政治建军的要求，推进领导掌握部队和高效指挥部队有机统一，形成军委管总、战区主战、军种主建的格局；着眼于深入推进依法治军、从严治军，抓住治权这个关键，构建严密的权力运行制约和监督体系；着眼于打造精锐作战力量，优化规模结构和部队编成，推动我军由数量规模型向质量效能型转变；着眼于抢占未来军事竞争战略制高点，充分发挥创新驱动发展作用，培育战斗力新的增长点；着眼于开发管理用好军事人力资源，推动人才发展体制改革和政策创新，形成人才辈出、人尽其才的生动局面。② 这些战略举措，绘就了深化国防和军队改革的路线图、施工图，体现了体系设计与重点突破的统一、强固优势与开拓创新的统一，通过改革为实现强军目标、建设世界一流军队奠定坚实基础。

---

① 《习近平关于全面深化改革论述摘编》，中央文献出版社 2014 年版，第 127 页。

② 《十八大以来重要文献选编》（下），中央文献出版社 2018 年版，第 14—19 页。

强军之道，要在得人。图为 2021 年 11 月 25 日，陆军工程大学通信工程学院参赛一队在对抗赛中进行手枪射击课目比赛。
(彭希摄)

（八）阐明了深化国防和军队改革的科学方法

习主席指出，改革既要讲勇气，更要讲科学、讲方法。强调坚持问题导向，找准改革的主攻方向和突破口；坚持研机析理，把握未来战争形态演变趋势、信息化战争制胜机理、新形势下部队建设内在规律；坚持体系设计，注重改革的系统性整体性协同性；坚持开门搞改革，把调查研究贯穿始终；坚持积极稳妥，战略上勇于进取，战术上稳扎稳打；坚持底线思维，处理好改革和备战、稳定关系；等等。习主席大力倡导、亲身躬行的改革方法论，蕴含着马克思主义的立场观点和科学思维方式，是统筹改革全局、破解改革难题、推动改革落实的制胜法宝，确保了深化国防和军队改革梯次接续、有序推进，确保了部队安全稳定和各项任务完成。①

三、坚持把习主席关于改革强军重要论述贯彻到全面推进国防和军队现代化各领域全过程

党的十九大着眼坚持和发展中国特色社会主义、全面建设社会主义现代化强国，对新时代全面推进国防和军队现代化作出战略部署，科学规划了把人民军队加快建成世界一流军队的方向指引和实现路径。贯彻落实党的十九大决策部署，必须牢固确立习近平强军思想在国防和军队建设中的指导地位，深入贯彻习主席关于改革强军重要论述，坚定不移沿着中国特色强军之路砥砺前行，不断书写强军兴军的时代篇章。

（一）坚持把习主席关于改革强军重要论述作为精神旗帜，凝聚将深化国防和军队改革进行到底的意志和力量

深化国防和军队改革的实践充分证明，习主席关于改革强军重要论述是引领这场伟大变革的精神旗帜，是谋划改革、推进改革的总遵循，是统一思想、凝聚意志的集结号，充分彰显了习主席非凡的领袖风范、坚定的政治信仰、高超的战略智慧、强烈的历史担当。全军官兵从心底里对习主席信赖拥戴、看齐追随，对习主席关于改革强军重要论述坚决拥护、真诚信仰。真理之光照耀前行之路。深化国防和军队改革正向纵深推进，必须一以贯之地用习主席关于改革强军重要论述武装官兵头脑，进一步增强对深化国防和军队改革的理论认同、思想认同、情感认同、实践认同；必须一以贯之地用习主席关于改革强军重要论述指导改革实践，进一步激发破解改革进程中矛盾问题的智慧勇气；必须一以贯

---

① 全国干部培训教材编审指导委员会组织编写：《将改革进行到底》，党建读物出版社、人民出版社 2019 年版，第 192 页。

之地用习主席关于改革强军重要论述推动改革落实，进一步汇聚全面落细落稳各项改革任务的磅礴力量，坚决实现习主席深化国防和军队改革的决心意图。

（二）坚持把习主席关于改革强军重要论述作为锐利武器，推动国防和军队现代化主要领域取得重大突破

全面推进国防和军队现代化，根本出路在改革创新，要坚持运用习主席关于改革强军重要论述蕴含的先进理念、创新思维和科学方法，不断破解前进道路上的矛盾问题。要勇于重点突破，国防和军队现代化建设是一个系统工程，必须找准战略重点，深入构建联合作战指挥体系、新型军事管理体系、现代军事力量体系、新型军事训练体系、新型军事人才体系、国防科技创新体系、现代军事政策制度体系等，以重点突破带动整体提升。要勇于创新发展，把我军建设模式和战斗力生成模式转到创新驱动发展的轨道上来，下大气力抓理论创新、抓科技创新、抓科学管理、抓人才集聚、抓实践创新，让创新贯穿部队建设各领域和全过程。要勇于攻坚克难，发扬推进改革那种敢于直面问题、不怕困难，敢啃硬骨头、敢打硬仗，不畏险阻、勇往直前的精神，以真抓实干、埋头苦干、踏石留印、抓铁有痕的劲头，锲而不舍把各项建设推向前进。

（三）坚持把习主席关于改革强军重要论述作为行动准则，使中国特色强军之路越走越宽广

习主席关于改革强军重要论述根植时代、放眼未来、立意深远，涵盖国防和军队建设各个方面，是经过实践检验、富有实践伟力的科学真理，是推进强军兴军伟大事业必须长期坚持的行动纲领。要把习主席关于改革强军重要论述融入思维理念，内化于心、外化于行，作为谋划推进改革的根本遵循。要把习主席关于改革强军重要论述融入法规制度，把深化国防和军队改革取得的重要理论成果和实践成果固化下来，使之

成为推动国防和军队现代化的发展理念、工作指导、建设思路和具体举措，切实把习主席关于改革强军重要论述贯彻落实到国防和军队建设各领域和全过程。要把习主席关于改革强军重要论述融入作风建设，深入推进转变职能、转变作风、转变工作方式，按照法定职责权限抓工作，优化管理流程，创新管理机制，提高工作效率和现代管理水平，强化贯彻力、执行力，把习主席确定的各项改革举措不折不扣落实到位。在习主席关于改革强军重要论述的引领下，沿着中国特色强军之路，从胜利走向新的胜利。

第二节　深化国防和军队改革：重大意义、历史性成就与重要经验

党的十八大以来，党中央、中央军委和习主席站在实现"两个一百年"奋斗目标的时代高度，立足实现中国梦强军梦的宏伟蓝图，作出了深化国防和军队改革的重大决策并取得了历史性成就。深刻认识和把握人民军队从小到大、从弱到强、从胜利走向胜利的根本原因，系统梳理和总结深化国防和军队改革的重要经验，对实现党在新时代的强军目标、全面建成世界一流军队具有十分重要的现实意义。

一、充分认清深化国防和军队改革的重大意义

强国必须强军，军强才能国安。坚定不移地深化国防和军队改革，是实现党在新时代强军目标的必由之路，是打赢未来战争的关键一招，关乎党、国家和军队的前途命运，关乎中国特色社会主义事业的兴衰成败。

（一）深化国防和军队改革是总结历史经验教训作出的时代抉择

抓改革就是抓发展，谋改革就是谋未来。近代中国，封建统治者夜郎自大、故步自封，不想改、不愿改、不真改，错失改革良机，导致国家积弱积贫，成为军事竞争的落伍者，最后到了被动挨打的地步，使中国一次次走到亡国灭种的危险边缘。习主席就曾以强烈的历史忧患感深刻指出："军事上的落后一旦形成，对国家安全的影响将是致命的。我经常看中国近代的一些史料，一看到落后挨打的悲惨情景就痛彻肺腑！"①

改革创新、变革图强历来是我们党领导人民军队从胜利走向胜利的宝贵经验。习主席在庆祝中国人民解放军建军 90 周年大会上的讲话中深刻指出："人民军队成长发展史，就是一部改革创新史。"②革命战争年代，以毛泽东同志为主要代表的中国共产党人，成功地把以农民为主要成分的队伍建设成为无产阶级性质的新型人民军队，创立了一整套建军原则制度和人民战争的战略战术。在开启中国特色社会主义现代化建设进程中，以邓小平同志为主要代表的中国共产党人提出了建设一支强大的现代化正规化革命军队的总目标，领导实现军队建设指导思想战略性转变，走上了有中国特色的精兵之路。在中国特色社会主义推向 21 世纪进程中，以江泽民同志为主要代表的中国共产党人着眼解决"打得赢、不变质"的历史性课题，确立了我军建设"两个根本性转变"的改革目标，开启了我军军事体系由机械化向信息化的转型之路。新世纪新阶段，以胡锦涛同志为主要代表的中国共产党人着眼促进国防和军队建设科学发展，以推进军事理论、军事技术、军事组织体制、军事管理创新为抓手，积极稳妥推进国防和军队改革。党的十八大以来，以习近平同

---

① 《习近平关于总体国家安全观论述摘编》，中央文献出版社 2018 年版，第 54 页。

② 习近平：《在庆祝中国人民解放军建军 90 周年大会上的讲话》，人民出版社 2017 年版，第 8 页。

志为核心的党中央着眼发展和完善中国特色社会主义军事制度，把深化国防和军队改革纳入国家全面深化改革总体布局、上升为党的意志和国家行为，亲自挂帅、亲自领导、亲自设计，绘就改革强军宏伟蓝图，引领我们迈上实现强军兴军、建设世界一流军队的新征程。因此，我们不难发现，我军之所以始终充满蓬勃朝气，同我军与时俱进不断推进自身改革是紧密联系在一起的。

（二）深化国防和军队改革是顺应世界军事发展潮流的必然要求

进入 21 世纪第二个十年以来，世界新军事革命加速发展，战争基本形态加速向信息化战争演变。这深刻改变了国际力量对比，影响着国际战略格局走向，重塑了大国博弈新态势。为应对世界新军事革命，世界主要国家纷纷进行调整改革。美国着力实施"第三次抵消战略"，不遗余力进行军事技术和体制创新。俄罗斯积极推进"新面貌"军事改革，成立国家防务指挥中心和北极地区联合战略司令部等。习主席深刻指出，这场世界新军事革命"给我军提供了难得的历史机遇，同时也提出了严峻挑战"[1]。"在这场世界新军事革命的大潮中，谁思想保守、固步自封，谁就会错失宝贵机遇，陷于战略被动。"[2]

世界新军事革命大潮，浩浩荡荡，顺之者兴，逆之者亡。这就要求我党我军必须高度关注、积极应对。为此，党中央、中央军委着眼解决国防和军队建设的突出矛盾和问题，大刀阔斧进行深化国防和军队改革，着力构建中国特色现代军事力量体系。党的十九大报告明确提出，要"适应世界新军事革命发展趋势和国家安全需求，提高建设质量和效益，确保到二〇二〇年基本实现机械化，信息化建设取得重大进展，战略能力有大的提升。同国家现代化进程相一致，全面推进

---

[1]　中共中央宣传部编：《习近平总书记系列重要讲话读本》，人民出版社、学习出版社 2014 年版，第 134 页。

[2]　《习近平关于总体国家安全观论述摘编》，中央文献出版社 2018 年版，第 54 页。

军事理论现代化、军队组织形态现代化、军事人员现代化、武器装备现代化，力争到二〇三五年基本实现国防和军队现代化，到本世纪中叶把人民军队全面建成世界一流军队"①。特别是，"必须全面贯彻新时代党的强军思想，贯彻新形势下军事战略方针，建设强大的现代化陆军、海军、空军、火箭军和战略支援部队，打造坚强高效的战区联合作战指挥机构，构建中国特色现代作战体系"②，等等。这些军事指导理论、军事战略方针、军事力量体系和军队政策制度上的重大创新，这种从理论到体制、从结构到政策的历史性飞跃，都是适应世界新军事革命必须解决的方向性全局性根本性重大问题，也是对世界新军事革命所提要求的有力回应。

（三）深化国防和军队改革是实现中华民族伟大复兴的战略举措

历史反复证明，一个国家、一个民族在积贫积弱或将强未强之时，都是极易遭受侵略或围追堵截之时。而通过深化改革以提升国家战略能力特别是军事能力，成为处于或正处于这一阶段中国家和民族的唯一正确选择。我国正处于由大向强发展的关键阶段。当前，越是接近实现中华民族伟大复兴的目标，越要保持高度的战略清醒和战略定力，决不能犯颠覆性错误。必须在国家总体战略中兼顾发展和安全，把深化国防和军队改革纳入国家全面深化改革的总体布局，把国防和军队现代化融入国家现代化的历史进程，统筹筑牢安全和发展两大基石。这既是强国之策，也是强军之道。

实现中华民族伟大复兴的中国梦，实现党在新时代的强军目标、全面建成世界一流军队，根本的出路在深化国防和军队改革。我们党历来高度重视正确处理经济建设与国防建设的关系，新中国成立初期，

---

① 《党的十九大报告辅导读本》，人民出版社 2017 年版，第 52—53 页。
② 《党的十九大报告辅导读本》，人民出版社 2017 年版，第 52 页。

毛泽东同志在《论十大关系》中对这一战略问题进行了系统论述。改革开放后逐步形成了军民结合、寓军于民等一系列重大思想。党的十八届三中全会，党中央、习主席提出从体制、机制、法制上构建起统一领导、军地协调、顺畅高效的组织管理体系，国家主导、需求牵引、市场运作相统一的工作运行体系，系统完备、衔接配套、有效激励的政策制度体系。唯如此，我们才能更加充分更加高效地建设强大军队，形成强大军事能力，为维护国家和平发展营造良好安全环境，为实现中华民族伟大复兴的中国梦提供坚强力量保证。

二、全面总结深化国防和军队改革取得的历史性成就

党的十八大以来，在习近平新时代中国特色社会主义思想特别是习近平强军思想的指引下，人民军队着眼实现党在新时代的强军目标、全面建成世界一流军队，重整行装再出发，实现了政治生态重塑、组织形态重塑、力量体系重塑、作风形象重塑，在中国特色强军之路上迈出了铿锵有力的坚实步伐。

（一）军队政治生态得到根本性治理

政治建军是我军的立军之本。党的十八大以来，习主席始终把坚持党对军队绝对领导作为强军之魂，高度重视从思想上政治上建设和掌握部队，亲自提议并领导召开古田全军政治工作会议，集中研究解决新的历史条件下党从思想上政治上建设军队的重大问题，鲜明提出我军政治工作的时代主题，强调把四个带根本性的东西牢固立起来，开启了思想建党、政治建军的新篇章。坚持思想领先，持续深入用党的创新理论武装官兵，持续深入学习贯彻习近平新时代中国特色社会主义思想，持续深入固信念铸军魂，积极做好"三进入"工作，习近平强军思想在国防和军队建设中的指导地位日益牢固。紧紧扭住党对军队绝对领导不放松，毫不动摇坚持党对军队的绝对领导的一系列根本原则和制度，坚决

图为位于福建省龙岩市上杭县古田镇的古田会议会址。　　　　　　（秦宏摄）

维护和贯彻军委主席负责制，持续深入抓好主题教育活动，深化开展党史军史学习教育，深入实施红色基因代代传工程，坚决打好意识形态主动仗，党对军队绝对领导的政治自觉和实际能力不断提升，维护核心、听从指挥的忠诚信仰不断强化。认真贯彻全面从严治党要求，高标准抓好党内教育活动，制定和落实军委加强自身作风建设十项规定，集中开展"四个整顿"专项整治，全面停止军队有偿服务工作，全面彻底肃清郭徐房张流毒影响，突出打好思想清理、组织清理两场战役，人民军队政治生态得到有效治理，我军迈上重整行装再出发的强军兴军新征程。

（二）军队组织架构实现革命性变革

党的十八大以来，习主席亲自决策把深化国防和军队改革纳入全面深化改革的总盘子，召开中央军委改革工作会议，发出全面实施改革强军战略、坚定不移走中国特色强军之路的伟大号召，全军上下坚持用党的强军目标审视改革、引领改革、推进改革，打破长期实行的总部体制、大军区体制、大陆军体制，调整组建5大战区、5大军兵种、15个军委机关职能部门，组建军委联合作战指挥机构和战区联合作战指挥机构，成立联勤保障部队，组建联勤保障基地和联勤保障中心，部署开展武警部队改革，构建起"军委—战区—部队"的作战指挥体系和"军委—军种—部队"的领导管理体系，形成了"军委管总、战区主战、军种主建"的新格局，实现了我军领导指挥和管理体制的革命性变革。

（三）规模结构和力量编成得到优化

习主席在纪念中国人民抗日战争暨世界反法西斯战争胜利70周年大会上宣布裁减军队员额30万。2016年12月，中央军委召开军队规模结构和力量编成改革工作会议，推出一系列解决结构性矛盾的重大改革举措，推动我军由数量规模型向质量效能型、由人力密集型向科技密集型转变。精简机关和非战斗机构人员，充实作战部队；调整改善军种比例，优化军种力量结构；改革部队编成，推动部队向充实、合成、多能、灵活方向发展；深化军队院校、科研机构、训练机构改革，打造军队院校教育、部队训练实践、军事职业教育"三位一体"新型军事人才培养体系，我军规模更精干、编成更科学、布局更优化。

（四）政策制度改革取得突破性进展

坚持转改并行，加速推进职能、作风、工作方式"三个转变"，军事人力资源政策制度改革高起点推进，坚持党管干部、党管人才，完善人力资源分类，整合人力资源管理职能，加强军事人力资源集中统管，积极开展军衔主导的军官等级制度改革试点，修订文职人员条例，着力推进军官职业化制度建设，我军人力资源政策制度体系建设迈上新台阶。加强退役军人服务保障体系建设，建立健全集中统一、职责清晰的退役军人管理保障体制，组建退役军人事务部，深化军人医疗保障、军人工资福利等政策制度改革，颁布实施《中华人民共和国英雄烈士保护法》《军队功勋荣誉表彰条例》《"八一勋章"授予办法》等法规，印发《作战部队指挥军官任职资格规定（试行）》《军人住房公积金贷款管理办法》等重要文件，改革完善军人退役养老保险制度，维护军人军属合法权益，体现军事职业特点、增强军人职业荣誉感自豪感的政策制度体系逐步建立，"让军人成为全社会尊崇的职业"的社会氛围日益浓厚。

（五）依法从严治军发生深刻转变

习主席针对部队特别是党员领导干部在理想信念、党性原则、革命精神、组织纪律、思想作风等方面存在的突出问题，紧紧扭住全面从严治党和全面从严治军不放松，深入推进治军方式的"三个根本性转变"，广泛开展"学法规、用法规、守法规"和法治军营创建活动，依法治官，依法治权，办事依法、遇事找法、解决问题用法、化解矛盾靠法的法治氛围正在形成。调整组建新的军委纪委、新的军委政法委，调整组建军委审计署，向军委机关部门和战区分别派驻纪检组，全部实行派驻审计，巡视和审计监督实现常态化、全覆盖，按区域设置军事法院、军事检察院，权力运行制约和监督体系实现历史性突破。2015年2月，中央军委出台《关于新形势下深入推进依法治军从严治军的决定》，对加强军队法治建设作出全面部署；及时下发《关于深化国防和军队改革期间加强军事法规制度建设的意见》，有效保证改革在法治轨道上运行；2018年4月，《内务条令》《纪律条令》《队列条令》经习主席签署颁布；2021年2月，新修订的《军队政治工作条例》颁布实施，中国特色军事法治体系更加完善。

三、深刻把握深化国防和军队改革的重要经验

改革只有进行时，没有完成时。改革永远在路上。在以习近平同志为核心的党中央坚强领导下，本轮深化国防和军队改革取得了令世人赞叹的历史性成就，取得了令世人惊叹的突破性进展。深入梳理总结其中的重要经验，深刻把握蕴含其中的改革发展规律，对稳步推进国防和军队改革以实现改革的最终目标，具有十分重要的意义。

（一）深化国防和军队改革必须坚持和巩固党对军队绝对领导这一根本原则

马克思主义认为，战争是政治通过另一种手段的继续。人民军队是执行革命政治任务的武装集团，军事必须服从政治，战略必须服从政略。深化国防和军队改革，必须牢牢把握正确政治方向，决不能在根本性问题上犯颠覆性错误。这是深化国防和军队改革必须把握的根本政治原则问题，也是我军改革发展取得成功的最重要的经验。

改革不是改向，变革不是变色。我军是中国共产党亲自缔造和领导的，必须始终坚持党对军队绝对领导的根本原则和制度。这是我们党在血与火的斗争中得出的颠扑不破的真理，是国防和军队改革发展的根本保证和政治命脉。习主席指出："深化国防和军队改革是中国特色社会主义军事制度自我完善和发展，是为了更好发挥中国特色社会主义军事制度的优势。改革是要更好坚持党对军队的绝对领导，更好坚持人民军队的性质和宗旨，更好坚持我军的光荣传统和优良作风。"① 国防和军队改革必须全面深入贯彻军委主席负责制，因为它是党对军队绝对领导的"龙头"，是确保国家长治久安的"定海神针"。党的十九大郑重将这一制度写入党章，彰显了我们党的政治自信和制

---

① 《习近平关于全面深化改革论述摘编》，中央文献出版社 2014 年版，第 127 页。

度自信。

我们必须清醒地认识到，无论军队怎么改，党指挥枪的原则不能丢，党对军队的绝对领导不能变。我们也必须清醒地看到，维护核心、听从指挥，最为关键的是坚决维护和贯彻军委主席负责制。这是深化国防和军队改革必须把握的首要政治方向和必须站稳的第一政治立场。

（二）深化国防和军队改革必须聚焦备战打仗提升实战化水平这一基本目标

军队首先是战斗队。能打仗、打胜仗始终是判定国防和军队改革成功与否的标准。深化国防和军队改革，必须牢牢把握能打仗、打胜仗这个聚焦点，既要向改革要战斗力，又要在改革中突出和贯彻战斗力标准，将改革向备战打仗聚焦，通过改革提升实战化水平，这是国防和军队改革必须坚持的根本标准和重要经验。

不同时代有不同的战争形态，面对不同作战对手有不同的战争形式。现代战争越来越呈现出信息主导、体系支撑，精兵作战、联合制胜等特点，建设强大的信息作战能力成为战争制胜的决定因素。深化国防和军队改革，就是要根据不同战争形态的演变而主动变革，就是要适应不同作战对手进行相应战争形式转变。深化国防和军队改革，必须紧紧抓住实现强军目标这个"牛鼻子"，牢牢把握能打仗、打胜仗这个聚焦点，把解决军事斗争准备重点难点问题作为主攻方向，构建联合作战体制，优化规模结构和部队编成，推动军种建设战略转型，大力发展新质作战力量，积极抢占未来军事竞争战略制高点，不断提高部队打赢高技术局部战争和信息化战争的能力。正如习主席所强调的，"实现强军目标，必须抓住战略契机深化国防和军队改革"，"以重点突破带动整体推进，让一切战斗力要素的活力竞相迸发，让一切军队现代化建设的源泉充分涌流"。①

（三）深化国防和军队改革必须坚持问题导向与强化革弊鼎新这一思维方法

习主席深刻指出，"国防和军队改革进入了攻坚期和深水区，要解决的大都是长期积累的体制性障碍、结构性矛盾、政策性问题"②。"不改革，不全面改革，不彻底改革，我军是打不了仗、打不了胜仗的"③。深化国防和军队改革，是自我革命，是换羽新生，是壮士断腕，必须大刀阔斧，敢于啃"硬骨头"，敢于涉险滩。只有坚持把改革摆在战略全局的突出位置，坚持问题导向，强化革弊鼎新，把问题作为研究制定政策的起点，把工作的着力点放在解决最突出的矛盾和问题上，才能牵住深化改革的"牛鼻子"，才能号准脉对症下药，才能在最短的时间内取得最突出的成果。

党的十八大以来，习主席面对制约国防和军队建设发展的顽瘴痼疾，大开大合，大破大立，破立并举，坚定不移推进政治整训，重振政治纲纪，有效解决弱化党对军队绝对领导的突出问题；大刀阔斧全面深化改革，重塑组织形态，有效解决我军建设的体制结构的突出问题；坚定捍卫国家核心利益，重整斗争格局，有效解决军事力量运用方面的突出问题；创新发展理念和方式，重构建设布局，有效解决我军建设聚焦实战不够、质量效益不高的突出问题；强力推进正风肃纪反腐，重树作风形象，有效解决不正之风和腐败现象滋生蔓延的突出问题。这都与问题意识、革弊鼎新的思维方法密切相关。

---

① 《习近平关于全面深化改革论述摘编》，中央文献出版社 2014 年版，第 124 页。

② 《习近平关于全面深化改革论述摘编》，中央文献出版社 2014 年版，第 118—119 页。

③ 《习近平新时代中国特色社会主义思想学习纲要》，学习出版社、人民出版社 2019 年版，第 194 页。

（四）深化国防和军队改革必须始终坚持加强和掌握思想教育这一中心环节

习主席每次谈及深化国防和军队改革，都会谈到要加强和掌握思想教育和引导。改革本身就是一场革命。深化国防和军队改革，改的是体制机制，动的是既得利益。一方面必须"开弓没有回头箭"，必须真刀真枪地干，才能"改革关头勇者胜"；另一方面又要坚持把思想教育摆上重要位置，进行艰苦细致的思想政治工作，才能把官兵的思想和认识统一到国防和军队改革的大局上、统一到党中央和中央军委的决策部署上来。这是深化国防和军队改革取得历史性成就的重要经验和制胜法宝。

众所周知，任何一场改革，都必然触动利益。面对改革，官兵没有思想活动是不可能的，这就要求必须把思想政治工作贯穿改革全过程，自觉把思想政治工作摆在各项工作的首位，密切关注官兵的思想动态，加大思想教育的力度，注重典型示范，加大人文关怀，解决思想问题与解决实际问题相结合，教育引导官兵增强政治意识、大局意识、号令意识，正确对待利益调整，才能引导官兵理解、拥护、支持、参与改革。正如毛泽东同志在《论联合政府》中指出的："掌握思想教育，是团结全党进行伟大政治斗争的中心环节。如果这个任务不解决，党的一切政治任务是不能完成的。"① 因此，在改革过程中，要加强思想教育引导，把官兵思想和行动统一到党中央和中央军委决策部署上来，最大限度凝聚推进改革的正能量。这是我们深化国防和军队改革的经验总结，也是我们进行"二次革命"必须牢牢把握的基本遵循。

---

① 中国人民解放军总政治部编：《毛泽东同志论政治工作》，人民出版社 1964 年版，第 1 页。

（五）深化国防和军队改革必须遵循国家战略和自身发展规律这一内在要求

国防和军队建设历来是国家整体建设的一个重要组成部分，深化国防和军队改革也必然是国家全面深化改革的重要组成部分。因此，必须把国防和军队改革纳入党中央全面深化改革总盘子，从国家战略层面进行科学统筹、顶层设计和总体规划，正确处理好国防建设和经济建设的关系，正确处理好长远与当前、整体与局部的关系。同时，又要遵循自身改革要素的发展规律，这是深化国防和军队改革的又一重要经验。

作为国家建设这一庞大系统工程中的一部分，国防和军队改革必然涉及国家政治、经济、文化、社会发展的各个层面，同时也受到国家政治、经济、文化、社会发展系统的影响和约束。国防和军队改革只有站在国家层面的高度，服从并服务于国家改革和发展战略，服从并服务于党和国家的中心工作，更深地融入国家改革发展稳定大局，与国家改革和发展战略相协调，才能更好地达到国防和军队改革的预期目的和效果。同时，深化国防和军队改革本身也是一场整体性变革，必须把握改革要素和改革举措的关联性和耦合性，在遵循改革基本要素发展规律的基础上牢牢把握积极稳妥的总要求，使各个改革要素、各项改革举措相互促进、相得益彰，才能发挥整体效应，取得总体效果。因此，在服从服务国家整体改革和建设大局的前提下，必须按照自身要素发展规律进行科学筹划、系统推进，注重改革关联性和耦合性，使深化国防和军队改革呈现出整体性变革、体系性重塑、战略性主动等鲜明特征。如此，深化国防和军队改革方能蹄疾步稳、扎实推进、深得民心。

第三节　科学建构全面建成世界一流军队的目标体系

党的十九大着眼国家战略发展全局和安全环境的深刻变化，对全面推进国防和军队现代化作出新的战略安排，勾画出建设世界一流军队"三步走"路线图，并与"两个一百年"奋斗目标和"两个十五年"战略安排时间同程同步，确立了到本世纪中叶全面建成世界一流军队的战略目标，为我军未来发展提供了根本遵循。全面建成世界一流军队是一项宏大的系统工程，必须遵循军队建设普遍规律，既聚焦世界舞台中心竞争，瞄准世界一流对手，又根植中国特色国防和军队建设实际；既明确共性的、绝对的发展目标，也确立个性的、相对的指标要素。从世界主要国家军队发展和我军自身建设实际出发，基于目前已经掌握的和可以预见的认知边界，全面建成世界一流军队的目标体系可概括为以下"六个目标"。

一、先进科学的军事理论体系

习主席强调："科学的军事理论就是战斗力，一支强大的军队必须有科学理论作指导。"[①]历史证明，一流的军队从理论上设计战争，二流的军队尾随追随战争，三流的军队只能被动应付战争。目前，军事理论已经形成从基础理论到应用理论等不同的层次，涉及安全理论、战略理论、作战理论、训练理论、管理理论、保障理论等各个方面，是一个层次清晰、纵横交错、具有内在逻辑联系的知识整体。探寻先进理论体系支撑的世界一流军队背后，可以发现有一定的共性规律可循。第一，有创新的理论概念。概念是军事理论的内核，理论创新须臾离

---

① 本书编写组编著：《2016 全国两会文件学习参考》，人民出版社 2016 年版，第106 页。

不开概念创新。近年来，美国军事理论创新进入一个空前活跃期，先后提出"空海一体战""多域战""作战云""敏捷战斗部署""分布式杀伤""马赛克战"等诸多创新作战概念，推动了美军变革和转型的步伐。第二，有独创的军事思想。面对战争观念和战争形态的变化，谁占据军事思想的制高点，谁就能赢得主动。我军在革命战争年代，创造性地提出符合当时我国国情军情的毛泽东军事思想，有效指导军事斗争实践，最终以弱胜强、以少胜多，充分体现了一流思想能够催生出的超强战斗力。党的十八大以来，习主席总揽全局，开创了国防和军队建设新时代，形成了习近平强军思想，把我们党对军事发展规律的认识提到了新高度。第三，有前沿的作战理论。美军高度重视战争理论和战法创新，不断推陈出新，牵引军队的建设和发展。近几场局部战争，美军将战场作为试验场，不断推出新的作战理论和战法。纵观这些花样繁多的战法理论创新，无论是"战略瘫痪"理论、"五环目标"理论、"震慑"理论、"网络中心战"理论，还是"空海一体战"理论、"混合战争"理论、"跨域联合"理论、"全球一体化作战"理论，以至近两年又在热推的"多域战""电磁战"等理论，都牵引了本国军队的建设发展。

二、时代鲜明的组织形态体系

习主席指出："没有军队组织形态现代化，就没有国防和军队现代化。"① 国防和军队现代化是武器装备现代化、军事人才现代化、军队组织形态现代化全面协调发展的进程。早在 20 世纪 90 年代，我军就提出要适应机械化战争形态向信息化战争形态加速转变的新趋势，适应国家改革开放和社会主义现代化建设的新形势，适应国防和军队建设发展

---

① 《习近平关于全面深化改革论述摘编》，中央文献出版社 2014 年版，第 127 页。

的新要求，逐步推进军队组织形态的现代化，争取到 2020 年形成一整套既有中国特色又符合现代军队建设规律的科学的组织模式、制度安排和运作方式。可见，组织形态现代化的主要内容，就是"科学的组织模式、制度安排和运作方式"。当前，深化国防和军队改革，主要是解决制约国防和军队建设的体制性障碍、结构性矛盾、政策性问题，深入推进军队组织形态现代化。未来，无论时代发展到了哪一步，全面建成世界一流军队，必然要建立集中统一的组织领导体系，突出体现就是能够与时俱进完善党对军队绝对领导的根本原则和制度，确保军委集中统一领导，确保军队最高领导权和指挥权集中于党中央、中央军委，能够形成彰显时代特色、体现一流水准的体制机制，特别是形成具有我军特色、符合未来战争规律的领导管理体制、联合作战指挥体制，建构适宜的总体规模和优化的军种比例、官兵比例、战保比例等力量结构；建立系统完备的政策制度体系，使其能够适应未来军队职能任务需要和国家政策制度创新，特别是不断完善军事人力资源政策制度和后勤政策制度，构建起体现军事职业特点、增强军人荣誉感自豪感的政策制度体系；建立顺畅高效的工作运行体系，这是世界一流军队的"上层内功"和"重要秘籍"，突出体现能够适应领导指挥管理体制新格局，适应编制体制调整改革新变化，有效化解各部门、各环节工作的相互矛盾、相互冲突、衔接不畅、职责不清、关系不顺、权力不受约束等问题，确保职能配置"无缝链接"，工作运行"简约高效"。

三、专业素养一流的军事人员

人才资源是第一资源，人才竞争是最终的竞争。我们知道，人员、武器装备及人与武器装备的结合程度是构成战斗力的基本要素，而人是其中具有决定性的。任何战争本质都是人的较量，人永远都是最重要、最核心的制胜因素。我军全面建成世界一流军队，应该拥有大批富有创新精神、勇担强军打赢重任的新型军事人才，形成各类军事人才创造活力竞相迸发、聪明才智充分涌流的良好局面。具体来讲，一是数量规模上，走出具有中国特色的精兵之路。实现军队由数量规模型向质量效能型转变，优化军种比例，减少非战斗机构和人员，保有合理的现役与预备役部队规模。二是质量结构上，造就一大批建军治军骨干人才队伍。建立起完善的人才培养、选拔、使用、评价、激励机制，汇聚形成规模宏大的具有国际水平的联合作战指挥人才、新型作战力量人才、高层次科技创新人才、高水平战略管理人才方阵。三是可持续发展上，能够有源源不断的优质人力投身强军事业。适度的全社会总人口规模，为军队提供充足的可用人力数、适宜服役人力数、每年能补充的潜在新兵数，这是保障军队平时和战时获得持续可靠的兵源的重要基础。

图为考生在海口国防科技大学面试体检点等待面试。 （郭程摄）

四、尖端自主的武器装备体系

武器装备是战争制胜的物质技术基础，是全面建成世界一流军队的重要支撑。面对国家安全需求的新变化，我们既要敢于亮剑，也要重视铸剑。现在，世界各主要国家都把发展高新武器装备体系作为军队建设的重中之重。美军更是"技术制胜"推崇者，经过反复验证的新技术被不断地应用于新装备的制造中，使美军的武器装备现代化水平始终处于世界领先地位。一般研究认为，世界一流军队在武器装备体系上应该有三个共性特征。一是主流武器顺应时代。党的十八大以来，第一艘国产航母下水，歼-20、运-20亮相……战略预警、远海防卫、远程打击、战略投送、信息支援等新型作战力量得到充实加强，我军以三代装备为主体、四代装备为骨干的武器装备体系正在形成。未来，我军的主流武器装备系统，要能够体系化生成高效灵敏的指挥控制、实时或近实时的情报侦察能力、联合一体化的火力打击能力，以及跨地区、跨洲际、全球快速到达的兵力投送能力，只有这样才能称得上是世界一流军队。二是尖端装备具有"代差"优势。历史上，枪炮的诞生使大刀长矛淡出战争舞台，飞机和导弹的出现，使常规武器在决定战争成败中居于从属地位。可以说，任何时代，装备技术代差都是强势一方对弱势一方现有实力的强制性剥夺，实现未来战场"一剑封喉"的新兴技术手段。三是自主创新核心关键技术。核心技术受制于人，靠引进、购买的方式是建不成世界一流军队的。还有一些关键性软硬件技术，如果长期受制于人，面临"卡脖子"的风险，就很难建成世界一流的军队。

五、高效精准的管理保障体系

管理保障是国防和军队建设的全局性、基础性工作，是战斗力生成的"倍增器"，是建设世界一流军队的基础性条件。我军在全面建成世界一流军队的征程上，必须打造世界一流的管理保障，以有效匹配、全面保障世界一流军队建设，确保我军圆满履行使命任务，为实现"两个一百年"奋斗目标和实现中华民族伟大复兴的中国梦提供强有力的安全保证。具体来讲，世界一流军队在军事管理上，一是要实现管理精细化，能牢固确立精准理念、贯彻精准原则，健全以精准为导向的管理体系，提高国防和军队发展精准度；二是要实现管理科学化，能构建最优化的决策方式和程序，建立健全决策咨询制度，完善信息和智力支持系统，提高决策科学化水平；三是要实现管理专业化，目前我军新的军兵种体系已经形成，专业化分工越来越精细，一个军种就可能有千余种专业，驾驭这种复杂巨系统不能仅仅依赖传统的管理经验和管理模式，一流军队必须具有一流水准的专业化管理水平。世界一流军队在后勤保障上，一是要能做到随时保障军队断然出手、战胜一切敌人。二是要能做到广泛根植社会经济体系。纵观当今具有世界一流水平军队所进行的战争行动，没有一次是仅仅依靠军队后勤自身的能力完成保障任务，可以说，整合国家和社会资源用于保障军队作战，已经成为世界一流军队后勤的标准配置。三是要能做到高效转化最新科技成果、推动保障能力跃升。军队后勤是最新科技成果在军事领域最先推广应用的领域之一，而每一次科技渗透、每一次成果转化都推动着军队后勤质的进步、保障能力质的跃升，这已经成为世界一流军队后勤建设发展的常态。四是要能做到有机聚合多元保障资源、灵敏快捷反应。联合作战、联合保障，是世界一流军队的基本特征之一，借助网络信息体系的融合作用，不同军种、不同层次、不同系统甚至不同专业门类的保障资源基于作战需求快速响应、一体联动，已经成为世界强国军队后勤建设发展的重点。

六、贴近实战的军事训练体系

军事训练是未来战争的"预实践"。诚然，衡量军队是否世界一流，最根本、最关键的是要看在战场上能否打赢对手，取得战争最终胜利。然而，由于战争并不经常打，军队的平时训练水平就成为最能清晰反映一国军队建设质量、作战效能和战争潜力的指标要素。军事训练，是武装力量及其他受训对象所进行的军事理论及相关专业知识教育、作战技能教练和军事行动演练的活动，包括部队训练、军事院校教育、预备役训练等，分为共同训练、技术训练、战略战役战术训练，目的是提高人员军事素质和部队整体行动能力，培养严明的纪律和优良的作风。因此，概括世界一流军队应该拥有的军事训练体系，一是要构建起具有我军特色的实战化训练体系，对我军来说，能否坚持以作战的方式训练，以训练的方式作战，使训练与实战高度一体化，关系我军未来发展、关系战争胜负、关系国家安危；二是要深化"三位一体"新型军事人才培养体系，促进军事人员现代化，坚持打仗标准，培养打仗人才；三是要构建依法治军从严治军的训练管理体系，推动治军方式根本性转变，围绕打仗抓管，锤炼打仗作风。

总之，全面建成世界一流军队的战略目标，准确反映新时代坚持和发展中国特色社会主义对强军事业的战略需求，彰显我们党建设社会主义现代化强国、全面推进国防和军队现代化的宏阔运筹，也是对党在新时代的强军目标科学内涵、实践要求的进一步丰富、发展和充实。我们要贯彻落实这一战略目标，必须准确把握全面建成世界一流军队的基本内涵，科学确立清晰的、符合国情军情的世界一流的发展指标体系，把宏大的目标细化为可落实、可量化的路线图、施工图。

第四节　不断推动我军建设高质量发展

党的十九届五中全会审议通过的《中共中央关于制定国民经济和社

会发展第十四个五年规划和二〇三五年远景目标的建议》（以下简称《建议》）明确提出，"以推动高质量发展为主题"。这一主题，贯穿于经济社会发展全局，对国防和军队建设也提出了相应的要求，我们要全面学习领悟全会精神，以实际行动开创我军建设高质量发展新局面。

一、深刻理解不断推动我军建设高质量发展的重大意义

推动我军建设高质量发展，是党中央、中央军委和习主席站在中华民族伟大复兴战略全局和世界百年未有之大变局的高度，对新时代强军事业作出的谋划和设计。我们要悉心体悟推动我军建设高质量发展的重大意义，不断增强聚力高质量发展的自觉性和紧迫感。

（一）实现党在新时代的强军目标、全面建成世界一流军队的必然要求

强军目标的"强"和世界一流军队的"一流"，与高质量发展有着本质联系。高质量本身就含有"强"的意蕴和指向，实现强国强军的目标必须以高质量发展为路径。没有军队建设发展的高质量，就不可能有人民军队的"强"和"一流"。实现党在新时代的强军目标、全面建成世界一流军队，内在地要求我军建设必须以高质量发展为支撑。党的十九大把全面建成世界一流军队纳入强军目标内涵，同时也就意味着把我军建设发展的质量标准从我军内部的标准体系提升为世界一流的标准体系，要求我们把强军的质量标准放到世界军事大舞台上来衡量和调整，置于当今世界军事竞争大棋局中来把握和确立，即我军建设发展的高质量，必须是世界一流军队标准。当前，我军建设仍然存在"两个差距很大""两个能力不够""五个不会"等问题，特别是创新能力不足是制约我军建设发展和战斗力提升的突出矛盾。只有更加注重提高国防和军队现代化质量效益，推动我军建设发展质量变革、效能变革、动力变革，才能打通由大向强的"中梗阻"，在中国特色强军之路上实现新

跨越。

（二）构建一体化国家战略体系和能力的必然要求

随着时代的发展，战争的制胜机理发生了革命性变化，整体战力从依靠各种要素的"叠加"向依靠所有参战力量最大作战功能的耦合转变，现代战争成为体系与体系的对抗。这种体系对抗，不仅是一体化作战体系的对抗，也是一体化国家战略体系和能力的对抗。推动我军建设高质量发展，是构建一体化国家战略体系和能力的应有之义。党的十九届五中全会公报强调，要提高国防和军队现代化质量效益，促进国防实力和经济实力同步提升，构建一体化国家战略体系和能力。新时代，高质量发展对建设中国特色社会主义事业各领域各方面的要求具有统一性，普遍要求确立同一个参照系下衡量检验的标准体系。这就要求我军建设不仅内部的质量标准要统一，而且必须与经济社会发展的高质量标准相匹配、相协调、相适应。如果标准不一致，就很容易出现"烟囱林立"的分散建设，就难以形成强大合力。全国全军各方面建设的质量标准都统一起来，就能实现国家各领域战略布局一体融合、战略资源一体整合、战略力量一体运用，构建一体化国家战略体系和能力，促进国防实力和经济实力同步提升。

（三）为实现中华民族伟大复兴提供坚强战略支撑的必然要求

近年来，美国把我国视为主要战略竞争对手，千方百计压制中国发展空间，用尽浑身解数使绊子、下套子、找茬子，妄图阻断中华民族复兴进程。强国必须强军，军强才能国安。习主席指出："我们捍卫和平、维护安全、慑止战争的手段和选择有多种多样，但军事手段始终是保底手段。"[1]同时强调："军事力量能不能成为保底的手段，要看数量，更要看质量。"[2]高质量的保底手段才是过硬的手段，才能真正保底。而高质

---

① 习近平：《在庆祝中国人民解放军建军90周年大会上的讲话》，人民出版社2017年版，第15页。

② 《十八大以来重要文献选编》（下），中央文献出版社2018年版，第10页。

量的保底手段必须在高质量发展中才能锻造成型。军队建设的质量问题是决定战争命运的问题，也是决定国运兴衰的问题。如果在关键时刻军队顶不住，国家核心利益的底线守不住，中华民族的血泪史、屈辱史就会重演。我们必须站在这样的高度来认识我军建设高质量发展的意义所在，以强烈使命感和紧迫感加快我军高质量发展的历史进程。

二、准确把握不断推动我军建设高质量发展的时代要求

不断推动我军建设高质量发展，是一个内涵丰富、意蕴深厚的重大要求，需要在读原著、学原文、悟原理中把握精髓要义，在结合强军实践中把握科学内涵。

坚持"五个更加注重"。树立和落实创新、协调、绿色、开放、共享的新发展理念，是党的十八届五中全会以来我们党一以贯之的要求，也是党的十九届五中全会审议通过的《建议》的核心要义之一，体现了管全局、管根本、管长远的导向。习主席强调，"高质量发展就是体现新发展理念的发展"①。推动高质量发展，必须以新发展理念为引领。党中央、中央军委和习主席运用新发展理念，针对军队建设发展存在的矛盾问题，提出要更加注重聚焦实战，更加注重创新驱动，更加注重体系建设，更加注重集约高效，更加注重军民融合。其中，聚焦实战是发展指向，创新驱动是发展动力，体系建设是发展方法，集约高效是发展模式，军民融合是发展格局，共同构成相互贯通、互为支撑的有机整体。这一战略指导，创造性地将军队建设发展的着力点从粗放的外延式发展转到以优化结构、提高质量、增强实力为主的内涵式创新发展上，是推动军队建设高质量发展的军事发展观和方法论。

---

① 《〈中共中央关于党的百年奋斗重大成就和历史经验的决议〉辅导读本》，人民出版社 2021 年版，第 38 页。

坚持政治建军、改革强军、科技强军、人才强军、依法治军。结构决定功能，布局决定结局。我军建设要实现高质量发展，就需要科学判断增强建设质量效益的各个领域和方面，使之各归其位、各得其所，相互适配、相得益彰，形成"1+1>2"的系统聚合效应。习主席把谋篇布势的战略考量与新时代国情军情紧密结合起来，逐步形成了"坚持政治建军、改革强军、科技强军、人才强军、依法治军"的强军布局。其中，政治建军是立军之本，改革是强军必由之路，科技创新是核心驱动，人才资源是强军兴军的宝贵战略资源，依法治军是强军之基，形成以强军兴军为共同指向的大系统。这几个方面，明确了国防和军队建设的重点工作和主要抓手。强军事业各领域的工作，几乎都有一个抓政治、抓改革、抓科技、抓人才、抓法治的问题。当我们把每一个领域关于上述五个方面的要求都凝练出来，做一个提取"最大公约数"的工作，那就是坚持政治建军、改革强军、科技强军、人才强军、依法治军的强军布局。只要一抓强军布局，就能把国防和军队建设作为整体来统筹，从而达成"落一子而全盘活"的奇效。贯彻落实好强军布局，新时代强军事业就能实现高质量发展。

推进以效能为核心的军事管理革命。习主席指出："军队能不能打仗、打胜仗，科学管理起着关键作用。"① 科学管理，对降低我军建设成本、提高军事系统运行效率、增强我军战斗力具有十分重要的意义。要看到，改革后军队力量更加多样、要素更加多元、运行更加复杂，建设管理模式发生很大变化，加强和创新军事管理势在必行、刻不容缓。必须来一场深刻的管理革命，坚持以效能为核心、精确为导向，更新管理理念、优化管理流程、创新管理机制，健全科学决策、全程监管、精细评估、精准调控的管理体系，提高我军专业化、精细化、科学化管理水

---

① 毕京京：《强国强军的战略思考》，人民出版社 2019 年版，第 320 页。

平。战略管理是军事管理的枢纽，要强化战略管理功能，提高战略管理水平，完善"需求—规划—预算—执行—评估"的战略管理链条，使需求牵引规划、规划主导资源配置成为我军建设的刚性约束，形成顺畅高效的战略管理闭合回路，提高军队系统运行效能和我军建设发展效益。

三、着眼建军一百年奋斗目标，不断推动我军建设高质量发展

当前，我国已转向高质量发展阶段，我军建设正处在换挡加速、提高质量的关键阶段。不断推动我军建设高质量发展，是习主席作出的重要指示，是贯彻落实党的十九届五中全会精神的内在要求，也是新阶段军队建设发展的必然逻辑。我们要提高政治站位、抢抓历史机遇、担当使命责任，为我军建设高质量发展贡献智慧和力量。

坚定战略定力。推动我军建设高质量发展，是与国防和军队现代化相伴相生的历史进程。我军要推进现代化建设和强军进程，就必须不断推动高质量发展。还要看到，军队建设的高质量发展是一个复杂而持久的过程，必然面临各种干扰和挑战，特别是很容易受到形式主义、官僚主义的破坏。当前，我军建设的高质量发展已在路上，最需要的就是按照既定目标坚定不移推进，决不能因为遇到困难和矛盾就动摇信心，更不能改变初心。"惟其艰难，才更显勇毅；惟其笃行，才弥足珍贵。"① 只要高质量发展的方向是对的，就要"咬定青山不放松"，聚精会神抓落实。我们必须增强推动高质量发展的战略定力，瞄准目标不动摇，逐梦强军不松懈，以钉钉子精神深化落实，以真抓的实劲、敢抓的狠劲、善抓的巧劲、常抓的韧劲投身强军实践，扎实有序推进我军建设高质量发展。

---

① 《习近平关于全面深化改革论述摘编》，中央文献出版社 2014 年版，第 132 页。

聚焦矛盾问题。按照强化实践导向、问题导向的原则，在推进军队建设高质量发展的实践中，遇到什么矛盾问题就应当解决什么矛盾问题，什么矛盾问题最突出就必须聚力解决什么矛盾问题。邓小平同志指出，军队建设"要讲质量，讲真正的战斗力"①。这表明，军队建设的高质量，集中体现在强大的战斗力上，体现在能打胜仗上。结合新时代强军事业的实际，推动军队建设高质量发展，主要的还是要解决能打胜仗的问题。"五个更加注重"的战略指导，第一个就是聚焦实战，整体上的旨归就是要提高战斗力。要积极适应战争制胜机理、战争形态的发展变化，加强调查研究，切实弄清制约军队建设高质量发展特别是制约强军胜战的关键因素、瓶颈短板和主要症结，紧紧扭住急中之急、重中之重的矛盾问题攻坚克难，同时按照对战斗力的贡献率统筹各项建设，进一步解放和发展战斗力，进一步解放和增强军队活力。对军队院校来说，就是要贯彻好习主席的指示要求，贯彻好新时代军事教育方针，树牢战斗力标准，紧贴备战打仗急需，发展和创新军事理论，培养打赢战争的合格人才，为我军高质量发展提供人才支撑和智力支持。

扭住关键环节。推动军队建设高质量发展，既要坚持全面系统的观点，又要抓住关键，以重要领域和关键环节的突破带动全局。当前，推动军队建设高质量发展要做的工作很多，应力避一线平推和"眉毛胡子一把抓"，切实分清轻重缓急，扭住关键和要害。要全面推进军事理论现代化、军队组织形态现代化、军事人员现代化、武器装备现代化，加快形成具有时代性、引领性、独特性的军事理论体系，努力构建能够打赢信息化战争、有效履行使命任务的中国特色现代军事力量体系，培养有灵魂、有本事、有血性、有品德的新时代革命军人，特别注重加强指

---

① 《〈邓小平文选〉（第二卷）辅导教材》，人民出版社 1994 年版，第 301 页。

挥员尤其是高中级指挥员素质能力的现代化，加快构建适应信息化战争和履行使命要求的武器装备体系。军队建设高质量发展的动力在创新，出路也在创新。必须把国防科技创新摆在更加突出的位置，坚持向科技创新要战斗力，把我军建设模式和战斗力生成模式转到创新驱动发展的轨道上来。

第三章

创新驱动国防和军队建设新跨越

第一节　赢得军事竞争主动的根本出路在创新

创新是一个国家发展进步的灵魂，也是一支军队发展进步的灵魂。党的十八大以来，习主席在视察部队发表重要讲话时，多次强调创新，指出最需要的是创新，根本出路在创新。我们要实现党在新时代的强军目标、全面建成世界一流军队，在世界新军事革命中赢得军事竞争主动，须臾离不开创新。

一、创新是强军胜战的密码

军事领域是最具创新活力、最需创新精神的领域。汹涌澎湃的世界军事革命大潮滚滚向前，背后的核心驱动力是创新。历史长河中威武雄壮的战争活剧，背后的核心制胜密码也是创新。在战争领域不可能用"昨天的船票"去登"明天的客船"，强军胜战的唯一途径是创新、创新、再创新。

人民军队历史经验的深刻昭示。历史是最好的教科书，也是最好的营养剂。我军 90 多年发展壮大的历史，就是一部创新史。在半殖民地半封建社会的旧中国，在一个落后的东方大国、农业大国，在白色恐怖的历史条件下，怎样建设军队、怎样行军打仗？马克思主义"本本"上没有现成的答案，旧式军队和外军也没有既定的参照系，只能靠我们党和军队自己去摸索。在马克思主义军事理论、中国革命战争和人民军队建设实践、中华传统兵法相结合的过程中，我们党靠不断创新，逐步形成了一整套建军治军的原则和制度，创造了人民战争的战略战术，形成了我军的特有优势。井冈山革命时期的游击战"十六字诀"战法、抗日战争时期的"持久战"思想、解放战争时总结的十大军事原则、朝鲜战场上创造出的"零敲牛皮糖"战法等，都是我们党和军队卓越的军事创新。可以说，我军靠创新走到现在，也要靠创新赢得未来。

应对新军事革命挑战的时代要求。纵观世界军事变革的历史，每一步变革，都是靠创新驱动。有人说，如果用时间标尺来衡量，冷兵器战争时代的军事变革以"千年"为单位，热兵器时代的军事变革以"百年"为单位，机械化战争时代的军事变革以"十年"为单位，信息化战争时代的军事革命则是以"年"甚至"月"为单位。军事变革频度加快、力度加大的背后，是愈益迅猛的创新。环顾当今世界，军事领域的创新和竞争十分激烈。2019年2月，美国五角大楼发布有史以来美军第一个AI战略报告，明确提出美军将成立联合AI中心，谋求在智能化战争中抢占先机，企图通过创新赢得绝对军事优势。其他国家也纷纷加大军事创新步伐，谁也不甘心落伍掉队。这场新军事革命，本质是争夺战略主动权。我们必须大力推进军事创新，力争赶上世界新军事革命的潮流，力争走在时代前列。

推动我军建设新跨越的迫切需要。国防和军队建设的重大跨越，从来离不开创新的强力支撑。新时代，我军处于从大国军队向强国军队迈进的关键节点，我们要力争到2035年基本实现国防和军队现代化，到本世纪中叶把人民军队全面建成世界一流军队，实现这些新的重大跨越关键是在创新上取得重大突破。当前，强军事业已经取得了重大历史性成就，但我军现代化水平与国家安全需求相比差距还很大，与世界先进军事水平相比差距还很大；我军打现代化战争能力不够，各级干部指挥现代化战争能力不够。存在这些突出矛盾问题的原因是多方面的，一个重要根源就是创新能力不足，这是制约我军建设发展和战斗力提升的突出矛盾。我们要补上军事斗争准备的短板、突破武器装备发展的瓶颈、推进政治工作创新发展、形成现代化的战斗力生成模式、构建中国特色现代军事力量体系、完善中国特色社会主义军事制度，这些都离不开创新。必须进一步加快推进军事创新，提高创新对战斗力增长的贡献率。

　　图为国防科技大学电子科学学院导航与时空技术工程研究中心科研人员在进行北斗三号系统研制和测试。
　　　　　　　　　　　　　　　　　　　　　　　　　　　　　　　（何书远摄）

二、把军事创新作为一个系统工程来抓

军事创新是一个系统工程，创新任务繁重，需要做的工作很多，要求我们把创新这条主线贯穿到国防和军队现代化建设的全过程各领域，注重统筹谋划、协调推进、整体联动。

抓军事理论创新这个先导。习主席强调："科学的军事理论就是战斗力，一支强大的军队必须有科学理论作指导。"[①] 如果不能在军事理论创新上高人一筹，我们就难以抢占制胜先机。现在，一些军事理论研究存在对上同决策脱节、对下同部队脱节、对外同对手脱节的问题。还应当看到，进入信息时代，军事理论更新的周期大大缩短，与此紧密关联的是作战理论适应性降低，更需要进行超前"配置"。因此，我们搞军事理论研究，需要根植实践沃土、接受实践检验，做到既开阔视野又不在别人后面亦步亦趋，既开动脑筋又不脱离实际好高骛远。从当前来看，关键是要在战争和作战理论创新上求突破，深入研究信息化战争制胜机理，研究智能化技术发展运用及其对战争的影响，研究军事斗争准备重大现实问题，构建具有我军特色、符合现代战争规律的先进作战理论体系。

抓科技创新这个"牛鼻子"。科学技术是核心战斗力，是军事发展中最活跃、最具革命性的因素。谁牵住了科技创新的"牛鼻子"，谁走好了科技创新这步先手棋，谁就能占领先机、赢得优势。近代以来我国逐渐由领先变为落后，一个重要原因就是我们错失了多次科技和产业革命带来的巨大发展机遇。从当前和未来看，科技从来没有像今天这样深刻影响国家安全和军事战略全局，从来没有像今天这样深刻影响我军建

---

① 本书编写组编著：《2016 全国两会文件学习参考》，人民出版社 2016 年版，第 106 页。

设发展。在国际军事竞争日益激烈的形势下，唯创新者胜。不创新不行，创新慢了也不行，否则就会陷入战略被动，甚至错过一个时代。必须全面实施科技兴军战略，把国防科技创新摆在更加突出的位置，坚持向科技创新要战斗力，把我军建设模式和战斗力生成模式转到创新驱动发展的轨道上来。

抓各方面创新的统筹推进。习主席在党的十九大上明确提出"建设创新型人民军队"。这需要各领域各方面同时同向发力，需要全军官兵共同努力。党在新时代的强军目标指明了军事创新的方向、任务、重点，明确了军事创新的实现路径和检验标准，为新时代推进军事创新提供了根本遵循。我们必须坚持强军目标的积极引领，把创新放在更加突出的位置，全面实施创新驱动发展战略，把创新驱动的引擎发动起来，统筹推进军事理论、技术、组织、管理、文化等各方面创新，推动我军建设发展质量变革、效能变革、动力变革，推动国防和军队发展实现新跨越。具体而言，就是要抓理论创新，为强军兴军提供科学理论支撑；抓科技创新，为强军兴军提供物质技术支撑；抓科学管理创新，为强军兴军提供秩序效能支撑；抓人才集聚，为强军兴军提供主体力量支撑；抓实践创新，为强军兴军提供转化落实支撑。

三、集中优势力量尽快取得创新的实质性突破

抓住重点带动面上工作，是唯物辩证法的要求，也是我们党在革命、建设、改革进程中一贯倡导和坚持的方法。就军事创新而言，这个方法尤为重要。在那些关系军队战斗力建设全局的创新关节点上取得重大突破，就能带动强军事业实现大发展。

提炼标识性学术概念。这是萌发于军人思维"风暴眼"的原始性创新或趋势性创新。军事领域一个成熟的标识性学术概念的提出，往往意味着新技术在军事上的创造性运用、新的制胜规律的揭示、新的作战样

式的诞生，甚至意味着一个军事新纪元的开端。马汉的"海权论"、杜黑的"空中制胜论"、富勒的"机械化制胜论"，都是以新概念为核心推出的理论成果，分别引领开辟了海上作战的新纪元、空中争霸的新局面、陆地战场的新景观。一段时期以来，美军提出"网络中心战""空海一体战""全球快速打击""分布式杀伤""作战云""多域战"等新概念，极大地推动了美军的发展。我们要着眼未来战争形态和作战图景的想象，着眼新技术的可能发展，着眼作战方式方法的预测性构想，大胆开发创新性作战概念，以此牵引作战理论、军事技术的跃升。要推进制度创新，营造有利于提炼标识性概念的制度环境，培厚鼓励创新的制度土壤，使蕴藏于官兵中的创新源泉竞相涌流。

加强关键核心技术攻关。马克思主义认为，生产力是人类社会发展的最终决定力量，而科学技术是第一生产力。科学技术特别是关键核心技术的每一次重大发展，都会引起社会生产力和生产方式的革命性变化，也会引起军事领域的革命性变化。一个国家、一支军队，如果关键核心技术没有掌握在自己手里，就相当于自己的命门失去了防护，就会失去战略主动权。历史和现实告诉我们，真正的关键核心技术是花钱买不来的，靠进口武器装备是靠不住的，走引进仿制的路子是走不远的。必须下定决心、只争朝夕，组织优势力量打好攻坚战，尽快扭转关键核心技术受制于人的被动局面。基础研究是自主创新的源头和原动力。要高度重视基础研究，找准瓶颈短板背后的基础问题，为突破关键核心技术积累后劲。

提升军事管理革命效能。随着时代的发展特别是科学技术的飞速创新，一些新要素融入军队和作战体系中来，军事组织的复杂性、作战样式的整体性、军事行动的系统性大大增强，这给军事管理带来严重挑战，推动以效能为核心的军事管理革命成为时代的需要。效能是综合考察效率、效益与效果的理念与尺度，是衡量作战行动、军事投资、装备考核、组织评估的关键理念和主要标准。军事管理革命要坚持以效能为核心、精确为导向，否定落后的、变革过时的、创造崭新的管理模式，推动军事管理观念、军事管理体系、军事管理流程、军事管理方式的根本性变革。要树立现代管理理念，完善管理体系，优化管理流程，坚持精准谋划、精准规划、精准部署、精准落实、精准检验，不断提高军队专业化、精细化、科学化管理水平。

第二节 发挥创新对国防和军队现代化建设的战略支撑作用

党的十九届五中全会首次提出创新在我国现代化建设全局中的核心地位。这是以习近平同志为核心的党中央站在"两个一百年"奋斗目标历史交汇点上，把握时代之势，立足当下之局，谋划长远之计，为夺取全面建设社会主义现代化国家新胜利作出的战略判断，对进一步强化发展新驱动、释放发展新活力、构建发展新格局、塑造发展新优势具有重要意义。

习主席深刻指出，"富国才能强兵，强兵才能卫国"①。国防和军队现代化寓于我国社会主义现代化建设全局中，实现"国防和军队现代化建设迈出重大步伐"的"十四五"目标规划和"基本实现国防和军队现代化"的 2035 年远景目标，最根本的出路是以创新引领军队现代化进程，最紧迫的需要是以创新培塑军事核心竞争力，最关键的举措是以创新适应新军事革命趋势，为人民军队赋创新之能而强，让强军事业乘创新之势而上，为奋力推进国防和军队现代化提供坚实战略支撑。

---

① 《习近平关于总体国家安全观论述摘编》，中央文献出版社 2018 年版，第 5 页。

一、充分认清创新在国防和军队现代化建设中的重要作用

抓创新就是抓发展，谋创新就是谋未来。一直以来，习主席对科技创新关切尤深，强调尤多，曾在多个场合、从不同层面就抓好创新工作作出重要指示，为显著提升我国创新能力、加快进入创新型国家前列提供了根本遵循。创新型国家呼唤创新型人民军队，在最具创新活力和创新精神的军事领域，只有牵住了创新这个"牛鼻子"，走好了创新这步先手棋，方能在日趋激烈的军事竞争中占领先机，在国防和军队现代化进程中赢得优势。

履行新使命，创新是促进战斗力生成和提高的重要源泉。历史和实践证明，一支战无不胜、攻无不克的军队必然是一支勇于创新、善于创新的军队。《新时代的中国国防》白皮书立足国家安全和发展战略要求，首次公开阐释了新时代中国军队"四个战略支撑"的使命任务，对国防和军队现代化建设具有全局性引领作用。全面提升军队履行新时代使命任务能力，必须把创新这个生成和提高战斗力的引擎全速发动起来，真正把军事创新这篇文章做深做实，以战略战术创新谋求克敌制胜之道，以科学技术创新加快装备迭代升级，以管理模式创新实现集约高效发展，以政策制度创新充分释放部队活力，掘开创新这个让战斗力整体涌现的"泉眼"，将创新成果转化为实实在在的战斗力。

开创新局面，创新是实现强军兴军跨越发展的战略基点。党的十八大以来，在以习近平同志为核心的党中央掌舵领航下，国防和军队现代化建设持续向纵深推进，国防和军队改革取得历史性突破。当前，改革强军事业正站在新的历史起点上，要实现国防和军队现代化进程同国家现代化进程相适应、军事能力同国家战略需求相适应，必须从中华民族伟大复兴战略全局、世界百年未有之大变局这两个大局出发，增强使命

感和紧迫感，将创新作为"决定我军前途命运的一个关键"，把创新摆在我军建设发展全局的重要位置，下大力气解决"两个差距很大""两个能力不够"的问题，靠改革创新实现国防和军队现代化建设的跨越发展，不断开创强军兴军新局面。

把握新机遇，创新是夺取军事竞争战略主动权的强大引擎。在风起云涌的世界新军事革命中，军事竞争究其本质是打赢能力的竞争，军事较量溯其根源是军事创新能力的较量。

二、准确把握创新在国防和军队现代化建设中的特点规律

准确把握特点规律是深入认识军事创新内涵、正确研判军事创新趋势、科学制定军事创新对策的内在要求，是有效发挥创新在国防和军队现代化建设中"加速器"作用的重要前提。军事领域的创新既具有创新的普遍特点，也具有自身的独特规律，这种共性和个性在相互统一中共同塑造了军事创新的特质。

（一）军事创新具有鲜明的导向性

目标决定方向，方向引领前行。军事创新的根本目标是为实现党在新时代的强军目标、把人民军队全面建成世界一流军队提供强大动力。在这一根本目标指引下，军事创新呈现出三个鲜明导向：一是面向实战。无论创新的内容再怎么变化、形式再怎么更新、重点再怎么转换，创新为能打仗、打胜仗服务的基本定位不会变，实战这个主要聚焦点不会偏，创新成果能否转化为胜战之力始终是评价创新质效的重要尺度。二是面向部队。军事创新要同部队建设发展接好轨、对好焦，为破解突出矛盾问题寻找新路子，为适应新形势、履行新使命提供新驱动，有效破除制约部队全面建设质量效益的桎梏。三是面向未来。在战争形态加速向信息化战争、智能化战争演进的背景下，军事创新的前瞻性愈发凸显，通过深刻理解把握现代战争制胜机理，以创新设计未来战争、引领

未来战争，以"今天的创新"确保打赢"明天的战争"成为军事创新的内在使命。

（二）军事创新具有多维的系统性

军事创新是军事创新主体以对创新对象本质和规律的深刻把握为基础，运用新观点、新思维、新方法对特定客体进行的具有系统性的创造活动。从宏观上看，军事创新是国家创新大局的有机组成，与经济、社会、文化等各领域的创新共同构成了国家创新体系；军事领域的创新与其他领域的创新既各成体系也互有交叉，既各有侧重也彼此影响。从中观上看，军事创新的组成要素多元，包括军事理论、军事战略、体制编制、军事技术、装备体系、作战思想、作战力量、军事管理等诸多方面内容，共同搭建起军事创新的"四梁八柱"。从微观上看，无论是哪一方面的军事创新，都是特定军事创新主体在特定的创新环境、运用特定的创新媒介、与特定的创新对象相互作用的复杂活动系统。

（三）军事创新具有内在的自主性

军事创新不是闭门造车，更不是持钵化缘，而是要在自力更生中开拓自主创新之路。我军军事创新要走中国特色自主创新之路，致力于巩固和扩大我们的优势。实践证明，真正前沿的军事技术是买不来、求不到、引不进的，这是由军事技术的敏感性和军事竞争的排他性所决定的。军事创新一旦丧失了自主性，就意味着会在关键技术领域落后于人，会在国防和军队现代化建设中受制于人。在西方的科技封锁和武器禁运下，经过一代代军工人长期的艰苦探索、接续奋斗、技术积累，我国军事创新正处于从仿制跟跑到自研并跑再到部分领域领跑的"蝶变"过程，牢牢把握住了军事创新的主动权，军事创新对人民军队建设和战斗力发展的贡献率持续提升。

三、科学规划创新在国防和军队现代化建设中的实践路径

明者因时而变，知者随事而制。在新形势下，如何走好具有中国特色的军事创新之路，为国防和军队现代化建设提供战略支撑，是我们必须回答的时代课题，规划出一条科学合理的实践路径则是解答这一课题的关键所在。

（一）强化顶层设计，坚持正确的军事创新方向

要站在决定我军前途命运的一个关键的高度统筹谋划，把关定向，确保军事创新少绕弯路、不走错路。一是要立起根本遵循。习主席曾多次就军事创新的时代意义、内在机理、基本原则、总体要求等作出重要论述，提出了一系列新观点新论断新要求，科学回答了关乎军事创新工作全局的一系列重大理论和现实问题。我们要以此为根本遵循和行动指南，坚决贯彻落实习主席重要讲话精神，不断开创军事创新工作新局面。二是要锚定发展目标。军事创新要紧紧围绕人民军队 2027 年实现建军一百年奋斗目标、2035 年基本实现国防和军队现代化、到本世纪中叶把人民军队全面建成世界一流军队的战略部署，以此为引领制定路线图、施工图，系统评估创新需求，细化培塑创新能力，全面激活创新驱动，助力发展目标如期实现。三是要突出短板重点。军事创新要不得盲目跟风，要不得贪多求全，必须坚持以我为主，立足国情军情，着眼备战打仗所需、补足短板所急，在锻造"撒手锏"的优势领域、突破"卡脖子"的落后领域、需要"夯扎实"的基础领域多下功夫，把国防科技和武器装备建设的薄弱环节作为推进自主创新的主攻方向，着力突破核心关键技术，争取实现"弯道超车"。

（二）强化机制保障，打造良好的军事创新生态

通过军事创新培育国防和军队现代化建设新动能，必须加快构建完善的军事创新机制，打造更加全面、更具质效、更富活力、更可持

续的良好军事创新生态。要完善军事创新管理机制，健全法规政策体系，统筹优化资源配置，创新科研组织模式，精准设定能力指标，科学规划发展路线，为军事创新与国家发展布局相协调、与新时代军事战略方针相契合、与我军现代化发展战略相适应提供保证。要完善军事创新运行机制，注重整体联动、协调推进，通过不断优化军事创新运行流程，让创新要素衔接更加顺畅、创新资源保障更加有力、创新成果转化更加高效、创新效能评估更加精确、创新激励机制更加合理，有效提高军事创新运行效率。要完善军事创新人才培养机制，着眼重点学科、关键技术、薄弱领域、现实需求，加快建立起具有我军特色、科学立体完备的军事创新人才培养体系，多措并举加紧集聚国防和军队现代化急需的高端创新人才，为军事创新提供强大智力支持。

（三）强化协同理念，形成强大的军事创新合力

习主席强调，军事创新要"改变固守部门利益的思维定势，树立全军一盘棋、全国一盘棋的思想观念"①。军事创新是一项系统工程，涉及工作多，涉及领域广，涉及要素全，通过多方协同形成合力是军事创新的必由之路。要强化军内创新协同，在重大军事创新项目推进中，充分发挥全军各类科研院所优势，统筹调配军内优质创新资源，实现整体作战、集中攻关、全面协作，形成军事创新的整体势能。要强化军地创新协同，将军事创新全面融入国家创新体系，健全国防知识产权归属等法规制度，通过制定军地协同创新战略框架、搭建军地协同创新平台、举办灵活多样创新活动等，深化与高等院校、科研机构、地方智库的协作关系，形成军地优势互补、项目共建、互动共生的良性循环。要强化对外创新协同，将军事协同创新纳入我国全方位国际军事合作新格局之

---

① 《习近平关于总体国家安全观论述摘编》，中央文献出版社 2018 年版，第 55 页。

中，在装备技术、网络安全等领域加强对外交流合作，充分学习外军的有益发展经验和创新优势，取长补短，为我所用，让我国军事创新水平在高质量的"引进来""走出去"中持续提升。

第三节　坚持继承创新　推动改革强军

习主席深刻指出，"把创新摆在我军建设发展全局的重要位置，靠改革创新推动国防和军队建设实现新跨越，是决定我军前途命运的一个关键"[①]。军事领域是竞争最为激烈、最具创新活力的领域，推动改革强军实践，必须转变思路、勇于创新，绝不能故步自封、停滞不前。

一、创新是推动改革强军的应有之义

改革强军，重在创新、贵在创新，也难在创新。打赢信息化战争、建设信息化军队，本质上是把创新作为战斗力增长的"驱动器""催化剂"，加速推动国防和军队建设发展的过程。

（一）思想创新是改革强军的动力之源

军事变革的阻力主要来自旧的观念和习惯。纵观我国历史特别是近代史，由于思想未能及时跟上时代发展脉搏，一次次错过了军事变革的先机。晚清军事变革的失败，根子在于思想没有脱胎换骨，首鼠两端、摇摆不定。近代欧洲崛起的根本原因是欧洲文艺复兴带来的思想解放，推动了社会制度和军事变革。当前，国防和军队改革向纵深推进，既动"棋盘"又动"棋子"，既压数量又调结构，是一场整体性革命性变革。

---

① 本书编写组编著：《2016 全国两会文件学习参考》，人民出版社 2016 年版，第106 页。

必须把思想认识从不适应现代战争的观念、做法中解放出来，从全新角度思考谋划战斗力建设问题，用全新方式解决阻碍战斗力发展矛盾。

（二）理论创新是改革强军的基本前提

习主席强调："科学的军事理论就是战斗力，一支强大的军队必须有科学理论作指导。"① 第二次世界大战前，德法两军均装备有大量坦克，但法军作战理论仍囿于"堑壕 + 机枪 + 铁丝网"，德军则提出机动作战理论，并引领军队编制体制、作战方法、行动样式变革，最终对法作战势如破竹。美军近几场"一边倒"的信息化局部战争，看似交战双方武器性能悬殊，实则是先进军事理论引领战争设计，实现了"兵怎么练、仗就怎么打"的战争构想。这充分说明，理论创新对战争设计具有拉动作用，先进军事理论通过一系列新观念、新技术和新编制，为军事斗争准备增加实战度，使战争准备顺应新军事革命大潮。

（三）科技创新是改革强军的有效支撑

科学技术是军事发展中最活跃、最具革命性的因素。科技创新，决定军队生死荣辱，关系大国博弈胜败，对战争形态、作战方式乃至世界格局影响日益深刻。机械化战争，需要的是国家系统工业技术、配套产业、熟练工人等深厚的大规模大协作式的工业基础；信息化战争，尖端科技成为国家国防水平的核心竞争力，智慧和知识则是出产战斗力的重要原动力。当前，我军正处在由大向强、不断迈向世界一流军队序列的爬坡过坎阶段，同世界军事强国相比，应当承认我国的科技创新基础、水平等还有差距，必须以强烈的忧患意识、坚定的决心、自主的精神，抢抓机遇、加快步伐、奋起直追，集全国之力铸大国利器，否则势必形成新的技术鸿沟并受制于人。

---

① 本书编写组编著：《2016 全国两会文件学习参考》，人民出版社 2016 年版，第106 页。

（四）体制创新是改革强军的重要保证

如果说新的领导指挥体制是"硬框架"，那么新的制度机制就是"软连接"。顺利完成改革任务，离不开良好的配套制度机制。实施全面深化国防和军队改革的战略举措以来，"军委管总、战区主战、军种主建"的新格局初步形成，新体制的"四梁八柱"搭建起来的同时，相应制度机制也应及时跟上并配套完善，起支撑作用的应搞好前瞻谋划，起保障作用的应抓紧制定出台，起补充作用的应积极探索实践。大到军委主席负责制，小到机关办文办电，以及工作承续、资产移交、人员分流等，方方面面都需立规矩、定标准、搞对接。因此，配套机制如果跟进主动、科学创新、执行到位，新体制活力就能充分释放；相反，则必然影响改革成效，甚至可能"打乱仗"。

二、创新推动改革强军必须紧紧把握我军特色

离开中国特点谈马克思主义，只是抽象的空洞的马克思主义。同样，离开我军实际，简单照搬照抄外军改革模式，也必然失败。当前，各种理论相互激荡，各种模式不一而足，如果不能立足国情军情，分清辨明国防和军队建设发展的现实起点、历史方位，就容易被迷惑误导。与外军相比，我军有如下方面不同特点。

（一）战略利益诉求不同

实现"两个一百年"奋斗目标和中华民族伟大复兴的中国梦，要求我军"为巩固中国共产党领导和我国社会主义制度提供战略支撑，为捍卫国家主权、统一、领土完整提供战略支撑，为拓展我国海外利益提供战略支撑，为促进世界和平与发展提供战略支撑"。"四个战略支撑"鲜明概括了新的历史时期军队使命任务，也是国家安全和发展对军队提出的战略利益诉求。

（二）力量运用要求不同

习主席深刻指出，要注重深远经略，塑造有利态势，综合管控危机，坚决遏制和打赢战争。这一重大战略思想，更加强调着眼长远构设战略指导，更加注重灵活高效运用军事力量，更加重视军事与政治、经济、外交等多种手段的有机衔接和有效配合，是新形势下我军军事力量运用的基本准则。从近几场局部战争来看，美军避免与敌"对称作战"，而是以高制低、以强制弱，通过信息技术差获取战场单向透明，以武器装备差谋求绝对火力、行动、决策优势，以体系优势打造对敌武器平台，以最低成本、最快速度实现作战目的。

（三）现实能力基础不同

经过长期不懈努力，国防和军队建设取得重大成就，但一些新问题有所凸显。军队之所以改革，谋的是民族复兴伟业，布的是富国强军大局，立的是安全发展之基。美军则是一场战争一个理论、一个理论一个对手，在战争中检验理论，在理论中设计战争；俄军"新面貌"改革后，体现出极强的联合性和快速反应能力。

（四）作战指挥模式不同

改革强军战略打破了大军区、大陆军格局，立起联合作战指挥体系的战区新体制，但应看到当前我军还处于理顺关系、健全机制、逐步融合的初级阶段，还有很多已知和未知的问题没有从根本上解决。美军自20世纪80年代开始，就在进行联合作战指挥体系建设，实行的是战建分离、军种完全退出指挥链的体制，随着多年来作战实践的不断探索，联合作战指挥模式已经趋于成熟和完善。

（五）作战思想体系不同

长期的敌强我弱作战实践中，我军把马克思主义军事理论同中国革命实际相结合，凝结形成了机动灵活的军事思想。坚持发扬我军作战思想的核心精髓，遵循信息化战争特点规律和制胜机理，借鉴吸收军事斗争准备实践经验和理论成果，确定新的作战原则，以及实施体系作战思想，符合战争形态演变趋势和我军战斗力建设发展实际。美军依靠信息技术、武器装备等优势，长期打"以大制小、以快制慢、以精制粗"的非对称作战，秉承的则是精确战、网络中心战等思想。俄军则是秉承"非对称回应"战略，集中有限资源在其占优的领域抗衡主要战略对手。

（六）文化底蕴内涵不同

我军文化根植于"和为贵"的传统文化，秉承传统兵学思想，主张"慎战""不战而屈人之兵"，形成了"谋和平、求统一、重防御"的价值取向，后发制人的战争指导，集中优势兵力各个歼敌的作战理论，创造了"致人而不致于人"的战略战术。美国坚持倡导创新、崇尚自由、尊崇法治的文化，形成了美军职权法定、不拘一格、任务指挥的作战风格。俄罗斯骁勇善战、果敢刚毅、战训一致的文化，孕育了俄军"效果优先、不图形式，立足实战、严格要求，敢冒风险、主动求难，尊重科学、精于计算"的作战理念。这在文化底蕴内涵传承上显然不同。

三、坚持继承才能创新推动实现改革强军

习主席深刻指出，"不忘历史才能开辟未来，善于继承才能善于创新"①。坚持从历史走向未来，才能做好今天的事业。我军 90 多年的奋斗史，是一部创造性地运用马克思主义军事理论建军、治军、兴军、强军的奋斗史，也是一部以弱胜强、创造奇迹、从胜利走向新的胜利的光辉史，凝结形成的许多优良传统是必须倍加珍视、始终固守的精神财富。

---

① 新华月报编：《新中国 70 年大事记（1949.10.1—2019.10.1）》（下），人民出版社 2020 年版，第 1595 页。

（一）战略运筹上强调先胜后战、力争主动

战争的根本目的，就是获取主动与优势，进而夺取作战胜利。毛泽东同志说过："战争就是两军指挥员以军力财力等项物质基础作地盘，互争优势和主动的主观能力的竞赛。"① 鉴于敌强我弱实际，我军历来强调"致人而不致于人"，总是在"敌情、地形、人民等条件都利于我而不利于敌，确有把握之后动手。否则宁可退让、持重待机"。第二次反"围剿"，我军采取诱敌深入方针赢得主动并乘胜扩大战果，取得了第二次反"围剿"胜利。这也是塑造有利态势的思想理论来源之一。

（二）作战指导上强调打得赢就打，打不赢就走

毛泽东同志曾说："打仗并没有什么神秘，打得赢就打，打不赢就走，你打你的，我打我的。什么战略战术，说来说去，无非就是这四句话。"② 土地革命战争时期的"十六字诀"、抗日战争时期的"基本的是游击战，但不放松有利条件下的运动战"，以及解放战争时期的"游击战转入运动战，集中优势兵力各个歼灭敌人"的思想，都是这一作战指导的生动诠释。陕北三战三捷中，彭德怀、习仲勋根据中央军委指示，指挥西北人民解放军主动撤离延安，利用敌急于寻我主力决战，以少诱多、调虎离山，运用"蘑菇"战术与敌周旋，主力则隐蔽休整、以逸待劳，一旦战机出现，当机立断、以多击少，取得了青化砭伏击战、羊马河伏击战和蟠龙攻坚战的胜利。正是在这种"打得赢就打，打不赢就走"的作战指导下，短短一个月内三战三捷，歼敌近 2 万人，使胡宗南集团陷于"打又不能打，退又不能退"的两难境地。

（三）战役战术上强调扬长避短、灵活机动

抗日战争时期，陈赓设伏神头岭时，不少人认为，这里既不便于部

① 《毛泽东选集》第二卷，人民出版社 1991 年版，第 490 页。
② 《毛泽东年谱（一九四九——一九七六）》第五卷，中央文献出版社 2013 年版，第 492 页。

队隐蔽，又没有险要可以凭借据守，地形不太理想。殊不知，越是在敌人认为不可能的不大理想之地设伏，越能让骄横的敌人产生麻痹思想，最终 386 旅在此处歼敌 1500 多人。陈赓根据战场形势灵活运用游击战的原则，恰恰是战胜敌人的制胜法宝。因此，不论战争形态如何演变，仅凭"直线思维"打堂堂之阵是很难取得最终胜利的。

（四）技术运用上强调避高击低、克敌软肋

抗美援朝第四次战役后，美军对我作战逐步熟悉，制定了针对性的"磁性战术"，给我军造成重大伤亡。毛泽东同志则提出集中优势兵力打小歼灭战，并形象地命名为"零敲牛皮糖"。由此，我军转入战略防御，依托坑道工事展开狙击活动、小分队活动，到 1952 年秋发展到能够"更有组织性和更带全线性"的成排、成连、成营地歼灭敌人，到 1953 年夏季战役时，仗越打越大，取得歼敌 5 万余人的巨大战果，迫敌求和停战。相反，背弃了这一灵活机动的作战原则，就难免吃败仗。在中央苏区第五次反"围剿"时，受王明"左"倾机会主义影响，红军放弃了最拿手的战略战术，在兵力火力远不如敌的情况下，以正规阵地防御对付敌人正规阵地进攻，按照对手想要的路子打，结果丢了苏区、被迫实施战略转移，踏上了二万五千里的长征之路。

第四节　建设创新型人民军队

建设创新型人民军队，是习主席纵观世界发展大势特别是世界新军事革命发展趋势，着眼实现党在新时代的强军目标，把我军全面建成世界一流军队，提出的重大战略思想，是习近平强军思想的重要组成部分。党的十八大以来，习主席就建设创新型人民军队作出过多次重要论述，提出了一系列重大战略思想、重大理论观点、重大决策部署。系统学习领会习主席关于建设创新型人民军队重要论述的时代背景、重大意义、科学内涵，对深入学习、全面理解、深刻把握习近平强军思想、推动部队强军实践具有重要意义。

一、建设创新型人民军队的重大意义

在党的十九大报告中，习主席首次提出，要建设创新型人民军队。后来，习主席又把其纳入习近平强军思想"十个明确"的科学体系。此后，他在不同场合又多次强调。建设创新型人民军队这一重要思想的战略意义，主要体现在以下三个方面。

（一）适应世界新军事革命发展趋势的必然要求

萌生于 20 世纪 70 年代的世界新军事革命，正进入加快演变的新阶段。当前，世界主要大国大力推进军事转型，美国提出实施"第三次抵消战略"，俄罗斯提出"创新型军队"建设理论，其他主要国家也纷纷加大军事创新步伐，就是要通过创新赢得新的绝对军事优势。为赢得世界军事领域的创新和竞争主动权，习主席指出，"我们要登高望远、见微知著，看到世界军事领域发展变化走向，看到世界新军事革命重大影响，形成科学的认识和判断，与时俱进大力推进军事创新"①。为解决创新能力不足与我军建设发展和战斗力提升之间的突出矛盾，习主席审时度势，提出军队建设要"更加注重创新驱动"，要"建设创新型人民军队"，这为新时代我军建设发展吹响了赶上并引领世界军事创新发展的冲锋号。

（二）建设创新型国家的必然要求

建设创新型人民军队是进一步推进创新型国家的重要方面。党的

---

① 《习近平在中共中央政治局第十七次集体学习时强调　准确把握世界新军事发展趋势　与时俱进大力推进军事创新》，《人民日报》2014 年 8 月 31 日。

十九大提出，2035 年中国要跻身创新型国家前列，并对加快建设创新型国家进行了部署。全面加快创新型国家建设，涉及经济、社会、生态、国防、安全各个领域，需要人民军队紧跟创新型国家前进的步伐，进入创新型军队的发展新阶段。基于军队积极参与创新型国家建设、为创新型国家建设提供安全保证、确保跻身创新型国家前列的前瞻思考，习主席提出要建设创新型人民军队。这就需要在更广范围、更高层次、更深程度上把军事创新体系纳入国家创新体系之中，实现两个体系相互兼容同步发展，使军事创新得到强力支持和持续推动。

（三）建成世界一流军队的必然要求

党的十九大报告提出，到本世纪中叶把人民军队全面建成世界一流军队。建设世界一流军队与建设创新型军队具有同一性。世界一流军队必然是创新型军队，创新型军队造就一流军队。前者以建设标准为标志，后者反映建设模式和战斗力生成模式。在国际军事竞争日益激烈的形势下，唯创新者胜；不创新不行，创新慢了也不行。我军要实现"弯道超车""换道超车"，全面建成世界一流军队，必须坚持创新驱动发展，提高自主创新能力，彻底改变一味靠增加投入、扩张规模的发展模式，否则就会陷入战略被动，甚至错过整整一个时代。从更长远来看，我军实现由跟跑并跑到并跑领跑的转变，意味着前进道路上没有"路标"和参照物、没有现成经验可供借鉴。要避免走弯路、付出不必要的代价，更需要增强自主创新能力，通过自主创新开辟新模式、拓展新道路。

二、建设创新型人民军队的思想内容

创新型军队，是以创新为引领发展的第一动力，依靠科技进步和创新提高军队建设质量和战斗力水平，具有较强自主创新能力、核心技术竞争力和较高科技创新贡献率的军队。建设创新型人民军队，要明确创新是引领发展的第一动力，必须坚持向科技创新要战斗力，统筹推进军事理论、技术、组织、管理、文化等各方面创新。

（一）加快形成具有时代性引领性独特性的军事理论体系

人类战争实践充分证明，在一定的物质条件下，军事理论先进并正确用于战场指导，就能打胜仗。一流军队设计战争，二流军队应对战争，三流军队尾随战争。以美国为例，19世纪末马汉提出"海权论"，由此美国逐步取代英国成为海上霸主，之后的"非对称作战""网络中心战""空天闪电战"等军事理论使其在几场局部战争中取胜。我军从小到大、以弱胜强，战胜一个个强大敌人，很重要的一条就是靠创新的军事理论作指导。近年来，军事实践发展很快，面临大量的新情况新问题，亟须我们从理论上作出回答。关于军事理论创新的目标任务，习主席主要在以下四个方面提出了明确要求：一是大力推进马克思主义军事理论创新；二是构建具有我军特色、符合现代战争规律的先进作战理论体系；三是深入研究制胜机理；四是加快形成具有时代性、引领性、独特性的军事理论体系。在新的历史起点上大力创新军事理论，必须以习主席的相关重要论述为根本遵循，掌握科学方法，深化科研改革，加快形成具有时代性、引领性、独特性的军事理论体系。

（二）坚持向科技创新要战斗力

科技就是核心战斗力。有些技术一旦取得突破，影响将是颠覆性的，甚至可能从根本上改变战争形态和作战方式。为此，习主席强调，必须下大气力抓科技创新。习主席关于依靠军事技术创新，推进创新型人民军队建设的思想观点主要有：一是全面实施科技兴军战略；二是树立科技是核心战斗力的思想；三是抓创新首先要抓科技创新这个"牛鼻子"；四是超前布局、超前谋划，下好先手棋，打好主动仗；五是推进重大技术创新、自主创新；六是加快军事智能化发展。全面实施科技兴军战略，是建设世界一流军队的重要战略指导。强军兴军必须依靠科技进步，凸显了军事技术创新在建设创新型人民军队中的重要地位作用。树立科技是核心战斗力的思想，是转变军队建设模式和战斗力生成模式的思想前提。抓科技创新这个"牛鼻子"，是抓创新的首要。超前布局、超前谋划，下好先手棋，打好主动仗，既是推进技术创新的重要方法，也是基本要求。推进重大技术创新、自主创新，是推进军事技术创新的重点。加快军事智能化发展，是习主席对军队建设提出的重大战略要求。

（三）推进组织形态现代化

军事组织创新目标是军队组织形态现代化，核心是体制编制现代化。我军组织形态与信息化战争要求还存在不相适应的矛盾。为此，党的十八届三中全会提出，要着力解决制约国防和军队建设的体制性障碍、结构性矛盾等问题，推进军队组织形态现代化，以进一步解放和发展战斗力，进一步解放和增强军队活力。习主席关于推进军队组织形态现代化的重要指示主要有：深化军队体制编制调整改革，加快构建中国特色现代军事力量体系，推进规模结构和力量编成改革，构建中国特色现代作战体系等。军队体制编制调整改革，既是党的十八届三中全会提出的深化国防和军队改革的三大任务之一，又是推进军队组织形态现代化的核心内容；构建中国特色现代军事力量体系，是军队组织形态现代化的力量建设目标；规模结构和力量编成改革，是推进我军组织形态现代化、构建中国特色现代军事力量体系的关键一步；构建中国特色现代作战体系，是军队组织形态适应信息化战争的内在要求。

（四）推进以效能为核心的军事管理革命

习主席强调，抓创新，必须下大气力抓科学管理。科学管理，对降低我军建设成本、提高军事系统运行效率、增强我军战斗力具有十分重要的意义。一段时期以来，我军建设的一些领域，存在资源分散、管理多头、职责不清、效益不高等问题，最典型的就是军改以前的战建不分，影响了战斗力的生成和提高。针对军队管理存在的问题，习主席提出一系列军事管理创新思想：一是树立现代管理理念；二是推进一场以效能为核心的军事管理革命；三是健全以精准为导向的管理体系；四是优化管理流程；五是提高军队专业化、精细化、科学化管理水平。树立现代管理理念，是开展军事管理创新的前提和引领；推进一场以效能为核心的军事管理革命，阐明了推进军队建设发展必须更加注重集约高效；健全以精准为导向的管理体系和优化管理流程，目的是为了提高国防和军队发展精准度，实现更高质量、更高效益、更可持续的发展；提高军队专业化、精细化、科学化管理水平，是军事管理创新要实现的目标。

综上所述，习主席关于统筹推进军事理论、技术、组织、管理等各方面创新的重要论述，形成了科学思想体系，深刻阐明了创新在军队建设中的重要地位作用，深刻揭示了科技创新与战斗力生成的关系，是建设创新型人民军队的根本遵循。

三、建设创新型人民军队的战略举措

当前，推进创新型人民军队建设还存在一些突出矛盾和问题：一是思想认识不到位；二是缺乏本领恐慌的紧迫感；三是缺乏敢于自我否定的勇气；四是缺乏担当精神；五是缺乏实事求是的作风。习主席强调指出，要强化军事价值、知识价值、创新贡献导向，让先进科学技术尽快转化为现实战斗力。① 现在，建设创新型人民军队的号令已经下达，贯彻落实主要在以下三个方面下功夫。

（一）坚持把创新驱动贯穿新时代人民军队建设发展的全过程各领域

一是牢固确立创新发展理念。习主席提出了"更加注重创新驱动"的建设发展战略指导，是指导军队建设发展的新理念。要牢固树立抓创新就是抓发展、谋创新就是谋未来的思想，秉持创新发展理念，全面实

---

① 张又侠：《坚持走中国特色强军之路（学习贯彻党的十九届六中全会精神）》，《人民日报》2021 年 11 月 30 日。

施创新驱动发展战略，推动国防和军队建设实现新跨越。各级党委要把创新摆在重要位置，履行管宏观、管决策、管协调、管服务的责任，把推进军事创新作为党委工程、主官工程，各级干部要带头投身创新实践，及时解决创新实践过程中出现的突出矛盾和问题，切实把创新这个第一动力用好、用足，驱动人民军队建设优质高速发展。二是加强组织体制和机制创新。构建完善有利于释放创新潜力、激发创新活力的组织形态、管理体制、激励机制和政策制度，让具有潜力的创新人才能够脱颖而出。营造勇于创新、鼓励成功、宽容失败的创新氛围，破除那些违背科学规律、束缚创新思想的制约因素，倡导独立思考、理性认知精神，不断增强官兵创新意识和创新能力。

（二）坚持把创新发展的聚焦点放在提高备战打仗能力上

习主席指出，"打仗和准备打仗是军人的天职"[①]。聚焦备战打仗，推进创新型人民军队建设，重点应把握四个问题：一是坚持用战备牵引创新型人民军队建设。主要是通过战备值班突击抽查和部队整建制拉动等方法，发现部队建设中存在的突出矛盾和问题，以问题为导向，确定创新目标任务，提出创新方法手段，明确创新路线图、时间表，压实创新主体责任，推动创新型人民军队建设向更高水平、更高层次跃升。二是坚持以作战需求牵引创新型人民军队建设。瞄准明天的战争，设计军队建设，确保创新型人民军队建设同未来战争接轨，与提高新时代备战打仗能力对焦；以对战斗力贡献率为衡量标准。衡量和检验创新型人民军队建设，最根本的要看是否有利于提高战斗力。必须让战斗力提升始终居于创新型人民军队建设的中心位置，形成一切创新为打赢的生动局面。三是以深化作战问题研究推动创新型人民军队建设。大兴作战问题

---

① 《习近平新时代中国特色社会主义思想学习纲要》，学习出版社、人民出版社2019年版，第190页。

研究之风，善于提出新的作战概念和思想，是创新型人民军队建设的一项重要任务。四是坚持以军事训练推动创新型人民军队建设。其中一个重要的方面，就是要创新训法特别是要创新军。

（三）坚持把培养创新型军事人才作为重中之重

人才强则科技强。创新驱动的实质是人才驱动，建设创新型人民军队，必须牢牢把握人才这个"第一资源"，聚天下英才而用之。

一是完善"三位一体"新型军事人才培养体系。即完善军队院校教育、部队训练实践、军事职业教育相结合的新型军事人才培养体系。要落实院校优先发展战略，按照源于部队、高于部队、用于部队的责任定位，加紧构建新型军事院校体系。要强化忧患意识、危机意识、打仗意识，坚持从难从严从实战需要出发，结合军事训练改革，科学制定训练内容和考核体系，突出使命课题训练，加强对抗性演练，着力提高备战打仗能力。要坚持全员全时全域发展军事职业教育，发掘部队潜力资源、发挥院校资源优势、借助社会资源力量，构建网络化、数字化、个性化、终身化的军事职业教育体系，建设"人人皆学、处处能学、时时可学"的学习型军营。

二是加紧培养造就大批高端人才。培养造就一大批具有国际水平的战略科技人才、科技领军人才、青年科技人才和高水平创新团队，是建设创新型人民军队的当务之急。要坚定实施人才强国战略，努力建设一支以知名专家教授为中坚、中青年学科带头人为骨干的战略科技人才队伍。要坚持自主培养和高端引进相结合，加强高层次学科领军人才、拔尖创新人才队伍建设。要高度重视创新团队建设，努力形成以老带新、以强带弱、梯次配备、持续发展的创新人才群体。要建立健全精英式人才选拔机制、作战效能牵引的人才交流机制和新型作战力量主导的科技人才调控机制。要创新科技领军人才建设机制，推动军队创新人才工程与国家人才体系有机衔接。要加强青年科技人才建设统筹规划，建立不拘一格选用机制。要完善人才评价激励机制，切实让干事者有舞台、成事者有发展。

　　三是推动军地合力培育军事人才。积极推进部队人才和地方人才兼容发展，打造人才这个创新的核心要素。要统筹利用人才培养资源，坚持走依托国民教育培养军事人才的路子。要发挥国家教育资源优势和我军院校特色，健全军事人才依托培养体系，构建以联合作战院校为核心、兵种专业院校为基础、军地联合培养为补充的院校格局。要加大人才培养引进力度，不断壮大人才队伍。要把提高官兵科技素养作为一项基础性工作来抓，在全军大力传播科学精神、普及科学知识，使学习科技、运用科技蔚然成风。

　　海军工程大学教授、中国工程院院士马伟明领衔的科研团队获"国家创新研究先进群体"。图为马伟明（中）在指导学生。

（刘迎军摄）

第二篇
毫不动摇地坚持党对军队的绝对领导

第四章

坚持党对军队的绝对领导是人民
军队的建军之本、强军之魂

第一节　坚持党对人民军队的绝对领导

习主席在党的十九大报告中，把"坚持党对人民军队的绝对领导"，作为"新时代坚持和发展中国特色社会主义的基本方略"之一，这是对我们党建军治军根本原则的有力坚持，是对中国特色社会主义政治制度、军事制度的有力坚持。我军 90 多年的历程充分证明，党的领导是人民军队始终保持强大的凝聚力、向心力、创造力、战斗力的根本保证。要深入学习和全面贯彻习近平强军思想，始终坚持党对军队绝对领导的根本原则，牢固确立并不断强化其建军之本、强军之魂的地位，奋力开创强军兴军新局面。

一、坚持党对军队的绝对领导，是确保人民军队性质本色的必然选择

军队由谁领导、听谁指挥，是军队建设的首要问题。我军是在党的领导下不断发展壮大的，坚持党对军队的绝对领导决定着我军建设的性质和方向。

用党的性质宗旨塑造军队，实现政治上的先进性。我军是由中国共产党缔造和领导的，党的性质宗旨决定了我军的性质宗旨。建军之初，以毛泽东同志为主要代表的中国共产党人，着力把我军这支以农民为主要成分的军队改造成为新型人民军队。人民军队的性质本色集中体现在全心全意为人民服务的宗旨上，毛泽东同志在《为人民服务》这篇光辉著作中指出："我们这个队伍完全是为着解放人民的，是彻底地为人民的利益工作的。"① 这意味着，人民军队除了国家和人民的利益外，没有任何自身特殊利益。无论是革命战争年代还是社会主义建设时期、改革开放新时期，党始终领导我军站在人民一边，把人民利益摆在至高无上地位，与人民心心相印、同甘共苦、团结奋斗。坚持党对人民军队的绝对领导，人民军队就有了灵魂，就能自觉把人民立场作为根本政治立场，全心全意为党和人民的事业服务。

用马克思主义理论指导军队，实现思想上的先进性。思想是行动的先导，强军事业离不开先进科学的思想理论指南。近代中国先后出现了清末新军、北洋军阀军队、国民党军队，它们因为缺乏先进思想理论的指导，无一例外滑入旧军队的泥潭，最终被人民唾弃。我们党深刻总结历史上的经验教训，立足中国革命客观实际，按照马克思主义武装斗争思想和军队建军原则，建立起一支真正的无产阶级军队。人民军队诞生后，我们党继续坚持以马克思主义为指导，坚持不懈用党的理论和路线方针政策灌注部队，确保军队在党的思想旗帜引领下发展前行。革命战争年代，我们党用马克思列宁主义、毛泽东思想武装官兵。社会主义建设和改革开放新时期，我军在党的旗帜指引下，深入开展学习毛泽东著作活动，兴起学习贯彻邓小平理论和"三个代表"重要思想热潮，深入贯彻落实科学发展观。党的十八大以来，我们党用习近平新时代中国特

---

① 《毛泽东著作选读》下册，人民出版社 1986 年版，第 587 页。

色社会主义思想和习近平强军思想武装官兵，着力学好党的十八大以来党的理论创新成果。历史证明，我们党长期以来坚持不懈用进步思想、进步精神指导军队，以党的科学指导思想武装军队，为军队提供了科学的思想理论指引，保持了军队思想上的先进性。

用崇高的使命任务锻造军队，实现行动上的先进性。军队怎么样，一切看行动。一支军队究竟坚持什么样的性质和方向，关键看它担负着什么样的使命任务，从事了什么样的实践行动。我们党作为中国工人阶级的先锋队，同时是中国人民和中华民族的先锋队，从成立之日起就确立了为人民解放而斗争的崇高使命任务。军队作为党一手缔造和指挥领导的政治工具，所承担的使命任务与党是完全一致的。革命战争年代，党赋予军队争取民族独立和人民解放的使命任务；新中国成立后，党赋予军队捍卫社会主义政权、维护国家主权的使命任务；进入新时代，党赋予军队为实现中华民族伟大复兴提供战略支撑的使命任务。历史证明，正是在承担完成党赋予的重大使命任务的过程中，我军的命运与国家和民族的命运紧密结合在一起，成为中华民族的忠诚守护者，成为国家利益的坚定捍卫者，成为一支以先进行动证明自己的人民军队。

二、坚持党对军队的绝对领导，是确保人民军队发展壮大的客观要求

中国共产党具有强大的政治优势和组织优势、与时俱进的理论品格和实践品格。通过坚持党对军队的绝对领导，将党的政治优势、组织优势和创新优势源源不断输送给军队，实现了我军由小到大、由弱到强，保持了军队的生机活力。

坚持与时俱进，擘画军队建设目标蓝图。目标昭示方向，目标凝聚力量。在各个历史时期，我们党都根据形势任务变化，科学筹划军队建

设发展，制定正确的纲领路线，明确提出人民军队建设发展的目标要求，引领我军建设不断向前发展。进入新时代，习主席提出建设一支听党指挥、能打胜仗、作风优良的人民军队，发出实现党在新时代的强军目标、建设世界一流军队的伟大号召，这一目标指向描绘了强大军队、胜战之师的样子，明确了军队建设的聚焦点着力点，为加快推进国防和军队现代化提供了根本遵循。不仅如此，习主席着眼国家现代化发展总体安排，提出国防和军队现代化新"三步走"战略部署。这就着眼时代条件变化，把国防和军队发展需要同现实能力、长远目标同近期工作统筹起来考虑，将原中期目标调整为近期目标，将原远期目标分为中期和远期两步目标，从而使近期目标看得见、摸得着，有利于鼓舞全军官兵干劲；中远期目标层次分明、衔接有序，有利于更好地引领强军方向、开启强军思路。

坚持从实际出发，开辟军队建设方式路径。道路决定命运，攸关事业成败。在各个历史时期，我们党为建设一支强大的人民军队、探索一条适合中国国情的军队建设发展道路进行了不懈努力，实现了军队建设的接续发展。进入新时代，习主席着眼当今世界百年未有之大变局、中华民族伟大复兴战略全局，聚焦实现中华民族伟大复兴的中国梦，瞄准世界一流标准，总结我军走有自身特色建设发展道路的历史经验，提出坚持走中国特色强军之路。并在实践推动中逐步明确了其科学内涵，即在党的绝对领导下，以新时代军事战略方针为统揽，深入推进政治建军、改革强军、科技强军、人才强军、依法治军，着力强化练兵备战，解放和发展战斗力，解放和增强军队活力。中国特色强军之路是中国特色社会主义道路的重要组成部分，是实现中国梦强军梦的必由之路，是加快国防和军队现代化的必由之路，日益彰显出强大生命力和巨大引领作用。

坚持发挥政治组织优势，凝聚强军磅礴力量。中国共产党始终代表

沿着中国特色强军之路阔步前进。图为守卫在南沙群岛永暑礁上的海军官兵在防波堤上巡逻。

(查春明摄)

中国最广大人民的根本利益，具有突出的政治优势，拥有强大的组织力和号召力，这为建设强大军队提供了可靠的政治组织保证。只有坚持党对军队的绝对领导，才能充分发扬党组织的战斗堡垒作用，最大限度调动官兵的积极性主动性，将全军上下拧成一股绳、合成一股劲，号召大家团结奋斗、攻坚克难，不断推进强军兴军进程。只有坚持党对军队的绝对领导，才能确保把国防和军队建设纳入国家建设大局，充分运用国家力量建设军队，促进国防建设与经济建设协调发展，在全面建成小康社会中实现富国和强军的统一。只有坚持党对军队的绝对领导，才能确保着眼国家改革发展大局，摆脱部门利益羁绊，全面深入实施改革强军战略，解决影响国防和军队建设的体制性障碍、结构性矛盾、政策性问题，为强军兴军提供原动力。

三、铸牢听党指挥之魂，开辟强军兴军广阔前景

进入新时代，必须着眼新情况新问题，进一步继承发扬党对军队绝对领导的优良传统，强调坚持党的领导的唯一性、彻底性和无条件性，不断加强军队党的建设，为强军兴军开辟更为辉煌壮丽的前景。

深入学习习近平强军思想，打牢听党指挥的思想根基。党的军事指导理论，是党领导军队建设和军事斗争准备的重大主张，是党实现对军队绝对领导的理论指南和行动纲领。坚持党对军队的绝对领导，首要的是学习贯彻党的军事指导理论。党的十九大把贯彻习近平强军思想郑重写入党章。习近平强军思想是新时代中国共产党强军兴军的理论指南和行动纲领，军队坚持听党指挥必须首先全面贯彻落实习近平强军思想。当前，军队各级党组织要将学习贯彻习近平新时代中国特色社会主义思想和习近平强军思想作为首要政治任务，不断引向深入。总体学习方法是坚持系统学全面学深入学，避免学习碎片化，具体学习形式灵活多样，积极创新学习方式途径。要让习近平强军思想尽快进入强军实践并掌握官兵，统一全军官兵的思想和行动，在全军落地生根、开花结果。

强化"四个意识"，严守纪律规矩，确立听党指挥的坚定信念。坚持党对军队的绝对领导，必须做到信念上绝对过关。要增强"四个意识"、坚定"四个自信"、做到"两个维护"，贯彻军委主席负责制，在任何时候任何情况下都能够召之即来、来之能战、战之必胜。要牢固树立党章意识，严守政治纪律，在政治方向、政治立场、政治言论、政治行为上，同党中央保持高度一致；严守组织纪律，切实遵守组织制度，任何时候相信组织、依靠组织、服从组织；严守党的纪律和规矩，坚持用铁的纪律严格约束自己，做到心有所畏、言有所戒、行有所止。在这些重大原则问题上，全军官兵特别是领导干部头脑要特别

清醒，态度要特别鲜明，行动要特别坚决，不能有任何动摇、任何迟疑、任何含糊。

全面贯彻党领导军队的根本原则和制度，筑牢听党指挥的制度保障。坚持党对军队的绝对领导，离不开一系列制度作保证。党的十九大关于《中国共产党章程（修正案）》的决议明确规定，中央军事委员会实行主席负责制，中央军事委员会负责军队中党的工作和政治工作。这反映了军队改革后的中央军委履行管党治党责任的现实需要，是坚持党对军队绝对领导、实现党和国家长治久安的根本要求。必须全面深入贯彻军委主席负责制，坚持全国武装力量由军委主席统一领导和指挥，国防和军队建设一切重大问题由军委主席决策决定，中央军委全面工作由军委主席主持负责，严格落实请示报告工作机制、督促检查工作机制、信息服务工作机制，坚持按制度来、按程序走、按规矩办。党委统一的集体领导下的首长分工负责制，是党领导军队的根本制度，党委制、双首长制、政治委员制既是一种制度安排，更是一种政治设计。无论战争形态怎么演变、军队建设内外环境怎么变化、军队组织形态怎么调整，各级党委都要把落实党对军队绝对领导的一系列制度作为第一位责任，把党领导军队一系列制度贯彻到部队建设各领域和完成任务全过程，确保党指挥枪的原则落地生根。

抓好选人用人，开展从严治党，夯实听党指挥的组织基础。坚持党对军队的绝对领导，关键在于拥有一支对党绝对忠诚和素质全面过硬的干部队伍。必须坚持党管干部的原则，保证党对选人用人的主导权，完善干部选拔任用机制，坚持五湖四海、任人唯贤，坚持德才兼备、以德为先，把政治品质突出出来，切实把思想绝对纯洁、政治绝对可靠、对党绝对忠诚的人选拔到各级领导岗位上。坚持从严治党，加强军队党的反腐倡廉建设，坚持有腐必反、有贪必肃，绝不让腐败分子在军队有藏身之地，着力营造良好政治生态。还要抓好高级干部这个关键环节，把高级干部的教育、管理、监督抓得紧而又紧，坚持从政治上考察和使用干部，严格按党章办事，规范权力运行，确保枪杆子永远掌握在忠于党、经得起风浪考验的可靠人手中。

第二节 守护好我们的军魂和"命根子"

党的十八大以来，习主席反复强调，党对军队的绝对领导是我军的"命根子"，任何时候、任何情况下都不能动摇。党的十九大报告把坚持党对人民军队的绝对领导上升为新时代坚持和发展中国特色社会主义的基本方略，党的十九大修订的党章将"中国共产党坚持对人民解放军和其他人民武装力量的领导"增加"绝对"二字、把"中央军事委员会实行主席负责制"写入其中，这些重大举措的共同指向，就是强化坚持党对人民军队的绝对领导。

一、守护好我们的军魂和"命根子"，要害在落实"绝对"二字

坚持党对军队的绝对领导，军队在行动上就要体现出什么叫"绝对"。"绝对"二字的深刻意蕴可以从两个维度理解：一是党对军队实施绝对领导，强调的是坚持党的领导的唯一性、彻底性和无条件性，决不允许其他政党在军队中建立组织和进行活动，也不允许个人向党争夺兵权；二是军队对党绝对忠诚，强调的是必须锻造纯粹、彻底、无条件的忠诚，不能掺杂任何水分和杂质。我们的党和军队能经受住一次又一次严峻考验，关键就是我军始终没有脱离党的领导。

苏联解体、苏共垮台，一个重要原因是军队不在党的手里，"军队非党化、非政治化""军队国家化"。我们必须记住这个教训。习主席反

复讲苏联解体、苏共垮台的例子，就是要让我们记住这个教训，在坚持党对军队的绝对领导上，不能有任何差池，否则就会犯历史性错误，造成无可挽回的后果。在坚持党对军队的绝对领导这个问题上，一定要有很强的战略定力，不为任何风险所惧，不被任何干扰所惑，"咬定青山不放松"，时时刻刻做工作，经年累月抓落实。我们必须全面贯彻党领导军队的一系列根本原则和制度，坚决抵制和批驳"军队非党化、非政治化"和"军队国家化"等错误政治观点，着力提高坚持党对军队绝对领导的政治自觉和实际能力，强化政治纪律和政治规矩，强化忠诚度鉴别和政治考察，把那些不忠诚、不老实的人从革命队伍中彻底清除出去，确保枪杆子牢牢掌握在对党绝对忠诚的人手中，确保绝对忠诚、绝对纯洁、绝对可靠。

二、守护好我们的军魂和"命根子"，关键是全面深入贯彻军委主席负责制

军委主席负责制解决的是我军最高领导权和指挥权问题，就是军委主席对我军重大问题最后拍板、一锤定音。中央军委实行主席负责制，就是中央军委主席负责中央军委全面工作，领导指挥全国武装力量，决定国防和军队建设一切重大问题。我们党的制度是党的领袖担任中央军委主席，就是为了确保实现党对军队的绝对领导。这样做，就是为了吸取教训、亡羊补牢，就是为了我军长远发展着想，防止野心家、阴谋家，防止我军建设遭受重大损失。前些年，郭伯雄、徐才厚等"两面人"的所作所为，成了军队政治生态的"污染源"，给党对军队的绝对领导造成极大危害，这个政治教训我们应当长期吸取、警钟长鸣。

军委主席负责制，关乎党运国脉军魂。对这项制度的极端重要性，我们要从党、国家和军队兴旺发达、长治久安的高度来认识。军队是国家政权的重要基石，任何政治力量要执掌好国家政权，都必须牢牢掌握军队这个"枪杆子",否则执政就成了空中楼阁。纵观古今中外,军权问题直接关系国家治乱兴衰。没有一个人民的军队,便没有人民的一切。我们党领导军队为人民打下了江山,也要领导我军来保卫人民的江山。如果不把军队牢牢掌握在党的手中,搞得兵散将离,最后的结果必然是国家四分五裂、人民生灵涂炭。在我军历史上,从来没有一支成建制的队伍被敌人拉过去,也没有任何人能利用军队来达到其个人目的,军委主席负责制这个"定海神针"发挥了至为关键的作用。在党对军队绝对领导的制度体系中,军委主席负责制是最核心最根本的,起着"定海神针"的作用,如果出问题,就会造成"一百减一等于零"的后果。

全面深入贯彻军委主席负责制,既是高级领导和高级机关的事,也是全军官兵严肃而重大的政治责任。对这一制度要全面落实,不能只是表表态、写个报告、贴个标签,不扑下身子抓落实,不能只是撸起袖子加油喊而不是加油干,必须"头脑特别清醒、态度特别鲜明、行动特别自觉"。我们必须把其作为最高的政治要求来遵守、作为最高的政治纪律来维护,坚决听习主席指挥、对习主席负责、让习主席放心。

三、守护好我们的军魂和"命根子",最紧要的是坚定自觉向党看齐

在党的七大预备会议上,毛泽东同志借用"看齐"这一队列动作用语,形象阐述了团结向上、步调一致的重要性,指出:"要知道,一个队伍经常是不大整齐的,所以就要常常喊看齐,向左看齐,向右看齐,向中间看齐,我们要向中央基准看齐,向大会基准看齐。看齐是原则,有偏差是实际生活,有了偏差,就喊看齐。"① 党的十八大以来,习主席

---

① 毛泽东:《"七大"工作方针》,人民出版社 1981 年版,第 15—16 页。

反复强调军队讲政治、讲对党忠诚，革命军人讲政治、讲对党忠诚，最紧要的是自觉向党中央看齐，并要求我们自觉向党中央看齐，向党的理论和路线方针政策看齐，向党中央的决策部署看齐。"看齐"寓意很深，我们只有经常喊看齐，才能形成统一的思想、统一的意志、统一的纪律，才能步调一致取得胜利。走进西柏坡纪念馆的电报长廊，"嘀嗒、嘀嗒"的电报声不绝于耳，引起了人们的思索：解放战争时期，我们党为什么仅凭"嘀嗒、嘀嗒"的电报声就能运筹帷幄、决胜千里，让全党全军行动如一人？就是因为这"嘀嗒、嘀嗒"的声音是党中央和毛主席的声音，全党都坚决维护党中央权威，坚决贯彻党中央指令，坚决听毛主席的指挥，有强烈的向党中央、毛主席看齐的意识。

今天我们向党中央看齐，就是坚决落实"三个必须"要求。第一，看齐必须是全面的，在思想上政治上行动上全方位向党中央看齐，做到表里如一、知行合一。第二，看齐必须是坚定的，党中央提倡的坚决响应，党中央决定的坚决照办，党中央禁止的坚决杜绝，任何时候任何情况下都做到政治立场不移、政治方向不偏。第三，看齐必须是具体的，不能光口头讲讲，要落实在各个方面、各项工作上。向党看齐，不是抽象的、空泛的，而是具体的、现实的，说到底就是在本职岗位上忠诚使命、勇于担当。新时代，实现党在新时代的强军目标任重道远，需要我们勇敢挑起历史重任，积极主动作为，这是习主席的期望重托，也是对党忠诚、向党看齐的具体体现。习主席号召我们"以奋发有为的精神状态投身强国强军的伟大实践，努力创造无愧于历史、无愧于时代、无愧于党和人民的业绩"①。我们要时刻牢记习主席重托、坚决听从习主席号令，以实际行动向党看齐。

① 沈传亮：《全面深化改革：十八大以来中国改革新篇章》，人民出版社 2017 年版，第 166 页。

第三节　坚决听党指挥　始终铸牢军魂

党的十八大以来，习主席思考运筹强军兴军之道，鲜明提出坚决听党指挥是强军之魂。他强调，必须把军队党的建设摆在更加突出的位置，始终坚持党对军队的绝对领导。① 这一重要论述，深刻揭示了坚持党对人民军队绝对领导的极端重要性，充分体现了党对人民军队的根本政治要求，为我们坚决听党指挥、始终铸牢军魂提供了强大思想武器，为加强军队党的建设进一步指明了方向。

一、认清重大政治优势，坚定听党指挥的政治自信、政治自觉

党对人民军队绝对领导的根本原则和制度，是我们党把马克思主义建党建军原则与中国实际相结合的伟大创造，是被中国革命、建设和改革长期实践反复证明了的科学制度，是党、国家和军队的重要政治优势。始终不渝坚持这一根本原则和制度，对巩固党的执政地位、保持国家长治久安、永葆我军性质宗旨本色，都具有极端重要意义。必须从党、国家和军队全局的高度，深刻认识党对人民军队绝对领导的科学真理性和特殊优越性，进一步坚定听党指挥的政治自信和政治自觉。

（一）听党指挥是实现强国强军的重要政治优势

习主席指出，"历史和现实都告诉我们，要巩固党的执政地位，保证社会主义红色江山永不变色，必须毫不动摇坚持党对人民军队的绝对领导"②。这一重要论述，是党中央、中央军委和习主席在深刻把握马克思主义建党建军学说，深入分析一些政党政权更迭经验教训的基础上得

---

① 《习近平谈大力推进强军事业》，新华网，2021 年 11 月 9 日，见 http://www.xinhuanet.com/politics/2021-11/09/c_1128047115.htm。

② 释清仁：《中国共产党国家安全战略思想研究》，人民出版社 2020 年版，第 91 页。

出的战略判断。军队是国家机器的重要组成部分。军队归谁指挥、为谁打仗，始终是国家政权建设的核心问题。任何一支政治力量要执掌好国家政权，都必须牢牢掌握军队。否则，政权必垮、国家必亡。当年苏共放弃对军队领导，在国家面临解体的危急关头，苏联军队袖手旁观甚至掉转枪口，最后导致苏联瞬间分崩离析。近些年，西方在东欧、中亚、西亚、北非等地区策动所谓"颜色革命"，都把那里的军队作为渗透破坏的重点目标，而在发生政权非正常更迭的国家里，军队大多都出现了这样那样的问题。我军是执行党的政治任务的武装集团。正是因为有一支党绝对领导下的人民军队做坚强后盾，党带领人民才建立了新中国，实现了民族独立、人民解放，保证了社会主义红色江山不变色，确保了国家繁荣发展和稳定。我军是党的军队、人民的军队、社会主义国家的军队，这是高度一致的。毫不动摇坚持党对人民军队的绝对领导，是我国的基本军事制度和中国特色社会主义政治制度的重要组成部分。无论时代如何发展，形势怎么变化，听党指挥的政治优势，始终是保证我们党长期执政、国家长治久安的根本法宝，是实现中华民族伟大复兴中国梦的力量支撑。

（二）听党指挥是人民福祉的根本保证

我们党是马克思主义政党，以工人阶级和广大劳动人民的利益为党的最高利益，全心全意为人民服务是党的根本宗旨。作为党绝对领导下的人民军队，党的性质决定着军队的性质，党的宗旨决定着军队的宗旨。党所领导的人民军队，必然是工人阶级和人民大众利益的坚强保卫者，是人民的子弟兵。完全彻底地为人民利益而奋斗，这是党所领导的人民军队与西方资本主义国家军队的本质区别。我军 90 多年光辉历史，就是紧紧同全国各族人民站在一起，全心全意为人民服务的历史。革命战争年代，无数共产党人和革命军人，为了人民福祉，不惜抛头颅、洒热血。和平建设时期，哪里有危险，哪里就有人民解放军的身影。有党

2017年8月1日，中国邮政发行《中国人民解放军建军九十周年》纪念邮票一套6枚，小型张1枚。邮票内容为陆军、海军、空军、火箭军、战略支援部队和武装警察部队，小型张内容为听党指挥。

（陈彬摄）

的坚强领导，我们这支军队就能始终保持人民军队的性质，人民的幸福生活就有了最坚强有力的保证。

（三）听党指挥是军队制胜的优势之源

我军是党缔造和领导的，党在长期奋斗中形成的独特优势，成为我军强大的制胜优势。党具有理论优势，注重用科学理论和革命精神灌注部队，使我军始终保持了无产阶级性质和共产主义伟大理想。党具有政治优势，注重站在时代前列引领部队建设坚定正确的政治方向，以党的先进性保证了军队的先进性。党具有组织优势，注重以严密的组织性、纪律性和模范作用影响部队，使人民军队具有强大的凝聚力和战斗力。

党具有制度优势，领导人民军队建立完善了一整套缜密细致、行之有效的制度体系，使这支军队始终保持团结统一和生机活力。党具有密切联系群众的优势，广泛地动员人民群众投身和支援自己的军队，使人民军队获得了最深厚的力量源泉。90多年来，我军之所以能够战胜各种艰难困苦，不断从胜利走向胜利，最根本的就是坚定不移听党话、跟党走。这是我军的军魂和"命根子"，是人民军队的建军之基、力量之源、胜利之本。人民军队强就强在有党的坚强领导，敌人最怕我们的也是有党的坚强领导。这是人民军队的命脉所在，是最大的制胜优势，永远不能变、永远不能丢。

二、清醒把握现实挑战，按照"三个绝对"要求铸牢听党指挥这个强军之魂

新形势下，世情国情党情军情发生了深刻变化，党对军队的绝对领导面临一系列重大而现实的挑战和考验。习主席以宽广的战略视野、敏锐的政治眼光和强烈的使命忧患，把坚决听党指挥上升到强军之魂的高度加以强调，指出必须确保部队绝对忠诚、绝对纯洁、绝对可靠。这"三个绝对"，深刻阐明了强军之魂的本质内涵，为坚决听党指挥提供了根本遵循，是应对各种现实考验的根本要求所在。

（一）应对意识形态领域新挑战，必须锻铸绝对忠诚的政治品格

当前，意识形态领域斗争尖锐复杂，有的西方国家大力宣扬西方宪政民主、"普世价值"，广泛散布"军队非党化、非政治化"等错误言论，其险恶用心就是想把我军从党的旗帜下拉出去。在意识形态领域这个没有硝烟的战场，在严肃的政治斗争面前，我军对党、对国家、对人民绝对忠诚，才能确保大是大非不含糊、听党指挥永不变。做到绝对忠诚，就要坚定理想信念，坚定对马克思主义的信仰、对中国特色社会主义的信念、对改革开放和社会主义现代化建设的信心、对以习近平同志为核心的党中央的信赖；就要坚定价值追求，始终把人民利益放在心中最高位置，与人民心心相印、与人民同甘共苦、与人民团结奋斗；就要坚定原则立场，在事关党的性质宗旨等根本原则问题上，始终保持头脑清醒、立场坚定。

（二）面对内外部环境新变化，必须保持绝对纯洁的政治本色

从外部环境来看，随着改革开放和社会主义市场经济不断推进，社会结构深刻变动、利益格局深刻调整，人们的思想观念和价值追求呈现多元多样多变的特点。军队不是生活在真空中，社会上各种思想观念包括一些错误观点，容易影响官兵的理想信念和价值追求。特别是在信息网络迅猛发展的"自媒体"时代，网上一些负面信息甚至反动言论裹挟其中，对官兵思想行为带来的冲击影响不可低估。从内部环境来看，官兵成分结构发生很大变化，"90后""00后"官兵成为基层部队的主体，一些年轻同志缺乏对马克思主义理论的系统学习，缺乏对党的优良传统的深入了解，缺乏艰苦环境和复杂斗争的锻炼，对党指挥枪的极端重要性往往认识不足、理解不透。军队唯有做到绝对纯洁，才能在纷繁复杂的考验面前我自岿然不动。做到绝对纯洁，就要坚守共产主义信仰追求，坚决抵制各种错误思想和腐朽文化的侵蚀影响，在思想上保持高度纯洁；就要着力增强军队各级党组织的创造力凝聚力战斗力，永葆党员队伍的先进性纯洁性，在组织上保持高度纯洁；就要大力传承弘扬我党我军的光荣传统和优良作风，坚决反对和纠治形式主义、官僚主义、享乐主义和奢靡之风，在作风上保持高度纯洁。

（三）适应使命任务的新拓展，必须践行绝对可靠的政治要求

当前，我国正前所未有地接近中华民族伟大复兴的宏伟目标，正处在由大到强、将强未强的重要历史时刻，维护国家发展重要战略机遇期的任务艰巨繁重。国际形势和我国周边安全环境日趋复杂严峻，捍卫国

家主权和领土完整、坚决维护国家安全和发展利益面临一些值得高度关注和认真对待的新情况新问题,军事斗争准备任务艰巨繁重。军队担负的职能任务日益拓展,在国际维和、海上护航、抢险救灾等非战争军事行动中地位作用越来越大,在反恐处突、维护国家安全和社会稳定方面的任务艰巨繁重。我军作为党绝对领导的武装力量,在关键时刻就要起到一锤定音的作用,这是军队坚决听党指挥的最终体现和最现实考验。确保绝对可靠,就要平时听招呼、战时听指挥、关键时刻不含糊,任何时候任何情况下都坚决听从党中央、中央军委和习主席的指挥;就要始终牢记战斗队的根本职能,按照"能打仗、打胜仗"的要求真抓实备,做到召之即来、来之能战、战则必胜;就要在党和人民需要的时候上得去、靠得住、过得硬,勇于担当重任,敢于挺身而出,为了党和人民的利益不惜牺牲一切。

三、加强军队党的建设,提高从思想上政治上建设和掌握部队的能力

习主席指出:"着力提高坚持党对军队绝对领导的政治自觉和实际能力。"① 贯彻落实习主席重要指示,必须牢牢把握军队党的建设的首要任务和根本要求,把坚决听党指挥、永远铸牢军魂贯穿于政治思想、组织、作风、纪律、制度建设和反腐败斗争的方方面面,贯彻到部队建设发展各领域,落实到完成各项任务的全过程,使听党指挥成为全军官兵的共同追求和自觉行动。

(一)持续打牢坚决听党指挥、绝对忠诚可靠的思想基础

思想上坚定,政治上、行动上才能坚定。这是铸牢军魂、强化精神

---

① 《习近平新时代中国特色社会主义思想学习纲要》,学习出版社、人民出版社2019年版,第190页。

支柱的根本所在。要持续深化理论武装，突出学好习近平新时代中国特色社会主义思想和习近平强军思想，以理论上的清醒保证政治上的坚定。要突出强化信仰追求，自觉补精神之钙、铸思想之魂、强信仰之基，不断坚定道路自信、理论自信、制度自信、文化自信，把听党指挥融入灵魂血脉。要突出抓好军魂教育，深刻领会坚持党对军队绝对领导的理论渊源、科学内涵和实践要求，深扎听党话、跟党走的思想根子。要持续培育新时代革命军人核心价值观，大力发展先进军事文化，有的放矢做好意识形态领域工作，积极占领部队思想阵地、文化阵地、舆论阵地，不断打牢官兵坚决听党指挥、绝对忠诚可靠的思想政治基础。

（二）坚决落实党对人民军队绝对领导的根本原则和制度

党对人民军队的绝对领导，是靠一系列根本原则和制度作保证的。

图为"最美新时代革命军人"姜延军。　　　　　　　　　　（姜文国摄）

这些根本原则和制度，发端于南昌起义，奠基于三湾改编，形成于古田会议，成熟完善于革命、建设和改革时期，主要包括：人民军队的最高领导权和指挥权集中于党中央和中央军委；实行党委统一的集体领导下的首长分工负责制；在团以上单位设立政治委员和政治机关；支部建在连上。这些根本原则制度的确立和落实，实现了党的组织与军队建制体系的内在融合，实现了党的领导与军事行政领导的有机统一，是经过实践证明的、系统完备的、科学正确的制度体系。无论战争形态如何演变、内外部环境如何变化、军队组织形态如何调整，这些根本原则和制度必须始终不渝地坚持。当前国防和军队改革进入攻坚期、关键期，但改革不是改向，变革不是变色，坚持党对军队的绝对领导只能加强不能削弱，确立的根本原则和制度不能有丝毫动摇。

（三）真正把忠诚于党的可靠的人选好用好

治军之道，要在得人。培养什么样的干部，选拔什么样的人接班，实际上是把军队的领导权交给什么样的人掌握的大问题。要全面贯彻落实习主席的重要指示精神，进一步完善落实干部选拔任用制度机制，建立健全干部考核评价体系，坚持正确的选人用人导向，增强干部选拔使用的科学性、准确性、公信度。要锻造更为坚强的领导核心，把各级领导班子建设作为干部队伍建设的重点，坚持从政治上考察和使用干部，重视考察干部在重大问题、关键时刻的政治立场和现实表现，使各级领导班子成为实现党对人民军队绝对领导、带领部队完成各项任务的坚强领导核心，使枪杆子牢牢掌握在忠诚于党的可靠的人手里。要重视加强对党员干部特别是高中级领导干部的教育、管理和监督，治军先治官，治官先治将，严下先严上，锻造绝对忠诚、绝对纯洁、绝对可靠的过硬队伍。

（四）以严格的作风纪律确保党指挥枪落到实处

坚持党对人民军队的绝对领导，既要有高度的思想统一为基础，也要靠优良的作风和严明的纪律作保证。要强化雷厉风行、令行禁止的作风，党叫干什么就坚决干，党不允许干什么就坚决不干，带头维护党中央、中央军委和习主席的权威，一切行动听从党中央、中央军委和习主席的指挥，确保政令军令畅通。要强化为民务实清廉的作风，坚定不移地改作风严制度，以零容忍的态度惩治军中腐败，积极铲除滋生腐败的土壤，努力营造风清气正的良好环境，提高自我净化、自我完善、自我革新、自我提高的能力，永葆我党我军的光荣传统和优良作风。要进一步严明纪律，坚定不移地贯彻全面从严治党、全面从严治军方针，严格遵守党纪军规，严格党内生活准则，确保全军官兵在思想上政治上行动上始终与党中央、中央军委和习主席保持高度一致。

第五章

确保长城永固的"定海神针"

——全面深入贯彻军委主席负责制

第一节　确保政权稳定、军权贵一的重大制度创新

军委主席负责制是从党、国家和军队全局出发作出的重大政治设计和制度安排，是党对军队绝对领导的最高实现形式，对保证党中央、中央军委牢牢掌握军队最高领导权和指挥权具有根本性、决定性作用。必须站在时代和政治高度，深化思想认识、提高执行能力，确保全面贯彻军委主席负责制真正落到实处。

一、军委主席负责制是我们党建军治军的宝贵历史经验

军委主席负责制是党和国家军事领导制度长期发展的重大成果，凝结着我们党建军治军的宝贵经验和优良传统。学习掌握军委主席负责制形成和发展的历史脉络，有利于增强全面贯彻落实军委主席负责制的自觉性和坚定性。

（一）革命战争年代逐步确立了军委主席对全军集中统一领导

大革命时期，中国共产党开始逐渐重视军事工作，于 1926 年在上海设立中央军事部。大革命失败后，成立直属中央政治局的中央军事委

员会，决定各地已组织的正式红军，一切指挥权完全统一于中央军委。随后又在江西宁都成立直属苏区中央局的中央革命军事委员会。1933年1月，中共临时中央由上海迁入中央苏区，中央军委即统一于中革军委。这一时期，中央军委（中革军委）在重大军事决策上受中共中央及政治局直接领导，由于中革军委主席并不是党的最高负责人，因此实际上不具有最高军事决策权和指挥权，这对红军作战造成了不利影响。遵义会议后，成立由毛泽东、周恩来、王稼祥组成的军事三人小组，行使最高军事指挥权。红军三大主力会师后，党中央决定成立以毛泽东、周恩来、朱德等23人组成的中革军委，以毛泽东为主席的7人中革军委主席团，由此形成了较为稳定的党领导军队的最高核心。抗日战争爆发不久，在洛川会议上，党中央决定成立新的中央军委，毛泽东为主席，朱德、周恩来为副主席，指挥八路军、新四军。1943年3月20日，中共中央政治局会议通过《中共中央关于中央机构调整及精简的决定》，推举毛泽东为中共中央主席、书记处主席。毛泽东作为党的最高领导人，同时担任中央军委主席，在领导体制上实现了党和军队最高决策权、指挥权的统一，使军委主席真正实现了对全军的集中统一指挥。解放战争开始后，中央军委进一步完善了决策方式和工作制度，采取了重大战略问题集体研究、充分讨论，最后由毛泽东决断的决策方式，并确立了以请示报告为核心的工作制度。

（二）社会主义建设时期对军委主席对全军实施领导与指挥进行了新探索

新中国成立之初，取消了党的中央军事委员会，设立中央人民政府人民革命军事委员会作为国家最高军事领导机关，统一管辖并指挥中国人民解放军和其他人民武装力量，隶属国家政权系统，毛泽东担任主席。1954年宪法规定，设立中华人民共和国国防委员会，不再设立中央人民政府人民革命军事委员会，中华人民共和国主席担任国防委员会主席，统率全国武装力量。由于国防委员会是咨询和统一战线性质的组织，不是武装力量的统率机构，中央政治局决定重新成立中央军事委员会，领导全部军事工作。新的中央军委由毛泽东、朱德、彭德怀等 12 人组成，毛泽东任主席，彭德怀主持中央军委日常工作。毛泽东除担任军委主席外，同时也是党中央主席和国家主席，这体现了"党、政、军"最高权力相统一，既是国家武装力量的最高统帅，也拥有最高军事决策权、指挥权。1958 年 7 月，中央军委扩大会议通过《关于改变组织体制的决议（草案)》，规定中央军委是党中央的军事工作部门，是统一领导全军的统率机关，军委主席是全军统帅，这就改变了 1954 年宪法中关于"国家主席统率武装力量"的规定。在决策方式上，仍然继承了战争年代的优良传统，采取集体研究与军委主席个人决断相结合。"文化大革命"期间，由于林彪、江青反革命集团的严重干扰破坏，中央军委的组织领导和工作制度都受到了很大影响。其组织机构和领导成员多次发生变动，议事规则和会议制度多次发生变化。这也说明，只有将制度建设纳入法制化轨道并形成科学的制度体系，才具有刚性约束力，才能真正对国防和军队建设起到保障和支撑作用。

（三）改革开放以来正式确立及实践了军委主席负责制

党的十一届三中全会后，我们党着眼系统总结历史经验教训，推进国家法治化进程，探索建立符合党情国情军情和时代要求的最高军事领导制度。1982 年宪法首次明确规定：中华人民共和国中央军事委员会领导全国武装力量，中央军事委员会实行主席负责制。党中央还专门发出《关于宪法修改草案规定设立中央军事委员会的通知》，明确党的中央军委仍然作为党中央的军事领导机关直接领导军队，党的中央军委与国家的中央军委实际上是"一个机构，两块牌子"。新的国家最高军事领导体制的确立，既从组织和制度上保证了党对军队具有绝对领导权和指挥权，又明确了军队在国家体制中的地位，有利于通过国家机器进一步加强人民军队的全面建设，加强国防现代化建设，也便于国家在必要时迅速转入战时领导体制，增强对突发事件作出迅速反应的能力，表明我国基本军事制度的进一步成熟完善。1982 年宪法颁布实施后，又多次对宪法进行了修订完善，军委主席负责制这一规定始终未做改动，一直延续至今。2012 年 11 月，中央军委修订的《中央军事委员会工作规则》明确写入中央军事委员会实行主席负责制；2014 年 4 月，中央军委印发《关于贯彻落实军委主席负责制建立和完善相关工作机制的意见》，建立了请示报告、督促检查、信息服务三项工作机制，有效推动了军委主席负责制各项要求机制化运行。

二、军委主席负责制是党对军队绝对领导的最高实现形式

军委主席负责制既是我军多年革命战争和建设发展实践经验的科学总结，又是国防与军队建设新发展的客观要求。坚持实行这一重要制度，有着重大而深远的战略意义。

（一）军委主席负责制是坚持党对军队绝对领导的根本要求

我军自创建之日起，就是由党直接领导和指挥的武装集团。在掌握国家政权后，中国共产党中央委员会及其政治局委托军委主席来直接掌管全国武装力量，从一定意义上讲，中央军委主席是党中央及其政治局在军事领域的总代表，军委主席负责制是我们党直接领导和指挥军队的总枢纽。离开了军委主席负责制，我们党直接领导和指挥军队就缺少战略抓手，就会失灵失效。同时，党领导军队是通过一系列制度实现的。坚持党对军队绝对领导的根本制度，从根本上讲，就是要确保全军官兵一切行动坚决听从党中央和中央军委指挥，说到底是要听从军委主席指挥。

（二）军委主席负责制是正确高效落实军事领域重大决策的关键所在

军事实践具有无以复加的对抗性、复杂性和时效性，要求军事决策及决策实施既要科学又要高效，只有将军队的指挥权和管理权集中在军事统帅手中，才能避免由于统率权过于分散而导致的种种弊端，如中央军委权力被架空、军事效率低下、军事运转成本增加等。鉴于此，当今世界大多数国家武装力量实行军事统帅负责制，宪法都规定国家元首或总统对国防和武装力量具有最高职权。我国实行军委主席负责制，有利于我军最高统帅同军委班子集体智慧高度统一，从而大大提高军事领域决策的科学性；有利于我军最高统帅把号令三军的领导权威与总揽全局的统筹机制紧密结合起来，从而大大提高军事领域决策实施的有效性。尤其是在我国安全面临诸多不确定因素的关键时期，实行军委主席负责制，有利于最高统帅在第一时间迅速准确地掌握情况、作出决策、定下决心，从而大大提高军事领域决策的时效性。

（三）军委主席负责制是维护军队集中统一和国家长治久安的重要保证

"统帅掌兵"可谓是军事领导指挥艺术的基本原理，古今中外概莫能外。我军历来强调"兵权贵一、军令归一"，这个"一"就是核心、领袖、统帅。毛泽东同志强调，军队指挥的决定权要高度集中到"最少数人乃至一个人的手里"[1]。邓小平同志指出："任何一个领导集体都要有一个核心，没有核心的领导是靠不住的。"[2] 实行军委主席负责制，有利于军委主席对全军实施集中统一领导和高效指挥，把全军官兵的意志和力量高度凝聚在党的旗帜下；有利于加强军委班子自身建设和高级领导干部教育管理，纠治只对权力负责、对利益负责、不对主席负责的思想

---

[1] 《毛泽东选集》第一卷，人民出版社1991年版，第213页。

[2] 《邓小平文选》第三卷，人民出版社1993年版，第310页。

意识，防止和避免山头主义、宗派主义、分散主义和自由主义；有利于全军全面准确、及时有效地贯彻落实军委主席的决策部署，为强国强军作出应有贡献，确保党和国家的兴旺发达、长治久安。

（四）军委主席负责制是永葆军队传统本色的现实需要

过去一个时期，郭伯雄、徐才厚等人虚化弱化军委主席负责制，给党对军队的绝对领导造成极大危害，给军委集中统一领导造成极大危害，给军队选人用人造成极大危害，给全军团结统一造成极大危害，给部队政治生态造成极大危害。党中央、习主席果断查处郭伯雄、徐才厚等人，自上而下改进作风、惩治腐败、肃清流毒，为党和军队消除了重大政治隐患，避免了军队事业遭受重大损失。只有坚决维护和全面贯彻落实军委主席负责制，才能把军队高级领导干部选准用好，确保枪杆子永远掌握在忠诚于党的可靠的人手中，通过军委班子和高级领导干部政治上的坚定和思想道德上的纯洁，影响和带动整个军队形成良好政治生态；才能确保军委主席的绝对权力，按照最高统帅不可阻挡的决心意志惩治腐败，形成正风肃纪的大格局，从根本上正本清源，为营造良好政治生态提供环境支持，确保红色江山永不变色。

三、军委主席负责制是一项重大政治设计和制度安排

军委主席负责制作为我国宪法和党章明确规定的重要制度，是国家和人民意志的深刻反映，具有不容置疑的必然性、法理性和科学性。

（一）军委主席负责制蕴含着马克思主义国家学说的精髓要义

马克思主义认为，执政党行使领导和管理国家的权力，必然要掌控作为国家政权重要组成部分的军队。在我国，过去我们党按照人民的意愿夺取政权，今天按照人民的意愿执掌政权，都必然要牢牢掌握一支强大的人民军队。在带领全党夺取政权和巩固政权、建设中国特色社会主

义的历史进程中，中国共产党把马克思主义政党学说、国家学说与中国国情、党情、军情有机结合起来，创造性提出了军委主席负责制，体现了马克思主义国家学说所揭示的近现代社会政治上层建筑运行和发展的普遍规律，也是这一规律在中国军事领导制度上的具体运用，具有独特的创造性和巨大的优越性。

（二）军委主席负责制体现了国家军事领导权配置的基本规律

从世界范围来看，由于国体政体和历史文化差异，各国国防体制不尽相同，但其军事制度安排都有一个共同指向，就是军队的领导指挥权掌握在最高统帅手中。我军实行军委主席负责制，从形式上就是要确立军委主席的军事统帅地位，确保其作为军事统帅能够集中统一地指挥军队和管理军队，保证军队的战斗力和凝聚力。这也是中国特色社会主义制度优势的重要体现，是古今中外"兵权贵一"治军规律的生动反映，实现了全国武装力量领导权和指挥权高度集中统一。

（三）军委主席负责制是宪法确立的基本原则

宪法是党和人民意志的集中体现，是通过科学民主程序形成的根本法。我国宪法明确规定："中华人民共和国中央军事委员会领导全国武装力量"，"中央军事委员会实行主席负责制"。这具有最高层次的法律权威，体现了人民的意志，也是党依法执政和根据国家法律制度领导国防和军事工作的具体体现。但是，长期以来受到各种传统习惯的影响，对强化宪法规范具体落实的自觉性不够强烈，使宪法确立的军委主席负责制原则没有得到有效落实。为此，必须紧紧围绕落实宪法确立的基本原则，按照宪法的明确规定，牢固确立和有效实施军委主席负责制。

（四）军委主席负责制是中国特色军事制度的重要组成部分

党在领导中国革命、建设和改革的长期实践中，运用马克思主义基本原则开创了中国特色社会主义制度，建立和形成了体现和保证党对军队绝对领导的、以军委主席负责制为核心的中国特色社会主义军事制度。军委主席负责制贯穿我军发展历史，指导和影响着我军其他具体军事制度的设计与走向，决定着我军的性质、宗旨和历史使命，是从党、国家、军队全局出发的重大制度安排，是坚持党对军队绝对领导、实现党和国家长治久安的根本要求，集中反映了党和人民的意志、全军官兵的期望。

四、将全面贯彻落实军委主席负责制作为铁规铁律来坚守

在全面推进依法治国的新时代，必须全面实施和完善军委主席负责制，这是依宪治国、依宪执政的具体体现，也是抓根本、保方向的重大原则问题。

（一）严格全面贯彻落实军委主席负责制的运行机制

一项好的制度落到实处，必须有切实管用的机制作保障。党的十八大以来，中央军委就全面贯彻落实军委主席负责制作出了明确部署，建立和完善了请示报告工作机制、检查工作机制、信息服务机制，为全面贯彻落实军委主席负责制提供了基础性、关键性机制保障。严格执行请示报告工作机制。军委领导、战区、军种等各大单位主要领导，应直接地、经常性地向军委主席报告个人履职尽责情况及对部队建设的意见建议，及时向军委主席报告工作中的重大事项以及个人的有关重大事项变化情况。严格执行督促检查工作机制。全面贯彻落实军委主席负责制，最关键、最核心的就是把军委主席各项决策指示贯彻到部队建设各领域全过程。对军委主席明确的重大任务、作出的重要指示批示贯彻落实情况，采取多种形式进行督促检查并贯穿于工作落实全过程，及时将情况上报军委主席。严格执行信息服务工作机制。掌握敌情我情等各方面情报信息，是军委主席履职尽责的前提条件，也是军委主席负责制运行的首要环节。要强化信息服务观念，增强信息服务的时效性、准确性，对

国家安全、社会稳定、部队建设和军事行动等方面的重要情况，按有关规定迅速、准确报送信息及处理建议，确保军委主席在第一时间掌握军队的重要情况。

（二）完善全面贯彻落实军委主席负责制的法规体系

全面贯彻落实军委主席负责制，是依法治国、依法治军的具体实践，要坚持立改废释并举，从法律法规上完善可行路径和解决办法。要理清法律法规中对军委主席负责制的有关规定。从现行法律法规中梳理出军委主席负责制的法理依据和法规条文，并将其细化为具体的工作程序和职责规范。要调整与军委主席负责制不相适应的法律法规。由于以往在立法过程中没有强调军委主席负责制，现行法律法规中存在一些与全面贯彻落实军委主席负责制不相协调的问题，应尽快按照立法程序对这些问题进行调整完善，保证法律体系的现实有效性和内部统一性。要创新促进军委主席负责制全面贯彻落实的法律法规。主动适应国防和军队改革与经济社会发展需要，特别是军队领导指挥体制改革，在有关军事法律法规中增加军委主席负责制方面的法律条文，将全面贯彻落实军委主席负责制的好做法好经验用法规制度固定下来。

（三）营造全面贯彻落实军委主席负责制的浓厚氛围

全面贯彻落实军委主席负责制，重在立法贵在自觉，必须澄清模糊认识，创造浓厚氛围，凝聚全军意志，把全面贯彻落实军委主席负责制作为最高政治纪律和最高政治要求来落实。要加强宣传教育。从现实与历史、法理与实践、继承与创新上，深刻认识把握军委主席负责制的重大意义、科学内涵、政治意蕴和实践要求，强化思想认同、政治认同和法理认同，在全军范围内开展军委主席负责制的认同教育、法规教育和执行教育，让全军将士相信军委主席负责制、理解军委主席负责制、执行军委主席负责制。要层层落实责任。军队是一个庞大的组织体系，各级具有各级的权力和责任。全面贯彻落实军委主席负责制，不是所有事情都让军委主席一人负责，而是要一级抓一级、一级管一级、一级向一级负责。通过强化各级领导干部的责任意识，明确权力范围，明确责任担当，坚持领导带头，最终形成人人有压力、人人尽全力、人人抓落实的浓厚氛围。要强化追责问效。充分发挥新体制优势和效能，运用纪检、巡视、审计监督手段，运用监督执纪"四种形态"常态开展纪律检查，深化政治巡视，纠正政治偏差，坚持有职必有责、失职必问责的原则，加大依法追责力度，加大执纪力度，严格责任追究，对失职失责的人和事严肃问责、追责，全面贯彻落实军委主席负责制。

第二节　强国强军的重要保证

军委主席负责制，是坚持党对军队绝对领导的根本制度和根本实现形式，是中国特色社会主义政治制度和军事制度的重要组成部分。全面深入贯彻军委主席负责制，是严肃而重大的政治责任，必须作为最高的政治要求来遵守，作为最高的政治纪律来维护。

一、军委主席负责制是强国强军的重要保证

我们党的制度是党的领袖担任中央军委主席，就是为了确保实现党对军队绝对领导。对这项制度的极端重要性，我们要从党、国家和军队兴旺发达、长治久安的高度来认识。

（一）确保党对军队绝对领导的必然要求

坚持党对军队的绝对领导，是人民军队独特的政治优势，是我军永远不变的军魂。军魂所在，即是血脉所在，信念所在，力量所在。我们党在领导军队的长期实践中，形成了一整套保证党对军队绝对领导的根本原则和制度。在这一整套制度体系中，军委主席负责制处于最高层

次、居于统领地位，起着"定海神针"的作用。把军委主席负责制贯彻好，全军就有了"主心骨"和"定盘星"，就能从根本上保证我军的性质和本色。过去一个时期，郭伯雄、徐才厚等人擅权妄为，结党营私，虚化弱化军委主席负责制，给党对军队的绝对领导造成极大危害，给军委集中统一领导造成极大危害，给军队选人用人造成极大危害，给全军团结统一造成极大危害，给部队政治生态造成极大危害。正是党中央、中央军委和习主席关键时刻扶危定倾，全军官兵坚决听从习主席指挥，才消除了党和军队内部的重大政治隐患，使人民军队实现浴火重生、涅槃重塑。实践充分表明，军委主席负责制是一项重大政治设计和制度安排，有了这套制度作保证，党和国家"乱不了"、部队"跑不了"、阴谋家"反不了"、军队颜色"变不了"。

（二）实施集中统一领导和高效决策指挥的关键所在

凡兵之道，莫过乎一。古往今来，无论战争形态怎么变化，集中统一的指挥始终是赢得战争的重要前提。军委主席负责制，体现了"兵权贵一"这个军事领导权配置运用的一般规律，是实施集中统一领导和高效决策指挥的关键，也是取得战争胜利的关键。解放战争时期，全军坚决听从毛主席指挥，人民军队才无坚不摧、无往不胜，夺取了全国解放的胜利。有官兵认为，现代战争首战即决战、发现即摧毁，战机稍纵即逝，是"士兵和班长的战争"，需要他们在前线迅速决策，如果最高统帅实施决策可能会贻误战机。事实上，现代战争局部行为带有全局性影响，战术行动带有战略性影响，更加需要实施高层集权指挥，确保最高统帅的决心意图快捷高效地落实到各作战单元、各作战要素。当前，我国面临的安全挑战十分严峻复杂，坚决贯彻军委主席负责制，战略决策才能更加高效，军事行动才能更加迅捷。

（三）全面推进国防和军队现代化的现实课题

推进国防和军队现代化，是我们党一以贯之的目标追求。实现这一目标，离不开最高统帅的坚强领导。就拿军队改革来说，我军 1985 年百万大裁军之所以能够顺利实现，与时任军委主席邓小平的大力推动是分不开的。党的十八大以来，习主席带领全军官兵坚持走中国特色强军之路，迎难而上，开拓进取，引领人民军队实现了政治生态重塑、组织形态重塑、力量体系重塑、作风形象重塑，强军兴军开创崭新局面。但还要清醒看到，完成人民军队的革命性重塑，全面推进国防和军队现代化，是一个庞大复杂、充满挑战的系统工程，无论是深入落实政治建军方略、持续深化国防和军队改革，还是全面实施科技兴军战略、坚持全面从严治军，每前进一步都会有许多"雪山""草地"需要跨越，许多"娄山关""腊子口"需要征服，更加需要一个凝聚意志力量、勇于担当负责、强力推动落实的最高统帅。

（四）维护党和国家长治久安的坚强保证

党和国家长治久安是民族之幸、人民之福。没有一个稳定的环境，什么事情也办不成，已经取得的革命、建设和改革成果也会丧失殆尽。怎样才能保证党和国家长治久安？因素是多方面的，其中军队由谁领导、如何掌控至关重要。军队掌控得好，就会成为政权稳固、社会稳定的支柱。否则，就会成为社会的乱源。回顾中国历史，教训极其深刻。曾经创造过"开元盛世"的唐朝，后因"安史之乱"而垮，垮就垮在中央政府对军权掌控不力。20 世纪初期军阀混战导致天下大乱，就是由于军权为地方政治军事势力所掌握。历史的悲剧启示我们：军定则国安。正因为这样，世界各国虽然国防体制不尽相同，但军事制度安排都有一个共同的根本指向，就是军队的领导指挥权必须始终牢牢掌握在最高统帅手中。据有关资料对 110 个国家宪法统计，有 78 个国家宪法明文规定军队统帅由国家元首担任。比如，美国宪法规定，总统是武装部队的总司令；俄罗斯宪法规定，总统是联邦武装力量的最高统帅。军委主席负责制既反映了古今中外统军治军的普遍共识和通行做法，也是我们党领导国家和军队的独特创造，把党领导军队特殊政治要求与军队组织指挥普遍规律结合起来，是具有鲜明中国特色的科学的军事领导制度。全面深入贯彻这一制度，就能确保军队坚定站在党的旗帜下，使军队始终成为巩固党长期执政地位的重要基石、维护国家安全稳定的重要法宝、建设社会主义现代化强国的重要支撑。

二、切实把贯彻军委主席负责制各项要求落到实处

全面深入贯彻军委主席负责制，是严肃而重大的政治任务，是全军的共同责任。必须以习近平新时代中国特色社会主义思想为指导，全面贯彻习近平强军思想，全面贯彻党对军队绝对领导的根本原则和制度，从政治上、思想上、组织上、制度上、作风上为贯彻军委主席负责制提供坚强保证，确保全军绝对忠诚、绝对纯洁、绝对可靠，坚决听习主席指挥、对习主席负责、让习主席放心。这是贯彻军委主席负责制的根本遵循。作为军队各级指挥员，要在以下四个方面去努力。

（一）增强"四个意识"，做到绝对忠诚

增强政治意识、大局意识、核心意识、看齐意识，是维护党的团结和集中统一、推进全面从严治党的关键。"四个意识"作为一个有机整体，虽各有侧重，但都是围绕同党中央保持高度一致、坚决维护习主席的核心地位来展开的。增强"四个意识"最终要落脚在看齐上。看齐首先要有基准。就是要向党中央看齐，向习主席看齐，向党的理论和路线方针政策看齐，向党中央决策部署看齐。军队讲看齐，有自己的特点和要求，最根本的就是必须自觉坚持军委集中统一领导和军委主席负责制。看齐没看齐，这是根本衡量标准。在看齐这个问题上，决不能层层喊维护权威、层层喊看齐，政治上搞不清这一点，就一定会犯错误。因此，我们一定要锁定看齐的基准，任何时候都讲"普通话"、同"北京时间"对表，看一看领会意图、贯彻落实有没有对不齐、慢半拍的问题。

哪怕有丝毫偏差，也要及时调校修正，始终做到习主席倡导的坚决响应，习主席部署的坚决落实，习主席决定的坚决执行，习主席禁止的坚决不做。

（二）加强理论武装，打牢思想根基

理论上的认同是最根本的认同，思想上的追随是最内在的追随。掌握马克思主义理论的深度，决定着政治敏感的程度、思维视野的广度、思想境界的高度。1936年，毛泽东同志在延安同斯诺谈自己信仰的确立时说，包括《共产党宣言》在内的3本书特别深刻地铭刻在他心中，使他树立起马克思主义信仰，并且这种信仰一经树立就再也没有动摇过。习近平新时代中国特色社会主义思想是当代中国的马克思主义，党的十八大以来党和国家事业取得的历史性成就、发生的历史性变革，根本在于以习近平同志为核心的党中央的坚强领导，根本在于习近平新时代中国特色社会主义思想的科学指导。全面深入贯彻军委主席负责制，就要坚持不懈用习近平新时代中国特色社会主义思想和习近平强军思想武装头脑，像"大功三连"那样，叫响"党的战士要听党的话，习主席的话就是党的话"，发扬"煤油灯下学毛著"的精神，既要从思想上弄清蕴含其中的理，更要从信念上打好看齐追随的底，坚持理论联系实际，在联系党的十八大以来的伟大实践中感受习主席的宏图大略和理论创新，感悟习主席的领袖风范和人格魅力，从而更加热爱、拥护、追随习主席。

（三）强化法治约束，严守纪律规矩

任何一个制度的贯彻落实，都是一靠内在自觉，二靠外部约束。贯彻军委主席负责制，必须发挥法治的力量，严格落实军委主席负责制的各项制度规定，确保贯彻军委主席负责制法治化、规范化、程序化运行。对于我们来说，最重要的就是要严守政治纪律和政治规矩，自觉遵守党章、党纪和各项规章制度，任何时候任何情况下决不能对党中央和

中央军委大政方针妄评妄议、说三道四，决不能搞个人主义、分散主义、自由主义、本位主义。军委主席负责制是党章和宪法明确规定的"铁律"，是每个人都不可触碰的红线和不可逾越的底线，一定要强化法治思维，养成尊崇法律、敬畏法纪的习惯，严格按照军委主席负责制处理问题、约束自身。

（四）立足本职岗位，勇于担当尽责

贯彻军委主席负责制，不只看表态，更要看表现。要按照层级领导、按级负责的要求，各级做好自己的分内之事，一级对一级负责，共同对军委主席负责。在贯彻军委主席负责制这个重大问题上，每个人都要充分认清自己的责任。对于军队各级指挥员来说，首要的责任就是要刻苦学习，潜心钻研，把主责主业的摆位搞端正，把研究打仗的问题弄明白，把能力素质的短板补齐整，听从指挥铸军魂、严训苦练砺精兵，履行好岗位职责，担负起该担的责任。

全面深入贯彻军委主席负责制，关乎我军建设根本方向，关乎新时代强国强军事业发展，关乎党和国家长治久安，关乎中国特色社会主义前途命运，必须作为最高政治要求来遵循、最高政治纪律来严守，始终坚定自觉忠诚核心、拥戴核心、维护核心。

第三节　如何在新时代强军事业中更加坚定维护核心

党的十八大以来，国防和军队建设之所以取得历史性成就、实现历史性变革，根本在于习主席领航掌舵。深入学习贯彻党的十九大精神，奋力推进新时代强军事业，必须更加坚定维护习主席这个党的核心、军队统帅、人民领袖。

一、坚定维护核心，就要用心读习主席的书，用真感情紧跟统帅思想

维护核心首先要有真挚的感情。这份真感情根本来源于对习主席的真心信赖和自觉追随。因此，读好习主席著作，就成为必修课和基本功。一是大力倡导"煤油灯下学毛著"的精神，使学习习主席著作融入日常。学习习近平新时代中国特色社会主义思想特别是习近平强军思想，就要像当年"大功三连"那样，有那么一股如饥似渴的韧劲和钻劲。不仅要在读原著、学原文、悟原理上下功夫，而且要变浅阅读为深阅读、变快餐式为咀嚼式，将学习融入部队日常工作安排，在潜移默化中滋养熏陶官兵。结合主题教育活动，用好《习近平论强军兴军》，引导官兵深切感悟习主席的雄韬伟略、政治智慧、为民情怀，衷心拥护和爱戴党的领袖、军队统帅。二是大力倡导"实事求是闯新路"的精神，把"供给侧"充实起来。实事求是闯新路，是习主席倡导的井冈山精神的核心。当前，要大力发扬这种精神，着力解决学习需求日益强烈与教育供给相对不足的矛盾，采取线上线下相配合、书里书外相结合、课前课后相渗透的办法，创新多元多样的学习模式，充分调动青年官兵的主观能动性，推动习近平强军思想大众化普及化。三是大力倡导"一锤接着一锤敲"的精神，让主动学成为习惯。习主席一再要求，干事业谋发展就得脚踏实地，"一锤接着一锤敲"。学习习近平强军思想也要有这种精神，在干部与战士、骨干与群众中广泛结成帮学对子，采取多种方式营造学习的浓厚氛围，将理论学习与争先创优直接挂钩，形成人人是教员、个个是学员的生动局面，不断在学以铸魂、学以致用、学以尽责上做深做实。

二、坚定维护核心，就要坚决听习主席的话，靠执行力回应统帅关切

习主席忧国忧民、忧党忧军，作出的每一项决策都与党和国家前途命运息息相关。维护核心，就要把听习主席的话作为不忘初心、牢记使命的根本衡量标准，用实际行动答统帅之问、为统帅分忧。一是立起鲜明导向，聚焦备战打仗主业不偏。为了让各项工作紧紧围绕备战打仗这个指挥棒来转，要坚持在思想上打通、在行动上落地，把克服"二八现象""和平积习"作为当务之急，引导官兵从思想深处激发危机感、紧迫感。搞建设、抓落实都与战斗力标准聚焦对表，严格落实党委议勤议训制度，深入开展"打假治虚"，挤干练兵备战水分，以遂行任务和科技强勤为牵引，持续兴起实战化训练热潮，着力解决"五弱""五个不会"等问题，不断提高打赢制胜能力。同时，对训练花架子、演习走过场、战备不落实等问题坚持"零容忍"，引导官兵把职责使命牢牢记在心间、重重扛在肩上。二是唤醒内心自觉，纯正政治生态韧劲不松。当前，不敢腐的目标基本实现，不能腐的制度日益完善。要为构筑不想腐的堤坝垒土护基，必须在唤醒官兵内心自觉上多下功夫。要用理想之光照亮灵魂，将习主席的坚定信仰、领袖风范、爱民情怀和历史担当，作为官兵检视立身立志立德的标杆，帮助大家不断自我提纯、自觉锤炼。要用是非标准引领价值，结合重大教育活动和政治能力训练强化正面灌输，加大巡察督查和肃清郭徐房张流毒的力度，确保主线不偏、防线不松、底线不碰。要用先进文化涵养道德，把培养廉洁观融入经常性思想教育，帮助官兵不断提升人文素养和精神境界，实现政治生态由"整风蓝"向"常态蓝"转变。三是积极解放思想，深化改革创新脚步不停。习主席强调要坚定不移地把国防和军队改革进行到底。进一步深化改革，必须积极解放思想、做到有破有立。所谓"破"，就是破掉双重领导的惯性

图为空军新型无人作战装备无侦 -7 投入实战化训练。

思维，坚决维护和贯彻军委主席负责制，彻底根除双重领导体制下残存的特殊论、地方化等问题，确保一切行动听习主席指挥。所谓"立"，就是立起履行新时代使命任务的新标准，更加聚焦军委集中统一领导，更加注重作战指挥体制优化，更加突出实战化军事训练，更加着力创新驱动发展，真正实现从内到外的重构重塑。

三、坚定维护核心，就要努力当习主席的好干部，砥砺作风不负统帅期望

维护核心要内化于心、外化于行，必须用习主席提出的军队好干部标准改造思想、塑造行为，切实做到固本质不丢、保本色不惧、守本分不乱。一是传承红色基因，去杂质不丢本质。习主席指出，红色基因是要验证的。① 当前，尤其要警惕"血脉基因异化""革命本色蜕化"的现实危险，彻底防治理想信念上的"软骨病"。对此，我们教育官兵要像当年井冈山上的红军那样"坚定执着追理想"，引导大家自觉把个人梦想融入强军梦，在争当新时代红军传人上走在前列。广泛开展党史军史学起来、战斗歌曲唱起来等活动，强化临战意识，回归打仗属性。紧贴时代发展和官兵实际，用好教育主课堂、官兵大讲堂、网络微课堂，扎实开展"传承红色基因、担当强军重任"主题教育，培养官兵的忠诚品格，让"两不怕"成为官兵的座右铭，让"为战而生"的理念融入官兵的家国情怀和精神血脉。二是发扬斗争精神，当战士不当绅士。习主席号召全党在新的历史条件下要大力发扬斗争精神。这就要求我们必须坚守共产党人的本色，面对各种错误言行果断发声亮剑。一方面，要坚决打好意识形态领域主动仗，对那些反马克思主义、反社会主义及历史虚无主义的思潮和论调，不仅要明辨是非、站稳立场，而且要旗帜鲜明、抵制批驳；另一方面，要自觉当好政治生态护林员，与不正之风水火不容，坚决清除身边和基层的"微腐败"。三是恪守严实要求，做老实人不做"两面人"。习主席要求我们，要做对党赤胆忠心、最听党的话、最富有献身精神的革命战士。达到这个标准，必须忠诚老实、表里如一，做真正的共产党人。老实人与"两面人"看似是做人问题，实质是党性问题。"两面人"说一套做一套，可能蒙蔽一时，但最终要被历史淘汰、被群众唾弃。老实人表里如一，可能吃亏一时，但最终会被历史证明、被群众铭记。作为党员领导干部，必须始终把好权力"方向盘"，确立法治思维，决不搞长官意志；踩好政绩"离合器"，坚持一张蓝图干到底，决不好大喜功；系好廉洁"安全带"，严守纪律规矩，决

---

① 赵琳、刘一颖、赵君、董卿：《让红色基因在齐鲁大地代代相传》，《大众日报》2018 年 5 月 29 日。

不搞特殊化，做老实人、说老实话、干老实事。只有这样，才能全身心投入为中国人民谋幸福、为中华民族谋复兴的伟大事业中去，为实现中国梦、强军梦贡献自己的力量。

第六章

全面加强新时代我军党的领导和
党的建设工作

第一节　深刻把握习主席关于加强军队党的领导和
党的建设重要论述的深刻内涵

党的领导是中国特色社会主义最本质特征和最大制度优势，是做好党和国家各项工作的根本保证。习主席在中央军委党的建设会议上的讲话中指出，"党的领导和党的建设是我军建设发展的关键，关系强军事业兴衰成败，关系党和国家长治久安"。必须"把我军党的领导和党的建设工作抓得更紧更实，把我军各级党组织建设得更加坚强有力"。①这些重要论述，鲜明突出了党在领导军队履行新时代历史使命中的核心作用，明确了加强新时代我军党的领导和党的建设的聚焦点、着力点和落脚点，确立起了军队党的建设的鲜明政治导向，为全面加强新时代我军党的领导和党的建设工作提供了根本遵循。

---

① 刘丽群：《中央军委党的建设会议再次提醒全军：我们为什么出发》，中华人民共和国国防部网站，2018 年 8 月 22 日，见 http://www.mod.gov.cn/topnews/2018-08/22/content_4823135.htm。

一、在我军党的建设战略定位上，聚焦党在新时代的历史使命和新时代我军使命任务，强调党的领导和党的建设是我军建设发展的关键

习主席把军队党的建设作为我军建设发展的关键，这与党的十八大以来习主席高度重视加强党的领导的一贯思想是一脉相承的，同时也反映了新时代强国强军对军队党的建设的新要求新指向。这种关键作用体现在：一是支柱作用所在。军队之所以成为支柱，首先在于军队能够始终服从于党的执政需要、坚持党对军队的绝对领导。二是党的方向规约。党的方向就是我军政治工作的方向，党和军队新形势下的中心任务决定我军政治工作的任务。三是根本要求所向。政治工作实质上是党领导军队的工作。确保党对军队的绝对领导，这是党对军队政治工作的根本要求。四是走向胜利之本。我军之所以能不断从胜利走向胜利，最根本的是靠党的坚强领导。五是前进力量之源。有了中国共产党的坚强领导，人民军队前进就有方向、有力量。六是强军建军之魂。坚决听党指挥是我们的建军之魂、强军之魂。过去我们是这么做的，现在是这么做的，将来还要这么做。七是根本政治要求。高举旗帜、听党指挥，是党和人民对军队的根本政治要求。八是检验军队标准。和平建设时期检验军队是否坚持党的领导，主要是看贯彻执行党中央、中央军委的决策指示是否坚决有力、严肃认真。九是根本政治保证。听党指挥，必须抓好党的建设，这是听党指挥的根本保证。十是向党看齐要求。军队增强看齐意识，必须自觉坚持党对军队的绝对领导，自觉从思想上政治上行动上同党中央和中央军委保持高度一致，自觉维护党中央和中央军委权威，自觉听从党中央、中央军委和习主席指挥。

二、在我军党的建设经验成就上，聚焦党的十八大以来一切努力的最根本成效是带领人民军队回归初心，强调不忘前车之鉴巩固成绩继续前进

习主席在中央军委党的建设会议上对党的十八大之前的形势作了重大判断，对党的十八大以来我军党的建设取得的成就进行了科学总结，特别是作出"六个坚持"新概括，反映了党中央、中央军委和习主席在执掌军队、整治军队上彰显的坚强决心、作出的巨大努力、取得的不凡成就。第一，坚持党对军队绝对领导。这是我军的命根子，必须紧抓不放、层层压实、招招求实，牢牢把握枪杆子永远听党指挥的政治原则。第二，坚持以整风精神推进政治整训。围绕贯彻全军政治工作会议精神，解决 10 个方面突出问题，重振政治纲纪，起到拨乱反正的关键作用。第三，坚持以理论武装凝心聚魂。坚持从理想信念、精神支柱这个根本入手，固本培元、做实内功，形成标本兼治的治党合力。第四，坚持把党组织搞坚强。重振组织生态，严肃党内政治生活，发挥党组织对党员干部的教育管理职能。第五，坚持贯彻军队好干部标准。从选人用人这个关键着手，鲜明提出好干部标准，在立标准、正风气中纯洁队伍。第六，坚持正风肃纪、反腐惩贪。以前所未有的决心意志反腐肃贪，清除重大隐患，铲除腐败滋生土壤。这"六个坚持"，每一条都紧扣问题、条条求实、招招见效，每一条都有一种临危挂帅、闯关夺隘、绝地重生的境界，每一条都有一种坚毅担当、不屈不挠、破障前行的意志。

三、在我军党的建设时代要求上，聚焦新时代党的建设新形势新思路，强调全面提高我军加强党的领导和党的建设工作质量

在中央军委党的建设会议上，习主席从党在新时代对我军赋予的新

的历史使命的大局着眼，强调"两个必然"思想，即"全面加强新时代我军党的领导和党的建设工作，是推进党的建设新的伟大工程的必然要求，是推进强国强军的必然要求"。在此基础上，对新时代我军加强党的领导和党的建设提出总的时代要求。一是明确了根本指导。要全面贯彻习近平新时代中国特色社会主义思想、党的十九大和十九届历次全会精神，深入贯彻习近平强军思想。二是明确了基本原则。要落实新时代党的建设总要求，落实新时代党的组织路线。三是明确了着力重点。坚持党对军队绝对领导，坚持全面从严治党，坚持聚焦备战打仗，全面提高我军加强党的领导和党的建设工作质量。四是明确了任务目标。要为实现党在新时代的强军目标、完成好新时代军队使命任务提供坚强政治保证。这些为我们在新时代加强军队党的领导和党的建设立起了根本标准。

四、在我军党的政治建设上，聚焦防范变质变色的政治风险，强调坚持党对军队绝对领导是我军加强党的领导和党的建设工作的首要任务

在中央军委党的建设会议上，习主席鲜明提出："坚持党对军队绝对领导是我军加强党的领导和党的建设工作的首要任务。"① 这充分说明党中央、中央军委和习主席坚决把全面加强党的领导深入贯彻到国防和军队领域的深远考量。习主席在统率军队的过程中，多次论述党对军队绝对领导的重大意义。一是从严峻的敌我斗争形势来看，坚持党对军队绝对领导，是同敌对势力斗争的焦点所在。这既是对现实教训的深刻反思，又是对防范历史性错误的必然选择，什么时候都放松不得。二是从重大原则问题看，是关系我军生存发展的根本原则问题。

① 《习近平谈治国理政》第三卷，外文出版社 2020 年版，第 384 页。

要头脑特别清醒、态度特别鲜明、行动特别坚决。这是我军的军魂和命根子，永远不能变，永远不能丢。这是我军思想政治建设的核心和根本，是政治工作的实质所在。三是从肩负责任使命来看，这是最紧要的要求，这是一条首要标准，是我军转型发展的关键，是党委第一责任。必须增强坚定维护这套制度的严肃性和权威性，确保党指挥枪的原则落地生根。

五、在我军党的组织体系建设上，聚焦抓备战打仗的主责主业，强调把党的政治优势和组织优势转化为制胜优势

打赢战争是军队的头等大事、第一责任，抓备战打仗是军队党的领导和党的建设的主责主业。习主席特别强调我军党的建设要向战斗力本位回归。一是强调聚焦主责主业。要坚持组织路线服务政治路线，聚焦备战打仗主责主业，把党的政治优势和组织优势转化为制胜优势。二是强调一切建设和工作向能打胜仗聚焦。党的建设要紧紧围绕能打仗、打胜仗展开。战斗力标准是军队建设唯一的根本的标准，要把战斗力标准贯彻到军队党的建设各个方面。三是强调能打胜仗是基本职责。打仗和准备打仗是军人的天职，带兵打仗、指挥打仗是各级党委和领导干部的基本职责。四是强调能打胜仗，党组织建设是基础和关键。部队要能打仗、打胜仗，必须抓好党组织建设这个基础和关键。五是强调要适应新体制新职能。坚持"军委管总、战区主战、军种主建"总原则，找准各级各类党组织职能定位，把组织功能充分发挥出来。六是强调高层党委地位重要、责任重大。要旗帜鲜明讲政治，要抓备战打仗，提高战略谋划能力、真打实备能力、改革创新能力、科学管理能力、狠抓落实能力。

六、在我军党的干部队伍和人才建设上，聚焦"一个滞后、两个不相匹配"的重点问题，强调锻造高素质干部和人才队伍

习主席对党的干部和人才队伍建设高度重视，作为加强党的领导和党的建设关键支撑来看。一是强调这是实现强军目标的战略性要求。人才资源是强军兴军的宝贵战略资源。二是强调这是听党指挥的关键所在。听党指挥，必须抓好干部队伍建设。光有思路和部署，没有优秀的人来干，那也难以成事。三是强调这是现实紧迫需求。随着军事斗争准备和现代化建设深入推进、武器装备和新型作战力量快速发展，人才匮乏问题越来越突出。四是强调这是实现强军之要。要把培养干部、培养人才摆在更加突出的位置，着力锻造忠诚干净担当的高素质干部队伍，着力集聚矢志强军打赢的各方面优秀人才。五是强调要构建新型人才培养体系。要加紧构建"三位一体"新型军事人才培养体系，构建具有我军特色的素质培养体系、知事识人体系、选拔任用体系、从严管理体系、正向激励体系。六是强调突出政治标准。坚持德才兼备、以德为先、任人唯贤，突出政治标准和打仗能力，制定和落实好优秀年轻干部培养规划，深入解决选人用人突出问题。七是强调关心激励相结合。坚持严管和厚爱结合、激励和约束并重，干部能上就能下，鼓励实干、鼓励创新，关心干部成长和官兵实际困难，多办暖人心、稳军心的事。

七、在我军反腐正风上，聚焦"四个仍然"的突出问题，强调军队反腐败斗争不会变风转向

习主席对军队反腐正风多次作出重要论述。一是强调反腐正风是强军之根基。我军要强起来，作风必须过硬，否则就容易垮掉。二是强调反腐正风是治军之关键。从严治军，关键是要从严治党。要旗帜鲜明反对腐败。三是强调反腐正风是军队之特殊要求。军队是拿枪杆子的，更

不能有腐败分子的藏身之地。四是强调反腐正风要坚定不移、锲而不舍。反腐败斗争必须坚定不移抓下去，不会变风转向。坚持严字当头、全面从严、一严到底。五是强调反腐正风要有穷追猛打的势头。要坚持无禁区、全覆盖、零容忍，坚持重遏制、强高压、长震慑。要对享乐主义、奢靡之风穷追猛打，对形式主义、官僚主义坚决破除。六是强调反腐正风要坚持依法治权。健全完善权力运行制约和监督体系，扎紧制度笼子，不给权力脱轨、越轨留空子。七是强调反腐正风要加强纪律建设。要深入开展纪律教育，严格纪律执行，用铁的纪律推动全面从严治党、全面从严治军。八是强调反腐正风要抓好"两头"。重点在解决"四风"问题、纠治发生在士兵身边的不正之风方面下功夫。

加强我军党的领导和党的建设，是完成新时代我军"四个战略支撑"使命任务的战略举措和政治保证。习主席关于加强军队党的领导和党的建设重要论述，充分吸收我们党领导和建设军队所形成的优良传统，紧密结合新的时代要求和职责使命，提出了许多具有方向性、引领性、开创性的重大理论观点，为新时代我军党的领导和党的建设注入了时代内涵。对党来说，打铁必须自身硬。对军队来说，打仗必须组织强。军队党组织不坚强，就完成不了党和人民赋予的使命任务，就打不了胜仗。首先，中国特色社会主义进入新时代，中华民族伟大复兴面临前所未有的历史机遇，面临国际形势深刻复杂变化所带来的风险挑战。在这个紧要历史时期，尤其需要有强大军队作为民族复兴的战略支撑。其次，"四个战略支撑"历史使命，解决的是政治安全、主权安全、发展安全、国际安全这样的重大问题。这对我军履行职能使命的能力提出全新要求，需要进行长期艰苦的能力塑造。只有在党的坚强领导下，才能有力贯彻、强力推进、生动展开。最后，从我军党组织自身建设来看，还有不少与现实要求不相适应的矛盾短板和薄弱环节。这些问题如果得不到很好解决，习近平强军思想和党中央、中央军委决策指示就得不到有力贯彻，军队党的建设就不能保证聚焦主业、回归战斗力本位，军队党组织就不能在强军事业中发挥坚强战斗堡垒作用。习主席关于加强军队党的领导和党的建设重要论述，为我军履行新时代使命任务，明确了以强党促强军、以党建促军建的科学思路，提供了有力思想武器和实践指引，对实现民族复兴、强国强军事业具有重大意义。

第二节　新时代军队党的建设的鲜明特征

新时代军队党的建设的特征，是与新时代以前我军党的建设相比较或与地方、外军有关领域相比较而表现出来的特点。习主席在中央军委党的建设会议上的重要讲话和中央军委印发的《关于加强新时代军队党的建设的决定》，对新时代党的政治路线、组织路线如何在国防和军队建设中全面展开作出重大决策部署，鲜明体现了新时代我军党的建设的特征。

一、更加突出党对军队绝对领导

国家大柄，莫重于兵。在国家权力体系中，对军队的领导权、指挥权是最重要的权力。军权稳，政权固，天下安。对社会主义中国而言，党对人民军队的领导权、指挥权，是通过党对军队绝对领导来实现的。我们的原则是党指挥枪，而决不容许枪指挥党。人民军队创建以来特别是新中国成立以来，我们党的历代领袖和军队统帅，都高度重视坚持党对军队绝对领导的问题，建立了包括军委主席负责制、党委制、政治委员制、政治机关制等在内的一整套中国特色军事制度，引领人民军队不断从胜利走向胜利，为巩固党和人民的政权、担负起党的执政使命提供了坚强的力量保证。毋庸置疑，长期以来，各种敌对势力从来没有停止对我国实施西化、分化战略，从来没有停止对中国共产党领导和我国社会主义制度进行颠覆破坏、遏制打压，特别是妄图对我军官兵拔根去魂，把军队从党的旗帜下拉出去，但真正能把我们打败的，只能是我们自己。只要我们内部稳固，外部的敌人是奈何不了我们的。习主席指出："我们国家要出问题主要出在共产党内，我们党要出问题主要出在干部身上。"① 基于对历史经验教训的深刻总结，以习近平同志为核心的党中央，在对全面加强新时代军队党的建设进行谋划部署时，更加重视坚持和强化党对军队的绝对领导。

新时代军队党的建设更加注重突出党的绝对领导，体现在以下几点：一是习主席明确把军队党的领导和党的建设一起提出，并且把党的领导置于党的建设之前，以此为基点进行理论创新和实践部署。其根本的考量，就是要更加突出党的领导，同时也体现党的领导是党的建设的目的这一基本逻辑。二是用"一个关键""两个关系""两个必然要求"来强调军队党的领导和党的建设的地位。"一个关键""两个关系"是指，党的领导和党的建设是我军建设发展的关键，关系强军事业兴衰成败，关系党和国家长治久安。"两个必然要求"是指，全面加强新时代我军党的领导和党的建设工作，是推进党的建设新的伟大工程的必然要求，是推进强国强军的必然要求。三是《关于加强新时代军队党的建设的决定》对党对军队绝对领导作出部署时，明确用"强化"二字。这表明，新时代在党对军队绝对领导这个问题上，不仅要坚持，更要强化。任何时候任何情况下，党对军队的绝对领导只能加强不能削弱。包括这轮深化国防和军队改革，我们党着眼于贯彻新形势下政治建军的要求，推进领导掌握部队和高效指挥部队有机统一，形成"军委管总、战区主

---

① 习近平：《在党的群众路线教育实践活动总结大会上的讲话》，人民出版社 2014 年版，第 21 页。

战、军种主建"的格局，变原来的总部制为军委多部门制，变原来的大军区制为战区制，变原来的大陆军制为军种制，固化拓展党委制、双首长制、政治委员制，使党对军队绝对领导的根本原则和制度在改革中得到健全完善。

强化党对军队的绝对领导，必须落实在行动上，以行动来检验。我们要按照《关于加强新时代军队党的建设的决定》的要求，坚持用习近平新时代中国特色社会主义思想凝心聚魂，筑牢听党话、跟党走的思想根基。全面深入贯彻军委主席负责制，坚决听习主席指挥、对习主席负责、让习主席放心。聚焦绝对忠诚加强政治锻造，强化政治纪律和政治规矩，增强"四个意识"、坚定"四个自信"、做到"两个维护"，加强忠诚度鉴别和政治考察，深化政治整训，全面彻底肃清郭伯雄、徐才厚、房峰辉、张阳流毒影响。认真贯彻党委统一的集体领导下的首长分工负责制，健全党领导军队的制度体系，全面规范我军党的工作和政治工作，做到一切工作都置于党委统一领导之下，一切重要问题都由党委研究决定，确保绝对忠诚、绝对纯洁、绝对可靠，确保枪杆子永远听党指挥。

二、更加聚焦军队主责主业

军队党的建设，最容易出现的问题就是不能科学处理党对军队绝对领导这个首要任务与备战打仗这个中心工作的关系。在我军历史上，出现过用首要冲击中心、"政治冲击一切"的错误偏向，也出现过离开首要抓中心的单纯军事观点。新时代，军队党的建设一方面要紧紧扭住党对军队绝对领导这个首要任务不放松，另一方面也要紧紧聚焦备战打仗这个中心工作不放松。习主席在始终高度重视抓党对军队绝对领导的同时，也对我军备战打仗问题一直念兹在兹、忧思关切，指出我军存在"两个差距很大""两个能力不够""五个不会"等突出矛盾问题，发出统帅之问、胜战之问：我们这支军队能不能始终坚持住党的绝对领导，能不能拉得上去、打胜仗，各级指挥员能不能带兵打仗、指挥打仗。要看到，曾经一段时期，和平积弊一度滋生作祟，当"和平兵""和平官"的想法在有的部队还有一定市场，出现了生活味渐浓、硝烟味日淡的现象，"骄娇"二气较重、战斗精神弱化的问题比较突出，党的建设游离中心、空转虚耗的情况也并不鲜见，等等。在这样的形势下，军队党的建设的准星必须时刻对准备战打仗靶心。

习主席在中央军委党的建设会议上对备战打仗的强调，是非常突出也是非常辩证的，彰显了政治与军事的统一、政略与战略的统一。习主席在强调聚焦备战打仗主责主业之前，先讲要坚持组织路线服务政治路线；在讲制胜优势时，强调把党的政治优势和组织优势转化为制胜优势；在讲高层党委要抓备战打仗时，先讲高层党委要旗帜鲜明讲政治；在讲突出打仗能力时，先讲突出政治标准。与此相适应，《关于加强新时代军队党的建设的决定》也体现了政治与军事相统一的军事辩证法思想。在强调强化党对军队绝对领导的同时，突出强调，要聚焦备战打仗主责主业，归正工作重心，把备战打仗作为党委第一要务，坚决铲除和平积弊，全面提升打仗本领，立起重心在战的鲜明导向。要锻造坚强有力的党组织，突出加强各级党委建设，从严管理党员特别是领导干部，强化组织生活的熔炉作用，增强各级党组织的领导力组织力执行力。要锻造高素质干部和人才队伍，严明选人用人制度规矩，加强优秀年轻干部培养选拔，加快推进新型军事人才建设，强化担当作为的正向激励。这一系列战略部署，为军队紧贴主责主业加强党的组织体系建设指明了前进方向、提供了根本遵循。

随着改革强军征程的全面深入推进，一系列具有标志性的改革举措落地生根，一些制约战斗力生成的深层次体制矛盾问题正在被破解，军队党组织的体系结构、类型设置、职能配置等也相应发生了很大变化。

图为空军航空兵某师官兵为执行跨昼夜飞行训练任务的轰–6K 战机做起飞前准备。 （杨瑞康摄）

与此同时，新时代的信息化战争正在成为一种全时空的政治战，每一步都具有很强的政治性。特别是小战争、大背景，局部战争、全局影响，军事手段、政治目的之特征，对军事决策的科学性、指挥的统一性、行动的准确性提出了更高要求。明者因时而变，知者随事而制。我们必须主动适应改革后的新体制新职能，树起军队党的建设推动军队回归战斗队本真的鲜明指向，着眼履行新时代军队使命任务这个大局，把各级党委的工作重心放在研战打赢上，提高高层党委的战略谋划能力、真打实备能力、改革创新能力、科学管理能力、狠抓落实能力，充分发挥各级党委领导核心作用、党支部战斗堡垒作用、党员先锋模范作用，做到正其位、思其职、负其责，为强军兴军提供坚强思想和组织保证。

三、更加注重推进自我革命

勇于自我革命，从严管党治党，是我们党最鲜明的品格。军队党的建设推进自我革命，集中体现为全面从严治党、全面从严治军，特别是体现为强力正风反腐，根除影响军队党组织肌体健康的顽瘴痼疾。新时代以来，党中央、中央军委和习主席大刀阔斧推进军队全面从严治党，坚持以整风精神推进政治整训，对军队反腐败斗争作出全面部署，取得显著成效。特别是严肃查处了郭伯雄、徐才厚、房峰辉、张阳等人严重违法违纪案件，持续推进专项清理整治，雷厉风行全面停止军队有偿服务，使党内监督利剑作用充分发挥，部队作风风气持续向上向好。必须清醒看到，当前党的执政环境、军队建设时代环境依然复杂，党的领导和党的建设需要摆在更加突出的位置。"四风"问题具有顽固性、长期性、复杂性，对"四风"问题及其各种变异表现，必须保持高度警惕，继续把发条拧紧，保持高压态势，寸步不让，一抓到底，以更高标准、更严要求、更大力度推进军队党的自我革命。

循道而行，功成事遂。抓好军队反腐败斗争，必须遵循规律，稳扎稳打，乘势而上，顺势而为。《关于加强新时代军队党的建设的决定》突出强调，要坚决打赢正风反腐这场硬仗。驰而不息纠"四风"，严格落实中央八项规定精神、军委十项规定及其实施细则，坚定自觉反特权。坚持挺纪在前严监督，深入开展纪律教育，深化政治巡视，健全完善权力运行制约和监督体系。保持查案惩腐高压态势，严明法纪红线，对不知敬畏、以身试法的严查严办。推进廉政文化建设，筑牢拒腐防变的思想道德防线。这些务实举措，深刻体现了党中央、中央军委勇于刀刃向内、坚持自我革命的政治清醒，指明了新时代军队正风反腐肃纪的科学思路。

习主席多次强调，"推进党的建设新的伟大工程要一以贯之"①。中央军委党的建设会议又强调，反腐败斗争必须坚定不移抓下去，不会变风转向。我们要持之以恒、久久为功，下大气力解决我军内部存在的深层次矛盾和问题，既要打好攻坚战，又要打好持久战。要继续坚持严字当头、一严到底，形成全面从严的高压态势。要利用好高压态势的"窗口期"，抓紧治本。一方面，要把制度笼子构建严密，通过一系列体制设计和制度安排，把党对军队的绝对领导进一步固化下来并加以完善，把军队各级党委特别是高层党委聚焦主责主业的有关制度机制构建起来并加以完善，把军队全面从严治党、全面从严治军的有关制度机制构建起来并加以完善；另一方面，要注重固本培元，加强党内政治文化建设。习主席强调："要加强党内政治文化建设，让党所倡导的理想信念、价值理念、优良传统深入党员、干部思想和心灵。"②要弘扬社会主义核心价值观，弘扬和践行忠诚老实、公道正派、实事求是、清正廉洁等价值观，反对和抵制圈子文化、山头文化，以良好政治文化涵养风清气正的政治生态。当我们的制度机制趋于完善、政治文化回归健康之时，军队党的建设就进入了新的更高境界，就能为实现党在新时代的强军目标、全面建成世界一流军队提供坚强政治保证。

第三节　全面加强新时代部队党的领导和党的建设工作

中央军委党的建设会议是在国防和军队建设进入新时代、迈上新征程的重要历史阶段召开的一次重要会议，习主席带领全军以自我革命精

---

① 《习近平谈治国理政》第三卷，外文出版社 2020 年版，第 69 页。
② 《习近平谈治国理政》第三卷，外文出版社 2020 年版，第 96 页。

神检视初心、深挖积弊、砥砺前行，续写了延安整风古田寻根的历史新篇章，立起了推进党的建设新的伟大工程的重要里程碑，具有标志性和划时代意义，其重大而深远的政治影响、历史意义和实践价值，必将随着时间沉淀和时代发展日愈彰显。学习贯彻会议精神，是当前和今后一个时期的重大政治任务，必须提高政治站位，聚焦解决问题，扭住关键发力，全面加强新时代部队党的领导和党的建设工作。

一、突出政治能力建设，着力夯实党对军队绝对领导政治根基

新的时代背景下，习主席带领我们开创强军事业、推进改革转型、履行使命任务，广大官兵看齐追随、维护核心、听从指挥的政治自觉不断强化，各级党委保持政治定力、驾驭政治局面、防范政治风险的意识和能力不断提高，但面对强军征程上前所未有的复杂形势、机遇挑战和矛盾困难，部队政治能力建设还有诸多差距和不足。有的理想信念"总开关"拧得不紧，受表态化、浅表化、功利化等不良学风影响，理论武装还存在浅尝辄止不求甚解、零敲碎打不成体系、学用分离不能落地等现象，没有真正做到知信统一、知行合一；有的绝对忠诚"纯粹度"淬炼不够，研究思考处理问题有时不在同一政治高度、不在同一话语体系、不在同一原则框架，领会政治意图的理解力、防范政治风险的预判力、落实政治要求的执行力还需提高；有的对纪律规矩"敬畏心"扎根不牢，对军委主席负责制理解把握不够深、具体落实不够到位、共同责任担当不够好。我们必须把政治能力建设作为紧要课题，努力锻造与时代发展相适应、与领导职责相匹配的过硬政治能力，确保部队绝对忠诚、绝对纯洁、绝对可靠。一是狠抓理论武装，坚定政治灵魂。以坚定的理想信念筑牢精神之基，大力强化"举旗帜"的政治自觉，发扬"学到底"的优良学风，提升"育新人"的实际成效，把习近平强军思想作为定盘星和度量衡，推动理论学习不断往深里走、往实里走、往心里

走。二是锻造绝对忠诚，强化政治素质。坚持新时代军队干部政治素质标准，严格政治考察，培塑政治文化，深化政治整训，全面彻底肃清郭伯雄、徐才厚、房峰辉、张阳流毒影响，坚决破除"两面人""伪忠诚"现象，树牢忠诚老实、公道正派、实事求是、清正廉洁等共产党人价值观。三是严守政治纪律和政治规矩。把言行一致、表里如一、始终如一落到实处，坚持向思想源头发力、靠刚性约束保证、用实际行动说话，持续强化对军委主席负责制的政治认同、思想认同、法理认同，对习主席决策指示不折不扣抓落实、恪尽职守抓落实、盯着末端见效抓落实，坚决听习主席指挥、对习主席负责、让习主席放心。

二、突出练兵备战打仗，着力扛起履行主责抓好主业责任担当

习主席号令全军，要聚焦备战打仗主责主业，把党的政治优势和组织优势转化为制胜优势，鲜明指出军种党委要履行好作战指挥和建设管理双重职能。从部队备战实践来看，各级党委统抓练兵备战更加有力，战建合一效能更加凸显，训风演风考风更加严实，但对标习主席重要指示要求、对照担负使命任务，仍存在不小差距。主要表现在以下几个方面：一切为战的指向树得还不够牢固，选用干部坚持打仗标准不够，问责惩处体现打仗要求不够，自我设计、自我运转、自我评判现象仍然存在，各项工作对备战打仗贡献率需要进一步提高；以战领建的思路招法不够精准，以战的指向抓建的工作聚焦聚力不够，方法路子还不够清晰，制定需求缺乏实战牵引，在战法研究创新、作战资料积累、联合作战指挥人才培养、联合文化培育等方面成效不够明显；指挥打仗的素质本领亟须加强，指挥员战略素养、联合素养、指挥素养、科技素养提升不够快，对现代战争制胜机理理解不够深透，对新质作战力量运用和体系作战能力建设等问题研究不够深入，"五个不会"仍然存在、"五个能力"不够过硬；保障打赢的制度机制不够完善，打仗急需、备战急用的

事情办理不够高效顺畅，急事急办、特事特办的制度保障不够完善，纠治和平积弊、"二八现象"和"五多"问题，以及激发备战打仗动力的制度机制不够健全。必须以习主席关于备战打仗的重要指示为指导，下力解决好这些问题。一是立起主业主抓重心在战的鲜明导向。始终把备战打仗作为党委"第一要务"、主官"第一责任"，加大研究军事、研究战争、研究对手、研究技术力度，把人力物力财力向练兵备战聚焦，把对战斗力的贡献率作为硬性指标，推动工作重心持续向备战打仗归正。二是立起铲除积弊务实谋战的鲜明导向。持续深化和平积弊整治纠治，拿出攻堡垒、拔城池的决心韧劲，按照"八查"要求对照问题清单研究制定刚性措施，结合应急备战实践检验整改成效，加强战备训练监察倒逼责任落实，推进积弊纠治走深走实。三是立起以上率下练将强将的鲜

图为一架歼-15舰载战斗机在某海域开展夜航训练。　　　　　　　　　（张凯摄）

明导向。强化危机意识和本领恐慌，把抓备战与抓自身一致起来，带头到备战一线、任务前沿全面历练，加快提高战略谋划、真打实备、改革创新、科学管理、狠抓落实能力，练就懂打仗、善谋略、会指挥的过硬本领。

三、突出建强党的组织，着力提高党组织领导力组织力执行力

习主席反复强调："党的力量来自组织。"① 这是马克思主义政党建设理论不断发展的科学总结，是我们党从胜利走向胜利实践经验的高度凝结，更是我们奋进新时代、开创新事业、取得新成就必须倍加珍惜和用足用好的重要法宝。我们立足新时代加快部队转型建设，担当新使命推进应急作战准备，适应新体制实施坚强统一领导，必须着力发挥党组织的功能作用。一是着眼强化功能加强组织建设。各级党委班子要紧紧围绕"五个过硬""六个必须"要求，认真贯彻民主集中制原则，健全规范权责界面和议事规则，确保一切工作置于党委统一领导之下，一切重要问题由党委研究决定。基层党组织要以提升组织力为重点，突出政治功能探索规范基层党建工作，把基层组织锻造成为坚强战斗堡垒。二是坚持严实作风规范党员管理。把党要管党、从严治党贯穿党员队伍建设全过程，坚持从严抓教育、抓管理、抓监督，深化党章党规党史和党的优良传统学习教育，突出组织管、严日常加强常态化管理，紧盯用权、交往、喜好、自律、家风等风险点实施全方位监督，确保管好关键人、管到关键处、管住关键事、管在关键时。三是发扬斗争精神加强党性锤炼。坚持把锤炼坚强党性作为治本之策，把严肃党内政治生活作为主要平台，把批评与自我批评作为有力武器，发扬认真和斗争精神，加强政德品行修炼，严格落实双重组织生活、请示报告和述责述廉制度，坚决

---

① 习近平：《在全国组织工作会议上的讲话》，人民出版社 2018 年版，第 11 页。

清理庸俗做派、好人主义、圈子文化等歪风邪气，推动讲政治、讲原则、讲规矩、讲真话蔚然成风。

四、突出干部人才队伍，着力奠定部队转型建设发展可靠支撑

强军之道，要在得人。当前，部队正处在改革转型攻坚期、迈向一流奠基期，高素质专业化干部和人才队伍是最重要、最稀缺的战略资源。这方面的主要差距是：知事识人体系健全不够，考核识别干部手段单一、方法简单，缺少在现场看、到任务中考、见具体事的针对性措施，对干部工作实绩和真实表现了解掌握不充分不精准；人才培养创新谋划不够，新型军事人才培养着眼长远和战斗力建设缺乏系统规划；干部动力活力激发不够，不愿担当不愿负责问题在部队带有一定普遍性，一些干部因动力不足不想担当、害怕问责不敢担当、缺少关爱不愿担当，干部队伍精气神不够振奋。干部和人才队伍建设关系部队建设全局、关系事业兴衰成败，必须作为部队党建工作战略工程和关键一招抓紧抓实，切实锻造忠诚干净担当的高素质干部队伍、集聚矢志强军打赢的各方面优秀人才。一是切实把正选人用人的风向标。修订完善关于干部量化考评的规定，坚持政治标准，突出打仗要求，注重群众公论，加快构建日常考核、分类考核、近距离考核的知事识人体系，把卡条件与考能力结合起来，重点考察干部打仗能力和实际本领，切实把能打仗的干部选出来、用起来。二是切实提高人才培养的加速度。始终秉持人才是第一资源的理念，紧紧围绕备战打仗需求大力实施人才战略工程，科学制定人才培养规划，按照"三位一体"要求精心设计成长路径，以识才的慧眼、爱才的诚意、用才的胆识、容才的雅量、聚才的良方，吸引和集聚优秀人才，以高素质人才方阵托举战区陆军转型发展。三是切实营造担当尽责的好环境。认真贯彻中央关于激励广大干部新时代新担当新作为的意见精神，健全容错纠错机制，建立免责清单，强化"新官不追旧账之责、不添新账之扰，但要理旧账之事、解旧账之难"的意识，浓厚"有职必有责、有责必担当、有为必激励、失责必追究"的氛围导向，为干部想干事、能干事、干成事创造良好条件。

五、突出正风肃纪反腐，着力营造正气充盈纯洁清朗政治生态

习主席深刻指出，当前我军党风廉政建设和反腐败斗争取得重大胜利，但形势依然严峻复杂，鲜明强调"反腐败斗争必须坚定不移抓下去"①，彰显了全面从严治党永远在路上的执着和韧劲。我们必须始终绷紧从严从紧这根弦，一以贯之、坚定不移推进全面从严治党、全面从严治军，才能打赢正风肃纪反腐这场攻坚战持久战。一是坚持抓源治本，把挺纪在前贯穿始终。持续深化党的纪律教育，加强党章党规党纪特别是全面从严治党新规定新要求学习，运用"四种形态"强化监督执纪效果，引导党员干部正心修身、律己持家、清廉为官，始终坚守初心、坚持正道。二是严防反弹变异，把纠风治弊贯穿始终。严格落实中央八项规定精神、军委十项规定及其实施细则，紧盯朝令夕改的"瞎折腾"、只查不改的"问题秀"、重形轻效的"留痕迹"、层层加码的"高标准"、上推下卸的"踢皮球"、转移责任的"承诺书"、虚耗空转的"假积极"等"四风"新动向新表现，加强督查、精准施治，立行立改、一抓到底。三是压紧压实责任，把监督监管贯穿始终。把从严问责追责作为重要抓手，结合实际拉单列条建立党委主体责任、纪委监督责任和机关部门"一岗双责"清单，把落实责任作为党委议廉、纪委监督、巡察督查、执纪问责的重点内容，对治党治军不严的实行党委和纪委"双问责"，用问责追责倒逼从严治党落地落实。

---

① 《习近平谈治国理政》第三卷，外文出版社 2020 年版，第 385 页。

第三篇
始终坚持战斗力这个唯一的根本的标准

第七章

人民军队永远是战斗队

第一节　人民军队的生命力在于战斗力

回顾党的十八大以来波澜壮阔的强军兴军实践，彰显了习近平强军思想的信仰与实践伟力。着眼实现中国梦和建设世界一流军队的战略目标，必须进一步推进习近平强军思想理论武装大众化普及化，迸发汇聚起推进新时代强军事业的磅礴力量。

一、回望历史，读懂生命力之本真

生命力，就是维持生命活动的能力、生存发展的能力。就军队而言，一方面，战斗力是军队存在的前提。军队为打仗而建、为打赢而存，这是亘古不变的朴素真理。军队是国家的武装力量和坚强后盾，输掉战争、丢掉领土、丧失主权的国家，军队也就没有存在的价值。军队没有战斗力，国家就可能出现危险，没有保障；打不赢战争，就会失去维系生命活动的能力，失去生命力。另一方面，战斗力是军队生命力的基础。人民军队为人民，保障人民安享和平。倘若军队没有战斗力，失去了保卫和平的能力，人民就不会支持你，生命力就失去了动力源。反之，战斗力强就能赢得人民的支持，生命力也就旺盛。

回顾人民军队从小到大、由弱变强、从胜利走向胜利的光辉历程，关键一条就是战斗力很强，人民越来越支持，队伍越来越壮大。军队强大的战斗力赢得人民的支持，人民的支持又为战斗力的强大注入新的能量。还有一方面，战斗力是赢得斗争主动的保证。新中国成立不久，美国就把"三把尖刀"插在新中国身上。我们毅然出兵朝鲜，用顽强的战斗力，打出了国威军威，打出了新中国的国际地位，"打得一拳开，免得百拳来"，奠定了共和国和平发展的基础。世界一流军队，归根结底是战斗力一流。我们在前所未有地接近实现中华民族伟大复兴目标的同时，也前所未有地需要建设一支强大的能打胜仗的人民军队。

二、居安思危，找准生命力之忧患

国家由大向强、将强未强之时，往往是安全高风险期。军事力量是保底手段，必须强化忧患意识，坚持底线思维，以更好地防祸于未萌、图患于将来。一忧大国博弈日趋激烈，强化备战责任感。有的西方国家把中国视为全球性的战略竞争对手，国家外部安全面临许多严峻复杂的挑战，与强敌较量的现实紧迫地摆在我们面前。军人的职责就是保卫国家安全，必须坚定自觉地把这份担当扛起来。二忧周边形势严峻复杂，强化备战紧迫感。瞪大眼睛看周边，各方军事斗争热点多、燃点低，变数大、联动性强，"仗何时打、怎么打"充满偶然性和不确定性。能战方能止战，准备打才可能不必打，越不能打越可能挨打，"刺刀插在地上"永远不能阻止战争，必须绷紧随时准备打仗这根弦，始终保持一分威胁、十分警觉、万全准备。三忧打仗能力尚不过硬，强化备战危机感。"胜战之问""价值叩问""本领拷问"，攸关军队生死存亡，是我们这一代军人必须作答并交出合格答卷的时代课题。必须不驰空想、不骛虚声，以强烈的本领恐慌和能力危机，全力破除短板瓶颈，做好随时应对危机、随时准备打仗的充分准备，勇于书写新时代人民军队打胜仗的战史。

三、更新观念，引涌生命力之源泉

一流的军队，必有一流军事理念的创造者和一流军事理念的践行者。推动人民军队生命力不断焕发新活力，需要新的思想理念引领，需要新的思维方式支撑。首要的是推进习近平强军思想大学习。习主席围绕国防和军队建设的重大时代课题，提出了一系列符合时代特点、中国发展要求、人民军队成长需求的原创性、前瞻性重大理论观点，创建了逻辑严密、体系完整的思想理论体系，是马克思主义军事理论中国化时代化的新飞跃，把我们党对国防和军队建设规律、军事斗争准备规律、战争指导规律的认识提升到新高度。当前，必须牢固确立习近平强军思想在国防和军队建设中的指导地位，持续兴起学习贯彻热潮，用习近平强军思想改造我们的思想，深切领悟蕴含其中的战略考量、战略擘画、战略基点、战略运筹，真正掌握强军之道、胜战之道的"金钥匙"。紧迫的是推进工作重心大归正。和平积弊不除，备战打仗无望；工作重心不正，胜战打赢难成。通过一年多的真纠实改，思想层面的和平积弊得到有效纠治，备战打仗的工作重心进一步归正，但根子深处的问题、问题背后的问题还没得到彻底纠治。必须按照"四个立起来"要求，认真贯彻落实军委要求，持续推进和平积弊常态化纠治，对照清单搞好"回头看"，真正让和平积弊无处藏身、和平套路无路可走，在更高层次推进军队战斗力建设。关键的是催生作战理念大创新。恩格斯讲，"在四周汹涌澎湃的时候……我们需要更新、更勇敢的头脑"①。改革开放 40 多年之所以取得举世瞩目的成就，正是源于

---

① 《马克思恩格斯全集》第 22 卷，人民出版社 1965 年版，第 445 页。

不断的思想大解放，引爆了改革激情和创造潜能。一流的军队设计战争，二流的军队应对战争，三流的军队尾随战争，跟在别人后面亦步亦趋，就会永远落后。面对当今世界百年未有之大变局，时代变迁、实践激荡，必须为头脑松绑鼓劲、加速潜能释放，深化现代战争制胜机理探寻，加快联合作战理念创新，主动设计明天战争，提高战争准备基点，与强敌对手打一场"设计内""训练内"的战争。

四、苦练实练，强壮生命力之肌体

战斗力、生命力最终要靠训练来巩固加强，打仗硬碰硬、训练实打实，必须在实战化训练上谋求突破、有个大的加强。一是练精方案。方案计划是备战打仗的"牛鼻子"。紧盯强敌对手，立足最困难最复杂局面，充分预想各种突发情况，细化配套各类方案，构建完善作战方案体系。常态组织战备检查和能力评估，借鉴俄军不打招呼、突击式战备拉动检查，依据任务和实案组织整建制拉动考核，提升"查"的随机性、"拉"的实战性、"督"的实效性、"改"的彻底性，倒逼研究作战方案、定实作战方案、熟悉作战方案、掌握作战方案，保持高强度战备状态。二是练强指挥。要建立领导干部参加军事技能训练、指挥能力训练和集中学研作战理论及运用制度，构建一线参加练兵备战任务锤炼机制，走出空调间、走进训练场，与部队一起抓训练、研打仗，通过熟知熟记基础知识、基本理论，熟练运用信息系统、指挥手段，融会贯通作战流程、战法运用，切实解决"五个不会"、提高"五个能力"，扛起领兵打仗的使命。三是练硬标准。军队不能打仗，是致命弱点，是对初心的亵渎和颠覆。必须锤炼敢战勇气，构建战斗精神长效培育机制，在实战环境中练胆激气，厚植忠诚本色、赓续打仗血脉，淬炼一不怕苦、二不怕死的战斗精神。夯实能战基础，区分岗位分层建立打仗能力素质模型，构建基于作战任务的训练课目清单，突出使命课题专攻精练，深入开展群众性练兵比武，牢固战斗力基础。严实务战作风，认真落实军委全力解决备战作风不严不实的有关规定，充分发挥巡视监督、训练监察、制度约束作用，切实把战斗力硬起来、生命力强起来。

第二节　切实把备战打仗的指挥棒立起来

近年来，习主席接连发出"胜战之问""价值叩问""本领拷问"，其核心指向就是备战打仗这个重大现实问题。作战部队党委（以下简称"部队党委"），是带领部队备战打仗的关键中枢，自部队开展和平积弊大扫除，特别是中央军委党的建设会议以来，围绕管战务战主责主业发挥统战领战职能明显强化，但也存在一些亟待解决的问题。当前，进一步提升聚焦备战打仗成效，需要在思想观念、工作重心、履职本领等方面系统筹划，不断探索抓好这项重大任务的方法路子。

一、强化部队党委聚焦备战打仗的思想观念

思想的锈蚀比枪炮的锈蚀更可怕。当前，首要的是把忘战怠战的"思想锈蚀"彻底清干净，把思战谋战的"打仗思想"坚决立起来。

（一）从党委使命任务来看，要强化"备战打仗是新时代党的政治要求"的思想观念

在强军兴军的新时代，对部队各级党委来说，备战打仗就是党中央对军队的政治要求。按照这个"政治要求"落实，必须做到以下三点：一要提高聚焦备战打仗的政治觉悟。充分认清"能不能"在未来战争中完成打得赢这个政治任务，关键在党委有没有把导向树在备战上、有没有把心思放在打仗上、有没有把力量聚在打赢上。二要响应铲除

和平积弊的政治号令。深查实纠"过日子"的和平思想、重建轻战的惯性思维、低层次徘徊的备战状态、束缚打赢能力的机制套路、过度拔高的安全标准等顽瘴痼疾。三要强化管战务战的政治摆位。深刻领会习主席发出的备战打仗最强音，始终紧跟统帅步伐，贯彻统帅意志，切实从事关中华民族复兴伟业、事关军事斗争全局、事关周边态势稳控的大局中找准定位、认清责任，推动党委管战务战由工作摆位向政治摆位深化。

（二）从党委日常工作来看，要强化"备战打仗是部队党委的第一要务"的思想观念

第一要务，就是置于首位的最根本、最重要的事务。各级党委的第一要务是带兵打仗，领导干部的第一职责是指挥作战，广大党员的第一身份是战斗骨干。强化"第一要务"的思想观念，需要做好以下几点：一要强化想打仗、谋打仗的使命意识。充分认清我国安全形势面临的新情况新挑战，常思国家安全之患、常怀打仗准备不足之忧、常想能打胜仗责任之重，时刻做到心中想打仗、脑力谋打仗、眼睛盯打仗、肩上扛打仗、手中抓打仗，切实担负起统兵打仗、谋兵打仗的责任。二要把统兵打仗摆上党委议事日程。深刻认识备战打仗既是党委工作的主要内容，也是衡量班子建设水平的核心尺度，在党委班子中形成谈武论战、谋兵打仗的浓厚氛围，切实将军事训练作为中心任务来抓，做到中心居中、主课突出、主业精湛。三要按照能打胜仗的要求提高决策质量。要对标"四个战略支撑"使命任务、建设世界一流军队"三个阶段"，结合单位实际议事决策，描绘备战打仗的目标图、展开图、路径图，有步骤成体系推进核心能力建设。

（三）从党委自身建设来看，要强化"备战打仗是部队党建的根本落点"的思想观念

备战打仗是践行强军兴军战略的根本标志和主要抓手，是部队全部

打造实战化训练"升级版"。图为第71集团军某炮兵旅远程火箭炮进行夜间实弹射击。

(彭希摄)

工作的核心内容和本质要求，是贯彻落实战斗力标准的具体实践和常态工作，更是部队党委建设的实践落点。具体体现在以下几个方面：第一，部队党委建设的目标指向。只有紧贴能打仗、打胜仗来展开，围绕军事斗争准备、核心军事能力建设来筹划，部队党委建设才能为部队完成军事任务提供坚强保证。第二，部队党委建设的强大牵引。只有顺应党和人民赋予军队的历史使命和现实需要，时刻铭记备战打仗这个主责主业，军队党的建设才能与时代同频共振，始终充满生机与活力。第三，部队党委建设的实践载体。只有跳出自身建设的狭隘眼界，以军队主责主业为实践载体，须臾不离备战打仗这个工作任务，才能锻造坚强的肌体，提高建设质量。第四，部队党委建设的检验标准。要全面审视部队党委建设中的思想观念、工作思路和政策制度，使一切不利于战斗力建设的思想观念都得以更新、传统陋习都得以改变、体制弊端都得以革除。

二、健全完善部队党委聚焦备战打仗的工作机制

把备战打仗作为党委的第一要务，需要在健全资源统筹机制、完善考核评价体系和建立备战打仗实绩与个人成长进步挂钩制度机制等方面寻求解决的办法，以求立起重心在战的鲜明导向。

（一）完善按照战斗力标准统筹资源的运行机制

部队配置人力财力物力资源，必须在提高部队作战能力的价值目标下，突出备战需求、突出实战需要、突出打赢要求，切实推动各种资源向战斗力建设高度聚拢，在备战打仗中发挥最大效益。在人力资源方面，需要优化人才配置预置，做到从备战打仗需要出发制定人才培养规划，根据不同类别、层次、专业人才的特点确定培养标准，确保重点方向、重点部位、重点岗位齐装满员，使部队人力资源配置规模适度、结构优化、布局合理。在财力资源方面，需要把控经费投向投量，加大战备工程建设、武器装备购置、军事演习演练、重难点课目攻关等经费投入。同时，坚持厉行勤俭节约，反对铺张浪费，从严控制非军事功能支出，加速财力向战斗力转化。在装备保障方面，需要适应现代作战体系优化力量结构，按照部队调整改革的总体要求大力加强重点能力建设，用新任务、新需求牵引装备发展，以新举措、新办法破解保障难题。按照战斗力标准统筹资源，就要瞄准打仗必须和急需确定投向投量，做到凡有利于战斗力提升的，该用的人要用到位，该花的钱要花到位，该统的力要统到位，切实把有限的资源用到战斗力建设的刀刃上。

（二）完善党委工作和领导干部考核评价体系

按照在党委领导工作中贯彻落实战斗力标准的具体要求，建立以强军目标为指向，以对战斗力贡献大小为核心的部队党委工作和领导干部

考核评价体系，区分单位和个人，科学细化评分标准。第一，着眼促进部队党委班子成员研究任务、研究对手、研究战场，真正把握现代战争指挥特点和规律，增强驾驭未来战争的能力，建立考评班子成员掌握敌情、把握战局情况的评价标准。第二，着眼促使部队党委班子成员学技术懂装备，不断提高运用高精尖武器、打赢信息化战争的能力，建立考评班子成员对武器装备、专业技术和高科技知识掌握程度的评价标准。第三，着眼推动部队党委班子成员解决"五个不会"的问题，不断增强信息制胜、战场研判、多谋善断、应急处突的能力，建立考评班子成员训练指挥信息系统运用、战场态势分析、特殊情况处置等情况的评价标准。同时，积极适应战斗力生成发展新要求，推动评价方式由注重考评单个人员军事素质向考评部队整体作战能力转变，由注重用机械化条件下的指标评价向信息化条件下的指标评价转变。

（三）健全备战打仗实绩与个人成长进步相挂钩的用人机制

发挥备战打仗工作考核评价功效，建立健全考核评价结果与党委成员创先争优、成长进步、调整交流等相挂钩的机制，将考核评价结果转化为党委成员大抓训练、矢志打赢的昂扬状态。第一，建立结果通报机制。考核评价后及时组织反馈讲评，形成专题报告通报本级党委，并抄报上一级党委，归纳分析在考核评价中发现的问题，提出加强党委班子建设的意见建议。第二，建立优先提拔机制。坚持把考核结果作为推荐列入后备干部、优先考虑提升使用的重要依据，对成绩突出、组织满意、群众认可的党委成员，要及时建议组织部门将其纳入后备干部通盘考虑，给予优先提拔使用，确实使考核成为个人成长进步的硬杠杠。第三，建立"一票否决"机制。在事关战斗力建设关键项目科目考核验收上要敢于较真，结合党委换届和年度干部调整，由上级组织部门依据年度考核结果提出党委成员调整意见，对在备战打仗工作中精力不集中、履职不认真、考核不合格的进行诫勉谈话，甚至进行调整交流，真正激发部队党委班子思战研战谋战的内动力。

三、提高部队党委聚焦备战打仗的履职本领

部队党委只有紧贴领导备战打仗实践加强党委履职本领建设，大兴研究军事、研究战争、研究打仗之风，掌握现代战争特点规律，具备能打胜仗的能力素质，才能在未来战争中立于不败之地。

（一）提升部队党委聚焦备战打仗的核心能力

习主席在中央军委党的建设会议上，对党委明确提出了"五个能力"的战略要求，为新时代加强党委建设勾画了新样子、赋予了新内涵、立起了新标尺，是其能力建设的根本遵循。一要提升战略谋划能力。着眼政略谋战略、着眼全局谋局部、着眼未来谋发展，具备世界眼光、战略思维和谋略水平，从战略高度正确分析判断复杂多变的形势，强化谋篇布局的前瞻性和预见性，牢牢把握部队建设的主动权。二要提升真打实备能力。牢固确立战斗力这个唯一的根本的标准，始终牢记带兵打仗、指挥打仗是部队领导干部必备的职业素养，牢记提高能力、备战胜敌是部队党委担负的第一要务，牢记议战议训、研战研训是部队党委分内的职责所系，不断提高部队真打实备的质量效益。三要提升改革创新能力。把握大势、敏锐识变、积极应变，更新观念、主动思变、破茧求变，勇闯新路、举措促变、动态更变，用创新的意识、创新的能力、创新的举措去应对一切挑战，确保部队转型建设强势推进、落地落实。四要提升科学管理能力。以先进的管理理念大格局大手笔实施战略管理，以科学的管理方式成系统全要素推进高效管理，以完善的制度机制合规性倒逼式审查检验管理，让科学管理成为部队战斗力生成的倍增器。五要提升狠抓落实能力。调查研究、真抓实干、严肃问责，着力解决党委班子成员动力不足"不想为"、能力不足"不会为"、担当不足"不敢为"等问题。

（二）夯实部队党委聚焦备战打仗的基本素养

扭住"五个不会"短板大抓练将强将，关键就是要加快提升班子成员的战略素养、联合素养、指挥素养、科技素养，练就懂打仗、善谋略、会指挥的领导干部。战略素养，是军事博弈的首要才识，具有方向性、全局性，提升战略素养，需要班子成员提高站位、拓宽视野、增强定力。联合素养，是一体化联合作战对指挥员的现实要求，提升联合素养，要掌握联合作战理论，精研联合制胜机理，打破条块分割的思维定式，提升联合作战指挥融入力、行动分解力和协调控制力，不断凝聚自主协同、自觉配合的联合精神。指挥素养，是部队作战能力的标志之一，锤炼打赢硬功仍然要打造适应未来战争要求的优秀指挥素养，提升又快又准的情况判断能力、多谋善断的指挥决策能力、系统高效的组织计划能力、快速反应的应急处变能力。科技素养，是指挥员适应驾驭新装备、提高部队整体战斗力的需要，提升科技素养，需要善于学习、拓展知识结构攒足底气，勤于实践、跟进前沿科学造就硬气，勇于创新、转变思维方法充满锐气，不断提高科技认知力、科技创新力、科技运用力、科技领导力。

（三）优化部队党委聚焦备战打仗的组织结构

适应一体化联合作战要求选好配强部队党委班子，结合建立完善联合作战指挥体制和军官职业化制度，优化党委班子专业结构，充分发挥党委班子的整体功能。一方面，及时发现和跟踪培养备战打仗能力强、有发展潜力的班子成员。利用人才数据库，动态更新军官任职表现和学习情况，特别是参加军事培训和军事实践活动的情况，对于表现优秀的适时安排送学培训、换岗交流或提升使用。还要着眼提高复合素质，加大旅团干部代职锻炼和岗位轮换力度，使他们不断丰富经历、积累经验。另一方面，坚决淘汰"和平官"。突出打仗能力和工作实绩的考核，力避一些干部不比能力比资历、不争工作争位置等现象，解决少数单位在选人用人上论资排辈、平衡照顾等问题。

第三节　鲜明实战指向　聚焦备战打仗

习主席强调军队是要准备打仗的。党的十八大以来，练兵备战是军队工作的总基调、主旋律。以战斗力为唯一的根本的标准，必须在思想上打深烙印、行动上见诸实效。

一、最根本的前提是鲜明大备战实践指向，强化党委核心作用发挥

对军队而言，军事训练是一切工作的中心，各级党委、各个支部应发挥好核心作用，把中心居中放在心中，把备战打仗抓在手上，责无旁贷、义不容辞。

直面统帅之问、铭记统帅训令。习主席对练兵备战一直高度重视，对全军发出"党和人民需要的时候，我们这支军队能不能始终坚持住党的绝对领导，能不能拉得上去、打胜仗，各级指挥员能不能带兵打仗、指挥打仗"[①]之问；对领导干部发出"有没有带兵打仗、指挥打仗的底气"之问；对"90后""00后"官兵发出"真打起仗来，这样的战士能不能上战场、上了战场能不能打仗"之问。习主席一身戎装亲临一线，以统帅身份发布训令，开创我军历史先例。必须深刻领会习主席号令，要在备战打仗上有一个很大的加强。

立起根本遵循、强化统一领导。习近平强军思想是引领新时代强军伟业的科学指南，要牢固确立指导地位，确保军事训练正确方向。要始终把军事训练作为主责主业来抓，全部心思向打仗聚焦、各项工作向打

---

① 本书编写组编：《不忘初心　继续前进》，人民出版社、学习出版社2017年版，第84页。

仗用劲；要端正训练价值取向，全面转变理念，扫除"和平积习"，按照实战要求组织每项任务、每次训练，扎扎实实提高实战能力；要坚持稳中求进，认真梳理军事训练工作安排，把思路理清晰、把任务搞清楚、把进度掌握好，搞好科学统筹、把稳训练节奏，确保有序展开。

鲜明实战导向、确保中心居中。俗话说，一个中心为"忠"，两个中心为"患"，要时刻保持临战状态，心思集中谋打赢，中心居中抓战训。要从党委做起，紧紧盯住议战务战、议训管训不散焦；从领导干部做起，示范带头研究打仗、指挥打仗不松劲；从参政机关抓起，聚焦中心思战谋战、统筹工作不偏向；从基层官兵严起，始终牢记任期打仗、岗位打仗不懈怠，坚持一切工作为主责主业让路，不与战备训练争时间、争人力、争资源。

二、最现实的任务是抓住新法规施行契机，推动战斗力高质量成长

军队建设进入了新时代、军队改革构筑了新体制、军事训练施行了新法规，赋予的是新希望，带来的是新契机。必须抓住契机紧跟步伐，如饥似渴地学法规、如鱼得水地用法规、如履薄冰地守法规，确保新一代训练法规高质量落实。

要吃透法规内涵寻求战斗力新的"增长点"。对于新一代训练法规，要主动来一次大学习、深研究、真落实。既要"得其门而入"，扎实开展"学法规、知法规、用法规"活动，切实搞清楚新在哪里、改了什么、为什么改等基本问题；更要"悟其道而出"，从"新"字入手，往"新"处落地，党委领导要在议训管训上有新建树，机关干部要在组训施训上有新突破，一线官兵要在依法实施上有新进步，保障人员要在依规操作上有新作为。

要按纲施训助推战斗力成长驶入"快车道"。新一代军事训练法规

搭建的是战斗力成长"快车道",按纲施训就能"换挡提速"。在新体制、新年度、新法规的大背景下,首先应在思想上破除好高骛远、墨守成规和畏难情绪,老老实实按照大纲要求,把内容训实、把时间训够、把人员训全、把标准训到,扎实打牢训练基础;要加强质量监控,从每个环节、每个人员、每个动作严起,及时发现和纠正倾向性问题;要推进训战一致,紧盯挖掘装备潜能、融入体系链条等问题,主动思考、深入研究,切实提高每场训练的含金量,体现每滴航油、每滴汗水的最大价值。

要不断提高政治工作对战斗力的"贡献率"。体系重塑、法规重修给军事训练带来深刻变化,政治工作也要主动对接、深度融合,重立威信、重树形象。要深刻领会、熟练掌握各级各类新条例、新法规,及时制发相适应的新意见、新措施,切实作为开展工作的指导和依据。尤其是要改变空耗自转现象,切实发挥好服务保证作用。要转观念、转作风,沉到一线、回归战位,发挥作用、解决问题;要发挥主观能动性,有刀口向内的自觉、全力做好的愿望;学好法规、搞清流程,插得上话、帮得上忙。要做鼓劲的事,积极搞好重大任务、突出典型宣传;做暖人心的事,把组织"军事日"、军地座谈会、答复官兵意见建议等好的工作方法、好点子坚持下去;做提气的事,利用当面敌情、重大任务,抓紧训练作战思维、培塑血性胆气。

三、最关键的导向是领导带头以上率下,掀起新时代练兵备战热潮

党的十九大以来,习主席出席中央和军委会议、到地方和部队视察多次强调领导带头的问题,并提出"六个必须""五个过硬"等具体要求,更是身体力行进行开训动员发出"坚持领导带头、以上率下"训令。各级要认清角色,指挥员首先是战斗员,首长就要首训,常委就要常训,

领导就要领训，主官就要主训。

坐稳"中军帐"，定实备战打仗的硬调子。就是要脱虚向实、向战务实，立起硬杠杠为实战实训瘦身塑形。要硬起腰杆做加法，对战斗力有用的顶住压力也要做，"事关战斗力成长的风险再大也要担"，"越是有风险的地方越要加强训练"。要硬起手腕做减法，满足条件要求就大胆组训，相反就果断叫停；指挥员、机关干部、教导员等，要发挥摸底把关作用，坚决杜绝超越条件、超越能力组织训练问题；减少繁文缛节、无效劳动，为部队减负、为官兵减压。

练强"脑中枢"，牵紧向战而学的"牛鼻子"。学习力就是战斗力，带头训先要带头学。党委中心组要拿出充分时间专门学军事，各级各单位都要有计划、有安排。要瞄准主责、对接岗位，干什么学什么，

图为陆军第 72 集团军某旅组织某型轮式装甲输送车进行车载烟幕实弹射击训练。　　（张毛摄）

缺什么学什么，真学实学、深学精学，力求通过学习，对如何打仗、怎样打赢有真知灼见。要对接"一人一题"、机关夜校和主官集训制定实施考核督促办法，年底人人拿出成果、亮出成绩，以实践检验、用行动作答。

当好"领头雁"，立正带兵打仗的好样子。兵随将转，最好的训练动员是立身为旗、以身作则，要做到"三进、三出"。"三进"就是："进战场当战将"，带头执行驻训、演习等重大任务；"进校场显身手"，带头参加岗位大练兵大比武等各类竞赛活动；"进机场镇住场"，坚持第一批次进场、最后一个批次退场。"三出"就是：平常时候看得出，领导干部是研究打仗最深、业务技术最硬的人，保障现场虽然都是一色的工作服，但不用看军衔和资历章，官兵单从行动就能一眼看出来谁是"打仗牛人"；关键时刻站得出，就是要在特情处置、故障排除时，能够"手到擒来"，发挥"定海神针"作用；危难关头豁得出，既要政治过硬，坚持军事服从政治，妥善处置诸如防线、事故等，也要本领高强，在应对强敌中当先锋打头阵。最基本的要求是全面从严改进作风，推进实战化训练深入发展。

毛泽东讲："'化者'，彻头彻尾彻里彻外之谓也。"① 可见，让实训"化"为实战，轻轻松松"化"不得，浮皮潦草也"化"不成，弄虚作假更是与"化"背道而驰，必须牢记胜战铁律：训风好，战训质效倍增。新一代军事训练法规从制度设计和执行层面对训风问题加以纠正，要注意在改进作风、从严治训上把握好"三个关系"。

一是"从严"和"依法"。依法是本，从严是度。从严要依靠法规这个总纲来统领，组训施训以法为据，管训治训以法为准，排计划、调力量、控节奏先问据于法、依法而行。依法必须从严，对照新法规逐条

---

① 《毛泽东选集》第三卷，人民出版社1991年版，第841页。

逐项对表、从严从难执行，规定的动作落实起来一个不能少。尤其是要注重严之有度，这个度抓过了、抓不及都不行，用好作风带出好部队、练出战斗力。

二是"底线"和"高线"。训练的底线是不可逾越的红线，要用底线思维来守住安全底线，逼近战斗力提升高线。新一代《军事训练条例》将安全管理单独成章，规定不得以安全为由简化训练内容、降低难度强度，不得随意提高风险等级、擅自终止或者取消险难课目训练，不得以牺牲战斗力为代价消极保安全，大力倡导"解放战斗力"新的安全理念，充分阐明了从难从严训练其实是在更高的层次上促安全。训练安全靠训不靠等、靠干不靠看，保持思想艰苦、心思集中，每次训练都有脱几层皮、掉几斤肉的狠劲韧劲，军事技术、保障水平才能实现质的飞跃，产出有质量、能长久的安全。

三是"亮旗"和"亮剑"。抓新法规建设是为了"亮旗"，明确新标准新要求，抓训练监察就是为了"亮剑"，斩掉一切训练中虚假水分。近年来军委训练监察力度逐步加大，释放出强烈信号。各级党委、纪委要主动担起"两个责任"，训练、组织、纪检和质量控制等部门要联动起来，采取现场判读、集体判读、抽查判读、交叉互检等方式，监控训练质量，及时发现隐患，推动监督问责向常态化转变。

第四节　强化"生命线"　促进战斗力

深入开展新型作战力量部队实战化训练中政治工作，既是"生命线"服务战斗力的重要使命，也是新时代政治工作创新发展的难得机遇，对提升实战化训练水平、提高新质作战能力具有重要作用。

一、深化思想教育，大力激发实战化训练热情动力

思想的锈蚀比枪炮的锈蚀更可怕。和平时期军事训练要克服和平病变，高技术部队训练要突破头脑简单，信息化技能训练要解决组训难关，决定了新型作战力量部队实战化训练必须教育先行、思想领先。一是深刻领会"统帅之问"，切实提高政治自觉。深入学习习近平强军思想，强化实现中国梦强军梦的使命感，强化实现党在新时代的强军目标、建设世界一流军队的责任感，强化维护国家利益拓展的紧迫感，时刻审视自身岗位是不是战斗链条上的薄弱和短板，自觉克服"骄娇"二气、"二八"现象，以强烈的使命意识和忧患意识推进思想观念大转变。二是深入开展职能使命教育，牢固确立战斗队思想。打仗和准备打仗是军人的天职。开展实战化军事训练，首要的是推动从生产队向战斗队转变、从技术员向战斗员转变，增强"战"的意识、立起"战"的标准、找准"战"的位置、理清"战"的思路，练好胜战之功、保持待发之势。三是认真搞好宣传鼓动，切实提高练兵动力。做好实战化训练中政治工作，就要适应信息化条件下军事训练的特点，积极营造训练氛围，组织信息化特色战训文化活动，大力宣扬表彰训练中先进典型，切实解决官兵实际困难，努力激发动力、锤炼毅力、增强活力，确保部队做到有条件要深训实训，没有条件创造条件也要开训组训。四是培育战斗精神，强化敢打必胜的信心勇气。物质的原因和结果不过是刀柄，精神的原因和结果才是锋利的刀刃。培育信息化战争战斗精神，就要把传承红色基因与担当强军重任、把培育战斗精神与培育科学精神有机结合，努力培育忠诚可靠、不怕牺牲、创新超越、精益求精、敢打必胜的精气神，为实现强军目标、建设世界一流军队提供源源不断的思想保证、精神动力和智力支持。

二、加强组织领导，牢牢把握实战化训练正确方向

千难万难，党委重视就不难。党委作为部队的领导核心，只要以主要精力抓中心、谋打赢，部队实战化训练就能见效快、实效高。一是强化党委对实战化训练坚强领导。党委领导必须把战斗力标准立起来、实战化导向搞端正，从抓建设、抓业务的固有模式和习惯思维中解放出来，以主要心思和精力抓训练、抓备战打仗。二是认真组织党委议训议战。党委议训是党委领导训练的最高形式。发挥政治工作对训练的服务保证作用，必须把党委议训作为统一训练思想的重要平台、改进训练方法的最好载体、解决训练难题的有效途径，充分运用政治工作有思想、善思辨、谋思路的优势，深入开展习近平强军思想贯彻落实、训练目标科学确立、训练方法改进优化、训练疑难研究解决等重大问题，切实把党的组织优势和政治优势转变为实训优势、实战优势。三是认真组织开展训练中军事民主。做好实战化训练中政治工作，就是要坚持走训练中的群众路线，切实尊重官兵的主体地位，充分发挥年轻官兵、技术干部的主人翁责任感，召开"诸葛亮会"、征集金点子、收集建言献策，及时发现训练中闪现的火花，总结提炼成功做法和经验，不断改进创新训练方式方法。四是严格组织首长机关训练。不管博士硕士学士，首先是战士；不管团职师职军职，备战打仗是天职！从这个意义上讲，要尽快把首长机关训练开展起来、严格起来，坚持把训练作为一种治军方式和管理方式，把训练作为检验能力、克服"五多"、解决和平积弊的重要手段，以训练工作实起来让各项工作实起来，以训练工作搞上去把全面建设搞上去。

三、做好政工准备，努力强化政治工作作战功能

信息化战争爆发突然、进程加快、体系作战、联合制胜，对政治

发扬军事民主是我军优良传统。图为 1961 年 7 月 31 日，防空部队某部班长和战士一起研究对付各类型敌机的措施。
(王俊文摄)

工作的反应能力、应急能力和作战能力提出了较高要求，必须扎实做好军事斗争准备、政治工作准备，确保一旦开战，展开就能用、上手就能做。一是严密制定政治工作方案预案。根据担负使命任务，结合不同行动预案，研究制定党组织设置、战前动员、人员补充、党委会议程等各种方案，反复进行内部演练，结合任务进行推演，不断完善优化方案、熟悉方案。二是扎实组织舆论法理斗争和心理攻防演练。针对信息化战争未来可能涉及法律问题、面临的舆论干扰和心理压力，立足最复杂最困难条件做好应对之策，尽快建立心理行为训练场所，组织部队开展适应性训练，努力做到预想在前、预防在先。三是认真做好防间保密工作。针对信息化条件下信息化战争数据资料多、参战军民多、敌特渗透多、"四反"任务重的实际，注重加强思想防线、技术防线、制度防线、军地防线建设，组织防间反特推演，防止松懈麻痹出问题。四是科学做好心理疏导。针对目前改革转隶思想顾虑多、训练任务压力大的状况，预想平战转换心理冲击状况，充分运用现代心理学知识，做好经常性思想工作，实施心理疏导，注重心理干预，培育沉着稳定、敢打必胜的稳健心理。五是深入研讨战时善后优抚。针对平时训练、战时保障可能出现的伤病和伤亡，协调地方政府、慈善机构和军队医疗部门，探索做好烈士遗属的善后优抚方式方法，确保部队和社会稳定。

四、严格训练监察，切实端正训风演风考风

动员千遍，不如问责一次。做好实战化训练中的政治工作，就是要用好纪检监察这个利器，让纪律规矩生威，通过问题清单归零，促进实战化训练归位、战斗力标准归位。一是严格组织训练监察。认真探索纪检监察与训练监察联检方式，针对新质战斗力生成的训练内容和模式，细化监察项目，研究监察方法，提高监察针对性和有效性。二是纯正训风演风考风。着力纠治指挥员训练不进入情况，漏训、跳训等问题；着力纠治训练计划不落实、按纲施训走形式等现象；着力纠治考场纪律不严格，考核评判走过场等情况；着力纠治科研论文不贴实战需求等浮躁现象。三是把准训练导向。强化单位建设、考核干部的实战化训练贡献率评判，强化立功受奖、评优评先等实战化训练占比率监督，强化违反实战化训练的纪律约束刚性度，形成备战打仗、刻苦训练的鲜明导向。

五、发挥表率作用，切实推动实战化训练走深走实

做好实战化训练政治工作，必须科学把握中心居中、首位在首的辩证关系，强化训练摆位，回归训练本位，做到身位与战位、岗位与战位、职位与战位相统一。一是研究军事、研究战争、研究打仗，既要政治上坚定，也要军事上过硬。二是参加体能训练、业务训练、技能训练。政工干部要着眼所属部队的战斗力构成要素，从宏观到微观、从一专到多能、从理论到操作，一点点学起、一步步深入，做到业务工作插得上话、组织指挥插得上手。三是深入基层、深入一线、深入官兵，与官兵一起训、一起累、一起苦，在生动活泼的实战化训练中增强政治工作的实效、提升实战化训练的实效，立起政治工作的威信、立起政工干部的威信。

第八章

坚持一切建设和工作向能打胜仗聚焦

第一节　把体制和制度优势转化为打赢胜势

党的十九届四中全会在我们党的历史上第一次专门研究国家制度和国家治理问题，并作出《中共中央关于坚持和完善中国特色社会主义制度、推进国家治理体系和治理能力现代化若干重大问题的决定》（以下简称《决定》），全面回答在我国国家制度和国家治理上，应该"坚持和巩固什么、完善和发展什么"这个重大政治问题，既有理论上的新概括又有实践上的新要求，是坚持和完善中国特色社会主义制度、推进国家治理体系和治理能力现代化的政治宣言和行动纲领，充分体现了以习近平同志为核心的党中央高瞻远瞩的战略眼光和强烈的历史担当，充分反映了新时代党和国家事业发展的新要求和人民群众的新期待，必将把我国制度优势更好转化为国家治理效能，对巩固拓展深化国防和军队改革成果，构建中国特色社会主义军事政策制度体系，具有重大而深远的意义。

一、强固打赢之魂——把党指挥枪高高举过头顶

人民军队 90 多年的光辉历程反复证明，中国共产党的领导是我们打胜仗的根本保证。我军从成立之初，就鲜明提出党指挥枪的根本原则，制定了一系列党对军队绝对领导的具体制度，保证了人民军队始终有正确的方向，任何时候都拖不垮、打不烂，攻无不克、战无不胜，取得了抗日战争、解放战争，以及抗美援朝、对印反击作战、对越反击作战的重大胜利。党的十九届四中全会强调党对军队的绝对领导是中国特色社会主义制度 13 个显著优势之一，明确提出把党对人民军队的绝对领导制度作为 13 个制度体系之一坚持和完善，这正是对历史经验深刻总结作出的科学判断和重大决策。坚持党对军队绝对领导的根本原则和制度，核心是高标准贯彻和落实军委主席负责制。此次全会强调，这是坚持党对人民军队绝对领导的根本实现形式。在这一根本问题上，既要叫得响，又要落得实。从能打胜仗角度来看，一是牢固确立习近平强军思想根本指导地位，为能打胜仗提供科学指引和理论遵循；二是把习主席的决策指示不折不扣落实到最末端，面对当今世界百年未有之大变局，面对多种多样的威胁挑战，做到习主席叫打就打、叫停就停，指挥体系任何时候都绝对畅通；三是坚决与"军队非党化、非政治化""军队国家化"等错误政治观点作斗争，在大是大非问题上始终立场坚定、观点鲜明、态度坚决，把党指挥枪的红色基因在军事领域全程传承。

二、凝聚打赢之志——激发不忘初心、牢记使命磅礴力量

我军实行党委制、政治委员制、政治机关制，实行党委统一的集体领导下的首长分工负责制，实行支部建在连上，这一特有的组织体系，保证了军队具有强大的政治动员力。此次全会对完善党领导军队的组织体系进行了重申和强调。历史告诉我们，战争不仅是物质的较量，

更是精神的比拼。当年在抗美援朝战争中我们打赢武装到牙齿的美军，靠的是"钢少气多"。现在虽然"钢"多了，但要应对强敌，"气"要更多。这个气来自哪里？就来自军队各级组织持续有效的政治动员。一要用强军使命来激励。党的十九届四中全会提出，坚持和完善党的领导制度体系六个基本要素之一就是建立不忘初心、牢记使命的制度，我们各级组织都要自觉发挥政治动员职能，以"不忘初心、牢记使命"主题教育为载体，确保人民军队忠实履行新时代使命任务。二要用应对强敌来牵引。深入宣传新时代军事战略方针，向官兵讲清现实安全威胁和风险挑战，坚决克服和平麻痹思想和流毒积弊，始终保持引而待发的备战状态。三要用模范带头来引领。说得好不如做得好，党组织首先要成为打

　　图为 2021 年 7 月 15 日，观众在中国共产党历史展览馆参观"'不忘初心、牢记使命'中国共产党历史展览"。

（彭子洋摄）

仗型党委、打仗型支部，政治工作干部首先要成为带头谋打仗的党代表，使身教的力量成为组织动员的"倍增器"。

三、锻造打赢之能——加速提升指挥现代战争能力素质

党的十九届四中全会强调，"要建设坚强有力的党组织和高素质专业化干部队伍"，这为能打仗、打胜仗提供了坚强的组织保证和人才支撑。现代战争联合化、信息化、专业化特征越来越凸显，而我军各级指挥员"五个不会"的问题还非常突出，在下次战争到来之前培养一批高素质的能够指挥信息化、智能化战争的新时代指挥员已尤为紧迫。一是坚持职业化的主方向。《决定》提出，要深化军官职业化制度改革，这为培养现代战争指挥员奠定了制度基础，职业化必然带来专业化，专业化正是指挥现代战争的基本要求。二是建好院校的主渠道。院校的最大优势是有利于解决知识的系统性和前瞻性，现在的关键是如何更好地找准定位、瞄准强敌、提升层次。三是用好任务的主战场。我军之所以能打胜仗，很重要的一条就是善于在战争中学习战争，培养现代战争指挥员，这一条在当前形势下仍然重要，要敢于把优秀的有培养潜力的干部放到复杂环境中磨砺。

四、构建打赢之制——营造为战谋战练战好生态

制度更有权威性，也更有稳定性。随着改革的逐步深入，一大批制度将推出，一系列机制将建立，在确保党对军队绝对领导的基础上，尤其要把战斗力作为唯一的根本的标准在所有制度机制中立起来。在这方面，一是对现有制度机制进行彻底审视。凡是不利于战斗力生成的，都毫不犹豫坚决摒弃。把影响战斗力建设的制度障碍清除掉，关键是要顶住既得利益者的干扰，像前期推进军队体制编制调整改革一样，敢于开刀。二是加快探索有利于战斗力生成的新制度新机制。此次全会提出，

要推动形成现代化战斗力生成模式，对此提出了很高要求，比如联合作战指挥体制如何向全要素、全领域拓展深化，如何加强实战化训练，如何把打仗型干部优先用起来，如何建立战斗力建设监管体系，构建一体化国家战略体系和能力等，都需要勇于解放思想，既向实践学习，也向强敌学习，还要有容错机制，不随意扣"帽子"，保护好实干家、先行者。三是以制度的强力执行促进战斗力生成。制度的生命力在于执行，过去我们也有不少好的制度，但往往写在纸上、挂在墙上、说在口上，这样再好的制度也成了摆设。打仗最来不得假大空，我们各级都应像党的十八大以来肃贪反腐那样，坚决反对形式主义、官僚主义，以严实作风抓为战各项制度的执行，把至关重要的"最后一公里"走到位走扎实。果能如此，强军可期，胜势必成。

第二节　以军事训练带动国防和军队现代化

习主席深刻指出，军事训练"是生成和提高战斗力的基本途径"，"对于提高部队全面建设水平具有十分重要的意义"。① 深刻领悟习主席战略意图，必须充分认清军事训练是最直接的军事斗争准备的战略地位，充分认清它与军队建设各领域都具有广泛而深刻的主导性渗透性联系的综合属性，充分认清它是部队最大量最经常的中心工作的基础特征，充分认清它对于军队建设成果的检验完善作用。军事训练直接为战、聚焦到人、体现在常、覆盖到面的特性，内在决定了以它为抓手和切入点，有利于推进军队建设各领域更加聚焦实战，有利于促进军事斗

---

① 《习近平在中央军委军事训练会议上强调　全面加强实战化军事训练　全面提高训练水平和打赢能力》，《人民日报》2020 年 11 月 26 日。

争准备有效落实，有利于带动国防和军队现代化。

一、以军事训练带动军事理论现代化

军事训练具有作战预实践功能，一切先进实用的军事理论都源于实践，又指导实践。一些军事强国历来重视作战理论创新，每次提出新的作战概念后，都要通过试验部队和训练演习进行验证完善，然后再用于指导部队训练和作战。这些年我军军事理论研究进步很快，但在规范的开发机制和严格的实战检验上还有待提升，特别是我军多年没有打过仗，迫切需要通过实战化训练来搞清"未来打什么仗、怎么打仗"这个源头性问题，实现从被动适应战争向主动设计战争转变。一是在立起强敌靶标中创新军事理论。这是重中之重、急中之急。2019 年以来，全军各级兴起一场前所未有的强敌研究热潮，推出一系列务实创新的研究成果，为指导现实军事斗争、拨开现代战争迷雾发挥了重要牵引作用。要始终像强敌研究我军那样研究强敌，盯着强敌研、瞄着强敌练，不抱幻想、立足最坏、研练结合，验证发展现有条件下的非对称制衡作战理论。二是在火热训练实践中催生军事理论。这些年，全军上下大抓实战化训练的精力、动力、合力前所未有，直面强敌练兵进入新阶段，联战联训联保取得新突破，群众性大练兵兴起新热潮，孕育出许多行之有效的新战法新训法，把这些生动实践和智慧创造梳理好、总结好、升华好，必将为我军军事理论发展注入强大生命力。三是在紧贴实战练兵中检验军事理论。世界强国军队都重视基于安全威胁创新作战理论、基于作战理论创新训练实践、基于练兵实践检验完善作战理论，这已成为和平环境下军队建设的基本范式。我军新的核心作战概念，应抓紧在实战化训练中用起来、具体化，让训练无限接近实战特别是与强敌实战，牵引理论研究的深入和实战能力的提升。四是在进入条令法规中升华军事理论。管用的军事理论，不看谁最早提出来，而看谁最先落下去。一些新的作战概念成熟定型后，应及时做好"下篇文章"，推动进入作战条令、作战方案、训练大纲、训练教材，边训边修、边修边试，滚动更新、持续优化，让理论、法规、标准建设从"编出来"转向"练出来"，实现从新概念到新能力的螺旋式上升。

二、以军事训练带动军队组织形态现代化

军事训练是不断深化的战争预演，组织形态是军事力量的基本形态，二者相互影响、相互验证、相互促进。习主席亲自决策开启的新一轮国防和军队改革，主要指向就是推进军队组织形态现代化、构建中国特色现代军事力量体系。当务之急就是要最大限度释放改革红利和体制效能，尤其要充分发挥军事训练检验优化作用，推进我军体制、规模、结构、编制、运行机理、政策制度向更加科学化实战化的方向发展。一是进一步促进体制编制优化。一方面要立足当前，紧盯最大现实威胁，依托训练磨合提高现行体制编制运行效率，打造突出高端对抗、有效慑敌制敌的组织形态；另一方面要着眼长远，紧盯"三化"融合发展，依托训练校准需求、提出构想、超前孵化，加速推动我军组织形态向着适应军事革命时代特征的更高层次演进。二是进一步助推军事管理革命。凡是强国军队组织形态重大变革，紧随其后的必然是一场谋求军事效能优势的管理革命。当前，要紧紧扭住备战打仗第一要务，用训练管理来倒逼组织计划、指挥控制、整体协同等更加精确规范，牵引思想、人员、装备、物资等更加高效管理，尤其要进一步健全为战抓管、以训促管、训管一体运作方式，加快推动治军方式根本性转变。三是进一步壮大新质作战力量。大国军事比拼，集中体现在高端新质作战力量间的较量。应坚持练敌最怕、练我短板、练关节要害，大抓空天网电新兴领域训练，大抓新型力量融入体系训练，大抓大国重器战略能力训练，大抓任务部队应急应战训练，促进新领域新空间作战力量建设，加快形成独特制敌胜敌

优势。四是进一步带动用兵方式创新。美军之强不仅强在技术和装备上，还强在建立起前沿存在和战略投送相结合的全球军事力量布局。随着我国国家利益向全球快速拓展，应把练兵与用兵更好统一起来，赋予军事训练更强进取性威慑性实战性，推动训练率先走出去立足常态化，以用兵方式创新加快外向型组织形态构建，更好维护我发展利益。

三、以军事训练带动军事人员现代化

军事训练是军事人才培养的主要途径，其过程是培养人提高人的过程。习主席将人才强军战略纳入强军布局，亲自领导军事教育改革重塑，出席全军院校长集训，确立新时代军事教育方针，反复强调要加快构建三位一体新型军事人才培养体系，为推动军事人员现代化、打造人才培养新格局指明了前进方向。一是充分发挥军队院校教育主渠道作用。军事强国普遍将军官教育培训纳入职业发展路径一体设计，成长为一名将官一般都需要 10 年以上专业化培训。要注重发挥我军院校教育基础性、先导性、全局性作用，瞄准 2035 年、2050 年前瞻预置打赢未来战争所需人才，贯通人才培养链路，设计好进、训、升、调、出职业路径，面向战场、面向部队、面向未来办学育人。二是充分发挥部队训练实践大课堂作用。部队训练实践是军事人才成长的"磨刀石"，既有多样化的使命任务，也有常态化的政治熏陶；既有专业化的职业岗位，也有实战化的演训实践，必须强化在复杂艰苦环境中锻炼人、在重要关键岗位上培养人、在急难险重任务中考验人，为官兵实现理论向实践转化、知识向能力跃升、单一向复合发展、个体向整体融入提供广阔舞台。三是充分发挥军事职业教育大平台作用。军事职业教育是人才成长必备的"土壤"。要牢固"为战抓学"理念，以增进人员、能力、素质不断提升为目标责任，注重实践，融入工作任务开展教育学习，形成"学习—研究—创新—运用"的职业教育学习闭环。

打通部队与部队学习交流的渠道，注重总结提炼部队最新战训成果，滚动式建设和推送，畅通部队之间成果共享"内循环"。打通部队与院校学习交流的渠道，部队将最新实践成果、人才培养需求及时传递到院校，院校把最新理论研究推送部队进行实践验证，推动理论与实践相互转化。打通部队与地方融合发展的渠道，走开走宽联合培养军事人才的路子。拓展现有学习平台功能，建设不同功能的战争学习室、模拟室、游戏室，同时创新方法手段，将资源推送到一线指挥员、战斗员手中，推动机关、部队、院校贴近战场、走进战场，学习、熟悉、研究战法，带动指挥班子、广大官兵开展群众性学研战活动。聚焦"立德树人为战育人"，与政治工作融合培育军事职业精神，依靠学习赢得强军胜战的加速度。

图为武警重庆总队船艇支队组织官兵开展水上实战化训练。　　　　　　（唐志勇摄）

四、以军事训练带动武器装备现代化

军事训练生成装备需求、检验装备性能，对提高装备研制水平具有重要带动作用。俄军高度重视依托作战训练推动武器装备发展，仅叙利亚战场就投入超过160种新式武器，进行技术性能验证和打击效果评估，促进了装备改进和体制改革。要立足装备实际训练，在加强武器装备全功能、实战化运用上下功夫，走依靠装备、检验装备、发展装备的实战化训练路子。一是靠训练促进传统装备性能更新。20世纪90年代的科技练兵活动，我军探索出许多利用老装备提高战斗力的做法，经过数字化改造的火炮、技术革新的坦克等，都有效提升了部队战斗力。要强化立足现有装备打仗的思想，通过不间断的训练提出改进需求、挖出潜在能力、用出最大效益。二是靠训练验证新型装备作战效能。"打仗用长、训练补短。"空军歼-20改造升级，就是通过大量训练实践检验和推动的。凡是新型武器装备的推出，都应将试验鉴定、在役考核纳入演训计划，在近似实战条件下检验性能、打出边界、摸清底数，找准非对称优势所在，更好发挥在战斗力生成中的引领作用。三是靠训练推动装备体系配套建设。现代战争是体系与体系的对抗。要依托重大演训加强装备体系运用检验，探索高低结合、新老搭配、优势互补的编组模式和运用方式，最大限度发挥综合作战效能，推动建立陆海空天电网多域融合、侦控抗打评保协调匹配的现代化装备体系。四是靠训练实现人与武器最佳结合。武器装备信息化智能化程度越高，就越要在实战化训练中大胆操作、大胆使用，在复杂战场环境和高强度对抗条件下摔打磨炼，让官兵更加熟练掌握和使用手中武器，这样才能真正实现"人剑合一"的至高境界。

第三节　切实发挥党委聚力备战打仗的核心领导作用

习主席指出，"实现党在新时代的强军目标、把人民军队全面建成世界一流军队，必须扭住能打仗、打胜仗这个关键，在备战打仗上有一个大的加强"①。党委班子作为作战指挥的核心，必须保持首位首抓的强劲态势，统一思想认识，立起实战标准，夯实训练基础，深入纠风除弊，以舍我其谁的政治担当、有我无敌的打赢底气、逢敌亮剑的昂扬士气锻造制胜未来战场的过硬本领，努力提高新时代人民军队备战打仗能力。

一、提升思想站位，强化备战打仗的责任担当

抓好备战打仗是党对军队打胜仗的职能要求，也是各级党委的第一要务，必须常态备战、常备不懈，才能稳一域、控一方，更好履行新时代使命任务。

准确把握形势任务高位立局。形势决定任务，安全需求牵引军事斗争准备。面对国家安全环境的深刻变化，面对强国强军的时代要求，各级党委必须正确认识和把握我国安全发展大势，强化忧患意识、危机意识、打仗意识，扎扎实实做好军事斗争各项准备工作。坚决贯彻习近平强军思想，站在随时能打仗、打胜仗的高度筹划工作，真正把新时代军事战略思想立起来，把新时代军事战略方针立起来，把备战打仗指挥棒立起来，把抓备战打仗的责任担当立起来。要从维护核心、听从指挥的高度，用习近平强军思想指导实践、谋划建设。聚焦备战打仗，科学制

---

① 《新华月报》编：《新中国 70 年大事记（1949.10.1—2019.10.1）》（下），人民出版社 2020 年版，第 1817 页。

定年度军事训练"路线图""施工图",抓好部署决策的贯彻落实。同时,还要紧紧围绕这张"蓝图",进行细化分解,一项项精准对焦,一项项细化落实,确保军事斗争准备在基层落地落实。

紧盯有效履行使命多维发力。军队履行职责使命,最关键的是加快战斗力生成、提升打赢能力。军队只有两种状态,就是打仗和准备打仗。各级党委在抓备战打仗工作中承担着主体责任,必须真谋打仗的事情、真抓打仗的问题、真做打仗的准备,带头练就能打胜仗的过硬本领,积蓄带兵打仗的底气资本。坚持问题倒逼牵引,对照"五个不会""二八"现象等问题,深入查找备战打仗短板,有效根除"仗打不起来"的麻痹思想、"不研究对手"的消极态度、"轮不上自己"的懈怠情绪,着力解决战斗力标准不高、战斗队思想不牢、战斗员属性不明等矛盾问题,切实把心思和精力向提高胜战能力聚焦。要瞄准强敌,深化研究对手联合作战指挥体系力量运用、战力分析等问题,从熟悉对手入手,研究应对强敌策略。注重研究学习先进的实战经验,结合使命任务,梳理重难点问题,逐个问题研究,逐项难题攻关,深入探索联训联战方式方法,进一步找准融入体系、支撑体系的实现路径。

着眼锻造过硬基层精准施策。新修订的《军队基层建设纲要》紧紧围绕备战打仗规范基层建设,着眼确保基层一切工作为打仗服务,旗帜鲜明地把战备工作摆到基层工作首位,立起了基层建设的打赢指向。各级党委要将备战打仗作为基层建设第一要务,坚持战斗力标准,强化战斗队思想,把备战打仗指挥棒在基层牢固树立起来,严格按照能打胜仗要求筹划、指导、检验基层各项建设。坚持实战实训,扎实抓好针对性适应性训练、新装备新力量训练和极限训练,通过把每一个科目、每一型装备、每一类作战要素训全训精,使打仗的准备实起来、标准硬起来、能力强起来,以此提高训练实战化水平。要带头研究军事、研究战争、研究打仗,坚持向按纲施训、依法施训、科学组训要战斗力,广泛开展群众性练兵比武活动，真正把基层锻造成为召之即来、来之能战、战之必胜的精兵劲旅。

二、聚力提质增效，增强研战务训的行动自觉

实践证明：只有备战能战胜战，才能止战。培养官兵研战务训的行动自觉，就能时刻盯住战场、进入战位，人人真想打仗、真备打仗，始终以临战状态抓实作战准备，以实战要求深化训练演练，以胜战标准恪尽务战职守，真正让备战打仗成为部队上下的思想共识和价值追求。

营造浓厚氛围抓训。部队打胜仗，党委是关键。各级党委要集中精力、聚焦用力，营造上下齐抓、共同进步的氛围，形成党委统揽抓战斗力的强劲态势。切实发挥党委在作战准备中的核心领导作用，坚持用战斗力标准凝聚共识，用丰厚的优良传统强化战斗精神，做到不管形势如何变化，都一如既往地把作战准备往前赶、往实里抓。坚持用鲜明的政策导向强化落实训练，党委定期议战议训，常委班子带头参训，严格训练奖惩，自觉以强烈的"本领恐慌"来一场大学习大练兵，带头学习军事、研究战争、备战打仗，提高战略素养、战役指挥和战术行动能力，以上率下持续激发官兵火热的练兵动力和旺盛的战斗精力。

坚持问题倒逼促训。必须对照军事斗争准备需求，认真梳理各个专业、各个岗位战斗力进程中的重难点问题，进一步分解任务、明确责任、定出时限，用倒逼的方法搞好攻关。突出打牢基础，科学筹划训练阶段，从细制订训练计划，从基本体能、基本技能、基本战术抓起，提高基础课目合格率、优秀率。突出研透难题，抓好重难点问题研究，把作战行动研究分解转化为年度训练课题，逐级展开作战编组训练和专攻精练；突出改革创新，大力提高信息化条件下备战水平，及时推广分级分类、联合训练改革成果，推进组训模式创新发展，促进训练水平不断

提升。

强化用人导向励训。决胜未来战争的关键除了武器因素，最重要的是靠人才。要严格落实"善谋打仗"标准，坚持练兵打仗第一能力，坚定练兵打仗选人用人导向，让谋打仗、敢打仗、能打仗的官兵有机会、有作为、有地位。紧盯岗位要求练将练官，大力开展"常委车""常委炮"训练，军政主官当好训练"排头兵"，严格按要求落实机关和分队军官训练，做到考部队先考班子、考机关、考干部；大力开展岗位练兵活动，大胆放手历练人才，促进其在谋划全局、担当重任中增智强能。进一步完善干部成长机制，注重在训练实践中培养和考察识别人才，把军事素质和训练实绩、训练作风纳入干部考核任用评价体系，发现、培养、选拔好打仗急需的人才；立足岗位实际强化引领，实行训练实绩、训练作风与单位、个人的切身利益挂钩，在单位评先创优、个人晋升职务上实行"一票否决"，以此激发官兵研战务训的热情。

三、坚持从严治训，提高战之必胜的打仗本领

作风连着战斗力，训风不正是对官兵生命、对未来战争极大的不负责任，危害甚深。对各级党委来说，不仅要把改训风作为改作风的着力点，通过改训风推动军事训练转变，还要主动对标来一场思想观念的大转变、问题积弊的深纠治，为提高部队战斗力提供坚强有力保证。

端正训练指导思想。训练作风问题，其根子是思想作风问题，说到底是随时准备打仗的思想树得不牢。必须从深化思想认识入手，加大学习教育和引导力度，从根本上打牢改进训练作风的思想基础。认真学习领会党在新时代的强军目标的重大意义、丰富内涵和本质要求，自觉把投身军事训练作为实现强军目标的具体实践，把改训风作为确保听党指挥、能打胜仗、作风优良的实际行动，用好的训风保证和促进军事训练的有效落实，催生和提高部队履行使命任务能力。大兴求真务实之风，

大抓领导作风转变，尤其要注意端正各级领导机关特别是领导干部的政绩观，树立正确的训练指导思想，努力提高各级领导机关谋划决策水平，保证提出的思路、部署的工作落得下、行得通、推得动，始终经得起实践和历史的检验。

明晰战训一致标准。军事训练是未来战争的预演。要坚持把战斗力标准作为衡量军事训练唯一的根本的标准，按照"真、难、严、实"的要求抓好实战化训练，以优良的训风确保战斗力标准立起来、落下去。深入研究信息化条件下体系作战的特点规律，准确把握作战任务和作战对手的发展变化，做到仗怎么打兵就怎么练，打仗需要什么就苦练什么，部队缺什么就精练什么，坚决防止和克服练为看、演为看甚至以牺牲战斗力为代价消极保安全等不良现象。平时的训练和演习中，按照严于大纲、高于大纲的标准抓训练，紧贴使命任务设置训练内容，紧贴实战环境设置训练条件，让部队在应对各种难局、险局、危局、变局中提升打仗本领，确保战时处变不惊，立于不败之地。

破除演训"和平积弊"。坚持以整风精神纠治备战打仗中的顽瘴痼疾，坚决破除备战练兵不实之弊，切实净化实化演训场、考场，最大限度做到真枪实弹、真训实练。采取教育引导、全面检查、跟进督导、严格执纪等手段，标本兼治、综合施策，着力解决深层次矛盾和问题，营造有利于培育优良训练作风的良好环境。坚持完善规章制度，针对部队训风演风存在的问题和苗头，研究制定预防和惩治的具体办法，铲除训练中不正之风滋生蔓延的土壤；推行训练责任制，明确各级党委特别是领导干部组织训练的具体责任，实现教育、训练、管理的统一，责任、权力、利益的统一；加强训练监察，深入一线督导各级按纲施训、依法治训，对训风演风方面存在的问题，发现一起查处一起，坚决防止和克服基础训练不扎实、战术训练不落实，演习演练摆样子、联合训练花架子等以牺牲战斗力为代价消极保安全的不良现象，真正

图为 2020 年 9 月 1 日，第 77 集团军"金刚钻"红军旅在高原演训场开展主题教育。　（苏轶摄）

做到打赢先打假、治训先治虚、求胜先求实，确保军事训练在科学轨道上健康发展。

第四节　以战中抓建引领基层抓建为战

当前，周边形势日益严峻复杂，部队备战打仗任务艰巨繁重，兵力运用趋于常态多样，"平时"的概念逐渐淡化，"战时"的定位更加凸显，平战转换界限越来越模糊。在常态战备背景下建设基层，必须认真贯彻"以战领建、抓建为战"的指导遵循，积极走开战中抓建新路子，着力夯实战斗力生成根基。

一、抓建理念向"务战"强化

战中抓建贯穿我军从小到大、由弱到强的战斗岁月。革命战争时期，面对敌人的围追堵截，官兵"上马能打仗、下马学文化"；抗美援朝时期，在硝烟弥漫的战场环境下，连队党支部利用战斗间隙召开会议，都是战中抓建的生动写照。新形势下，随着部队由训练型向任务型转变，一些基层单位限于惯性思维和陈旧模式，在执行任务中分散了抓建精力、弱化了基础工作，就是因为没有把战中抓建落到实处，既丢失了老传统，也滞后于新时代，本质上是一种和平积弊，迫切需要在头脑里动手术，破立并举凝聚抓建共识。破"平时"立足"战时"。严格意义上说，部队只有打仗和准备打仗两种状态，平时就是准备打仗之时。无论形势如何变化、任务怎么转换，都必须强化战时思维，保持临战状态，坚决摒弃惯性思维、常态思维、和平思维，以打仗的标准来审视、牵引、检验、评估各项建设，努力使心思精力回归战位、各项工作聚焦战场。破"静态"走向"动态"。"静态"模式容易把战与建相互割裂，突出表现是单纯在"营区里搞建设"、只会在"战场上抓准备"，斩断了战斗力生成的完整链条。战中抓建必须立足于战，紧贴实战背景、紧盯战场环境、紧跟任务进程抓经常打基础，真正实现建得硬、打得赢动态衔接。破"固有"依托"现有"。部队执行任务中，既有动的特征，又有散的特点，更有战的特情，人员集中难、资源整合难、制度执行难，战中抓建必须直面这些问题考验，大胆跳出按部就班的固有模式、机械呆板的路径依赖，立足现有条件、现地资源、现实情境强基固本，确保任务执行到哪里，基础建设就融入哪里。

二、抓建重心向"联战"聚焦

现代战争无战不联、无联不胜，加强基层建设重点要在"联"字上打开思路、扭住关键。同时也要看到，联合不是简单机械的叠加，而是由表及里的重塑，必须着眼构筑"命运共同体"，坚持软件硬件齐抓并进，努力推动从"形联物联"到"神联魂联"。积极打造联合文化。文化的构建是一个长期积累的过程，讲清道理容易，引起共鸣困难。要把强化联的意识、培育联的理念、提高联的认知作为关键，大力发扬我军服从大局、牺牲小我的优良传统，反复灌输团结协作、密切配合的制胜机理，特别是坚持在遂行任务中强化共同担当，在并肩作战中催生联合情感，真正打破本位主义，使联战联胜根植内心、形成自觉。锤炼提升联合能力。前提是技术上联，依托现代通信手段，大力研发基于作战单元的一体化指挥平台，努力实现情况能感知、态势能共享，打通末端指挥通信链路；关键是战术上联，坚持把遂行重大任务作为"磨刀石"，组织各作战单元对接目标任务、对接行动计划、对接问题需求、对接协同模式，在实践中夯实联合制胜能力基础。大力培育联合人才。一方面是"请进来"教，善于借助机关院校、科研单位力量，把一线指挥员作为主体，灵活组织短期培训、岗位交流；另一方面是"送出去"学，结合任务急需急用，主动到驻地周边军兵种跟学跟训；再一方面是自主性抓，发挥考核使用等牵引作用，激励一线官兵学习联合知识、补齐能力短板，打造"懂军种、通联合、会操作、精指挥"的人才方阵。

三、抓建内涵向"为战"对标

习主席指出，"过去我们钢少气多，现在钢多了，气要更多，骨头更要硬"①。这个"气"，是听党指挥的心气、不怕牺牲的胆气、纪律严明

---

① 《习近平新时代中国特色社会主义思想学习纲要》，学习出版社、人民出版社2019年版，第193页。

的正气，生动刻画出打仗部队的样子。基层是部队战斗力的基础，抓建基层也必须时刻瞄准这个样子，特别是要深刻把握现代战争的特点规律，找准凝神聚气的目标指向和着力重点，真正为制胜打赢提供坚强保证和可靠支撑。聚焦听党指挥铸忠诚。基层长年处在对敌斗争最前沿，面对作战地域的敏感性、战场态势的复杂性、强敌对手的多样性，贯彻党指挥枪需要强化看齐追随和号令意识，坚决做到说打就打、让上就上、叫停就停；更要时刻保持思想敏锐和头脑清晰，善于从政治上把关定向，把党的政策主张落实到用兵一线，确保军事服从政治、战略服从政略。聚焦智勇双全砥血性。战斗血性集中表现为一不怕苦、二不怕死的精神，是永不卷刃的制胜刀锋。但也要清醒认识到，信息化战争"键对键"逐步代替"面对面"，以快吃慢、以明制盲、以远打近、以点瘫体等成为新的作战要素，砥砺战斗血性必须跟进拓展内涵和外延，既要聚胆气，更要增智力，既要练意志，更要强心理，提升官兵对复杂态势的感知力、对艰苦环境的耐受力、对应激行为的控制力，真正做到有胆有识、有勇有谋。聚焦令行禁止严纪律。战场上最需要铁的纪律，但培塑纪律绝不能等到上战场。要针对新时代官兵自我意识强、集体观念弱，民主意识强、服从观念弱等特点，坚持从令行禁止点滴强化，从言出法随规范约束，特别是对官兵的违纪行为，敢于动辄则咎，坚决不搞法不责众、不搞下不为例，以严的手段锻造过硬部队。

四、抓建模式向"实战"延伸

当前，面对波谲云诡的安全形势，基层部队常态外出执行任务，独立远离机关，"动"更加鲜明；作战单元打乱原有建制，人员机动混编，"散"更加凸显。加强基层建设必须深刻把握"体系"与"任务"、"刀背"与"刀刃"的关系，把战和建融为一体抓，努力实现人动而心不动、形散而神不散。强固一线"堡垒"。基层党组织是党在军队的神经末梢，组织强则基层强。战中抓建要扭住临时党组织建设不放松，注重在权责界面上建章立制，压紧压实其建设管理责任，突出增加奖优罚劣、立功入党等话语权重，推动树牢阵地意识、破除临时观念；注重在规范运行上积极探索，创新动散状态下召开会议形式，规范紧急情况下议事决策方式，切实让党的领导一以贯之。强化工作运行。坚持一切工作向打仗聚焦，按照对战斗力的贡献率统筹各项建设，认真梳理整合经常性基础性工作，区分轻重缓急、把握主次顺序，既不能"眉毛胡子一把抓"，更不能"捡了芝麻丢了西瓜"。针对官兵值更执勤、教育训练、休息娱乐全时并行的特点，建立规范性、灵活性相统一的运行机制，确保各项工作有序运转、高效落地。强力自主抓建。针对任务转换频繁、工作节奏加快，积极发挥主观能动性，把基础工作落实在战斗任务中、联合训

图为陆军第 83 集团军某旅"红一连"官兵在演训场上开展"月评六名优秀共产党员"活动。

(张增岩摄)

练中、战斗间隙中、前沿阵地中，以短平活应对快节奏。用好新时代"双争"重要载体，区分不同层级、类型、状态，建立完善表彰奖励体系，将参加重大军事行动经历、备战打仗实绩与个人成长进步挂钩，激励广大官兵立足岗位、建功战位。

第九章

和平年代军队必须破除和平积弊

第一节　不忘初心使命　时刻准备打仗

全党全军开展"不忘初心、牢记使命"主题教育，习主席在主题教育工作会议上发表重要讲话，提出了"守初心、担使命，找差距、抓落实"的总要求。对于军队和军人而言，"不忘初心、牢记使命"，最根本的就是要抓实练兵备战，真想打仗的事情，真谋打仗的问题，真抓打仗的准备。

一、真想打仗的事情

无论领导干部还是普通一兵，无论基层官兵还是机关干部，第一身份都是战斗员，第一要务都是备战打仗，第一职责都是能打胜仗，都应当自觉把全部心思精力聚焦到备战打仗上来。

一是校正价值追求。士兵应征入伍，穿上军装，拿起武器，接受训练，以及睡眠、吃饭、喝水、行军，这一切都只是为了在适当的地点和适当的时间进行战斗。穿上军装，首先要知道我是谁、为了谁，为何扛枪、为谁打仗。如果把从军当就业、把部队当跳板，只想到军营镀镀金、学技术、赚取政策优待，只琢磨提职晋升、只考虑福利待遇，脑子里装满"进城、安家、名利"的人生规划，这样的军人怎能匹配军人的职责和荣光？对比"扫雷英雄"杜富国、为国守岛32年的王继才、隐姓埋名33年的柴云振、深藏功名60年的老英雄张富清、一辈子坚守大漠罗布泊做核试验的将军院士林俊德，想一想我们该有什么样的使命追求，什么才是革命军人应该推崇的人生价值。

二是树牢打仗意识。中华民族从来都不是一个好战的民族，中国自古以来讲究"仁义之师""仁者无敌"，崇尚"不战而屈人之兵"，对于道义的追求远胜于对于军事实力的重视。然而，近代中国遭受了西方列强多次侵略，一度沦为半殖民地，山河破碎、哀鸿遍野、民不聊生。对此，习主席深刻指出："现在，虽然维护国家安全的手段和选择增多了，我们可以灵活运用、纵横捭阖，但千万不能忘记，军事手段始终是保底的手段。"[①] 应该看到，我国当前安全环境复杂，我们没有理由以天下无贼自欺，没有借口忘战怠战！

三是强化职业精神。军人就是要务军、就是要打仗，带兵打仗、准备打仗是军人天经地义的职业精神。中国自古以来是农耕社会，历史上，除三国两晋实行"世兵制"（即父子世代为兵）、明朝实行"卫所制"（兵士应征后获得军籍，世代为军人），其余朝代大部分实行"征兵制""府兵制""募兵制"，即平时为民、战时为兵，平时务农、战时出征。农民阶级一直以来以"拿起枪能打仗、扛起锄头能种地"为自豪，这在革命战争年代是优良传统，其中联系群众的一面要坚持，但专心务军的精神还需要大大加强。近年来，军队全面停止有偿服务，面向全国招聘文职人员等，其根本目的就是进一步剔除军队的非打仗职能，让军队和军人回归主责主业，打造真正的现代化、职业化军队。对于职业化，我

---

① 《习近平关于总体国家安全观论述摘编》，中央文献出版社2018年版，第52页。

们要多想一想职业化以后更高的岗位要求，想一想职业军人应有的职业道德、职业精神、职业操守，真正恪守忠诚、服从、精武、奉献等天职本分，把自己的青春热血毫无保留交给国家、交给军队，锻造新时代大国军人的好样子。

四是做到中心居中。对军队而言，备战打仗才是真正的"当务之急"。一支军队的心思和精力一旦偏离打仗，搞形式主义，搞文山会海，一切工作都将变得毫无意义。这样的事干得越多，就越分散用于主责主业的精力，对部队的干扰就越大，对战斗力建设的损害就越大。此外，作战训练是部队的基本实践，既直接关系战斗力提升，又是重要的治军管理方法，抓住中心才能够带动全盘、促进全面发展。事实证明，训练抓得越狠、管理教育抓得越严，全局工作就越主动、越有成效。相反，如果不抓中心、不抓训练备战，即使一时保持了安全，但终究要出事。强调中心居中，就必须把学军事、议中心、练精兵作为党委经常性议题，保证各项工作围绕中心展开，用中心工作的成效来检验和衡量。

二、真谋打仗的问题

这本事那本事，领兵打仗才是真本事。我们要少一些职级岗位、车子房子的焦虑，多一点能力素质的恐慌，真正沉下心来把本职工作干扎实，把打仗本领练过硬。

一是坚持作战牵引。《庄子》中讲到一个故事：一人耗尽千金家财学得屠龙之术，周游天下却无用武之地。这位"屠龙先生"失败的根本原因，在于没有弄明白"需求牵引"的道理。试想，没有"需求"，何来"市场"？龙本身不存在，练屠龙术又有何用？习主席指出，"要坚持仗怎么打兵就怎么练，打仗需要什么就苦练什么"①。准备明天的战争，必须首先弄清楚，未来打什么仗、什么时候打、跟谁打、在哪打？唯有如此，才能真正把今天的备战对接明天的战场。

二是深入学习研究。刘伯承元帅一生不抽烟、不喝酒、不喜娱乐，一心钻研打仗。他利用作战和工作间隙，翻译了大量苏联军事书籍，陈毅称其为"论兵新孙吴，守土古范韩"。粟裕将军一辈子最大的爱好就是观地形、看地图，家里的客厅就有一个大沙盘。从 1946 年 7 月到 1947 年 9 月，短短 15 个月，粟裕将军率部完成 6 次大的战役，中小战斗不计其数，使整个华东战区成为牵制、消灭敌军最多的战区。经常彻夜研判战势、研究对手，是他所向披靡的"秘籍"之一。运筹帷幄、决胜千里，是指挥员应有的风范、本领。这种本领，来自实践、历练、思考、智慧、胆识的综合作用，更来自平时的学习积累。

三是坚持问题导向。海湾战争结束后，美国五角大楼在《海湾战争——美国国防部致国会的最后报告》中，对战场成功和军事优势的描述基本上是轻描淡写、一笔带过，但说到问题与弊病，则挖掘很深、概括很精、总结很细。军事学本质上就是"问题之学"，能力往往是在解决问题中提高的。战场上要想打得赢，必须在平时训练中把解决问题、破解难题作为根本，让问题在战争爆发前真正暴露和被解决。因为问题暴露在平时比暴露在战时好，暴露给自己比暴露给敌人好。问题暴露给自己，还有改正的机会；如果暴露给敌人，就要付出血的代价。

四是扭转被动状态。很多人都有晕车的经历，但司机往往很少晕车。因为司机掌控着汽车的运行状态，什么时候刹车、什么时候转弯、什么时候颠簸，他都会有一个心理预期，并提前做好准备。而乘客则只

① 习近平：《在庆祝中国人民解放军建军 90 周年大会上的讲话》，人民出版社 2017 年版，第 15 页。

能被动地接受。可见，是主动应对还是被动接受，差别十分明显。我们很多同志对练兵备战的高标准严要求很不适应，就因为是在"被动式"地承受，而不是抱着准备打仗、明天打仗的思想去主动适应。

三、真抓打仗的准备

实践证明，部队还是要练，不采取实战化练兵，不加强练兵的力度，就无法消除"和平病"。那么，如何抓好实战化训练？

一是按纲施训。要认真抓好对新大纲的学习研究，理解新精神、掌握新要求，进一步端正训练指导，做到严格施训、从严治训，大胆训练、科学训练、安全训练，把内容训全、时间训够、标准训到，坚决防止偏训漏训粗训。

二是实战实训。美军高度重视实战化训练，强调训练高于打仗，操场高于战场、严于战场。《艰难一日》这本书，记述了美军特种兵击毙本·拉登的全过程，他们在模拟训练时，设置了逼真的战场环境，小到有几个门窗、门窗开的方向都与现场完全一致，还进行了千百次的严格训练，正是这种高度实战化的训练，确保了袭击行动一举成功。这告诉我们，抓战斗力必须把实战的要求作为训练的标准，做到平时像打仗一样训练、战时像训练一样打仗。

三是领导领训。练兵先练将，练好自己才能带好部队。如果战场上指挥员的判断错了，胜利的希望就变得渺茫，这时候只能靠浴血奋战的士兵来力挽狂澜。特别是部队编成向合成化、多能化、小型化发展，未来作战模式趋向于大背景、小规模、全体系联合信息化作战。战场形势瞬息万变，营长、连长甚至班长的指挥应变和战场控制能力，都是需要加强锻炼的重点。各级干部骨干必须始终在心里装着明天的战场，主动去学习思考，主动去设计训练，这样才能在未来战争中掌握主动权。

四是严格督训。2019 年，中央军委发布《军事训练监察条例（试行)》，拿出了坚决纠治与实战要求不符的刚性措施。我们要以此为遵循，坚决根除"不从实战要求出发，不惜以降低训练标准质量来消极保安全"等不正训风，切实在提升训练质效上求突破。

五是以考促训。上面怎么考，下面就怎么练。要进一步严格训练考评，完善训练成绩登记统计，建好用好训练成绩档案，坚决杜绝打人情分、面子分、模糊分，着力纠治虚假慵懒等问题，确保训和不训不一样、训好训差不一样，以实战化考评倒逼实战化训练。

第二节　戚继光大破"和平积弊"强兵胜仗启示录

党的十八大以来，习主席对军队强调最多的就是能打仗、打胜仗，强化了人民军队的根本职能，抓住了强军兴军的根本指向，为适应国家利益拓展、应对复杂安全形势、有效履行我军使命，指明了前进方向、提供了根本遵循。在古代的将领中，戚继光是战神级别的将领，没有打过败仗；戚继光的民族精神具有丰富的内涵和深远的意蕴，值得总结和弘扬。今天，戚继光当年破除明末官军中"和平积弊"的做法，对提高备战打仗能力、传承民族精神仍有着重要启示。

一、戚继光以心忧天下的江山情怀去积弊，主张"封侯非我意，但愿海波平"，体现了崇高的报国精神

"天下兴亡，匹夫有责"，是我们民族的伟大传统，每一个具有忧患意识的军人都会有这种情怀。一支伟大的军队无不蕴含着时代的抱负，具有经略天下，魂系国家兴亡、民族安危的责任。军人倘若缺乏与时代同生死、共患难的深刻情怀，怎么可能用刺刀和鲜血去思考国家和民族的安危存亡？

"兵魂销尽国魂空"。纵观历史兴衰，军人不仅维护着国家安危存亡的战略底线，也担当承载国家民族精神魂魄的重任。军人的骨头从来不是用来支撑名与利，而理应是屹立不倒的伟岸山脊。所谓"乱世浊流""政治雾霾"，都是意志不坚者逃避责任的"遮羞布"。戚继光之所以在沉沉暮气之中，逆势崛起为我们民族精神的象征、军人的典范，其核心就在于具有浸入灵魂的江山意识。

心忧天下江山情怀，未敢忘危负岁华。"南倭北虏"，即东南沿海倭寇侵扰和北部边境蒙古骑兵袭扰，是长期困扰明代的两个国家重大安全问题。歼灭倭寇、保卫海疆、平定北虏、保卫边疆，成为当时的国家重任。在抗倭战事频仍的形势下，戚继光怀着"封侯非我愿，但愿海波平"的热血壮志，走向抗倭前线。"每经霜露候，报国眼常明""遥知百国微茫处，未敢忘危负岁华"，在这些爱国诗作中，唱出以身许国的爱国激情、凛然正气和矢志报国的崇高品质。在《告景忠山三忠祠》一文中，戚继光对诸葛亮、岳飞、文天祥三位民族英雄的精神给予高度评价，表达了对"三忠"的敬仰之情，抒发了自己捍卫边疆、精忠报国的宏图大志。戚继光说"为将恨无志，志定即如此种"，立志向就是要将"艰苦利害死生患难，都丢一边"，像种子一样生根发芽，创建功业，杀尽倭寇，为民族为国家作出自己的贡献。戚继光历经嘉靖、隆庆、万历三朝，史称"三朝虎臣"，征战 42 年。"一年三百六十日，多是横戈马上行"，这正是戚继光为国为民鞠躬尽瘁的军旅生涯写照。

面对东南倭患，戚继光的战略指导思想是"善立功者，荡一方之寇而平之"，积极主动、锐意进取，具有强烈的主动担当精神。戚继光主动出击，先后在浙江、福建、广东三省转战 10 余年，平定自元朝末年以来侵扰中国沿海达 200 年之久的倭患，使万里海疆重得安宁。镇守蓟州后，戚继光又提出"大创尽歼，一劳永逸"的战略指导思想。认为应集中优势兵力，对敌进行大规模歼灭战，消灭有生力量，定要使它"一战而心寒胆裂"，收"一劳永逸"，而不是"弥缝补苴"，偷一时之安。为此，先后完成了东起山海关，西到石塘岭两千多里长的城防工程，"修敌台、练战、营田、种树"，仅修敌台一项，共建敌台 1093 座。在军队建设上，他采取车兵、步兵、骑兵、辎重兵联合训练，协同作战，以墙（城墙）、台（敌台）、堑（战壕）综合防守的方针，全面治军，采用了各个兵种相互配合协同作战的新战术，使边塞内出现了长期未有的和平景象。戚继光改写了一个时代民族的命运、一段历史发展的走向。后人评价，"盖自东南用兵以来，军威未有如此之震，军功未有如此之奇者"。

二、戚继光以"义在沙场"去积弊，主张"艰苦利害死生患难，都丢一边"，体现了视死如归的战斗意志

一个民族如果要屹立于世界民族之林，那么遇到任何困难挑战时就不可退缩，只有这样才能维护民族生存的战略利益。

在长期的和平环境下，明军水师及沿海卫所官兵士气涣散，逐渐弱化了保卫海防的战斗力。各级官吏腐败，有的地方官员甚至包庇通倭，陷害抗倭的将领，导致倭寇越来越猖獗。北部边防力量也是渐趋削弱，根本抵挡不住蒙古骁勇善战的骑兵。在暮气沉沉的明朝军队中，贪生怕死、临阵脱逃，逃避责任、血性沦丧的积弊渐深。戚继光认为"战将"必须"明死生"，就是要把"艰苦利害死生患难，都丢一边"，将帅的人格最要紧的是不计较生死，"便能真心任事，上阵不惧矣"。身为武将，应"义在沙场"，死在战阵之间，舍身殉国，以壮士气才是军人的本色。

戚继光不仅重视"练艺"提高官兵杀敌技能，而且非常重视"胆气"，说"练胆气乃练之本也"，也就是官兵精神品质、战斗意志的培养，用尚武精神来教育官兵，在军队内培塑"将不两生、军不两存"的大无畏豪胆之气。戚继光认为军队战斗力提高要有好的武器，但是关键在人，如果没有"立得脚根定"(临危不惧、具有独胆精神)的士兵,也打不了胜仗。戚继光对官兵"胆气"培塑,不是停留在口头上,而是用实战来引领。在海门作战时,遭到倭寇午夜攀城偷袭。危急时刻,戚继光跨马飞鞭,亲自持刀与倭寇肉搏,士兵们看见主帅冲锋在前,也争先拼杀,全歼攀城之敌。将军敢横刀立马,士兵就敢视死如生,从而使冒险犯难的气概与血战到底的精神得以在部队内勃然兴起。

三、戚继光以严去积弊,主张"非严不克,非难不胜",体现了严明的治军观念

戚继光认为打仗有"算定战""舍命战""糊涂战"。"算定战",就是在作战之前,要精心谋划战胜敌人的条件和措施、策略,严格训练、准备充分。对倭作战"非严不克",必须以严训练提振战斗力,要求随时准备效命疆场,忠武尽职。练选精兵就成为戚继光治军治兵的灵魂。

治军严。针对明朝军队军纪松弛、战斗力低下的状况,戚继光制定了一系列严格、严肃的法规制度:首先是严格兵员选拔标准。戚继光不单纯依据武艺高低选拔士兵,不选"城市油滑之人"或"奸巧之人",而是选那些深知民间疾苦、对倭寇有切肤之恨的"乡野老实之人"。同时还放手让各级军官自行任命熟悉信任的下属,下级出事则由负责选拔的上级负责,既密切了上下级关系,又落实了各级军官的责任。其次,戚继光还制定了严格的考核制度来提高训练成效,定期对官兵的各项技能进行考核、记录归档,以此作为赏罚的依据。第三,为迅速扭转明军军纪涣散、临阵脱逃等顽疾,戚继光采取了现在看来很残酷的平战一体的"连坐法",规定战时一人退却斩一人,全队退却斩队长,队长战死全队退却则全部斩首。虽然"连坐法"的实施确有不人性之处,但通过实施该法,戚继光整肃了军纪,"戚家军"全体官兵实现了"集体负责"、互相监督，很快执行命令宛若一人。①

赏罚严。这是严明军纪的前提，也是建设精锐之师的"要柄"。戚继光主张赏罚要公正，赏不避仇，罚不避亲，指出："凡赏罚，军中要柄。若该赏处，就是平时要害我的冤家，有功也是赏，有患难也是扶持看顾；若犯军令，就是我的亲子侄，也要依法施行，决不干预恩仇。"从来兵家都重视战时奖惩，强调要作战英勇、临危不屈。但是戚继光不限于此，对平时训练赏罚也高度重视，制定出赏罚分明的措施，对训练刻苦、武艺精通者或者遵守军纪者也给予重奖，而对训练懈怠、技能生疏者则予以严惩。

军纪严。战场决胜离不开严明的纪律保证。生死与共、高度凝聚的团结精神，离不开高度严明的军纪。如果士兵仅有杀敌本领，而缺乏严格军纪约束，这样的军队也将难以与强敌较量，担当起打硬仗、恶仗的重担。戚继光强调军纪严明与训练严格不可偏废，必须同时并举。为此，制定了一系列纪律条款，以法治军，要求"人人知我之令"。这实际上为奋勇争先、不畏艰难，争取最终胜利奠定了坚实基础。

四、"和平积弊"，表现在于学花法、练花枪，"徒支虚架，以图人前美观"，脱离战争实际。戚继光以实功报国去积弊，主张"干实事，图实战"

虚弱总是用谎言来打扮自己。明代中晚期军队战斗力弱，训练虚假，脱离实战是重要原因。军队内部弥漫着一种求粉饰（喊口号）、繁辞章（军八股）、讲虚文（说假话，"黄豆大的核说成西瓜大的壳"）的风气，靠相互欺骗维持着"面子上"强大而实则已摇摇欲坠的江山社稷。

---

① 袁育明：《常胜"戚家军"的五条秘诀》，《中国国防报》2018 年 3 月 29 日。

隆庆四年（1570年），戚继光召集部将来镇府讲述蓟镇边防要领时说："干实事，图实战、实功，以报国耳。"要求部将从实事做起，谋求实战中建立功勋，实现报效国家的目的，不能搞花拳绣腿，不能做表面文章。

实话实说。戚继光改变虚假的恶习，正是从改变讲话的风气开始，要求"凡有疆场之责者，遇命令、咨询，必是曰是，非曰非，某事不宜行，某事力不能行，据实以对"，不能为了取悦迎合上面而说假话。言为心声，言不实后面是虚心假意。军人的语言是战斗的语言，追求真理、真相的语言。然而很多时候，我们已经背上不会讲话的包袱。每一次破除"和平积弊"，都是从讲话开始。抗日战争时期，毛泽东就批评那些僵硬呆板、虚空的文章是"空话连篇，言之无物；装腔作势，借以吓人；无的放矢，不看对象；语言无味，像个瘪三；甲乙丙丁，开中药铺；等等"①。

实敌本事。戚继光强调"兵事须求实际"，任何军事训练都要注重实际以贴近实战，贴近实战以讲求实效。还认为"花法，不惟无益，且学熟误人第一"，"要俱照示学习实敌本事，真可对搏打者，不许仍学习花枪等法，徒支虚架，以图人前美观"。任何一项军事活动，都是为了打赢战争，所以练兵必须讲求实战实效。

实战标准。戚继光在训练中建立了严格的实战标准。战术训练、兵器训练以及训练难度等都要符合实战需要，"临阵行不得的，今便不操；器械不是临阵实用的，不做与你领；不是临阵实用的舞打之法，不使你学"。认为那些"如至临阵，全用不对"的"器技舞打使跳之术"应该通通舍弃。他指出，"各色器技营阵杀人的勾当，岂是好看的"。有此练为战，自然让倭寇闻风丧胆。

---

① 《毛泽东选集》第三卷，人民出版社1991年版，第833—840页。

五、戚继光以改革创新去积弊，主张"旧可用者更新之，不堪者改设之，原未有者创造之"，体现了勇于创新的精神

战争胜负，既决定于战场，也决定于改革。军事领域往往是最需要充满创新精神的领域。沿袭传统、保持稳定的代价就是军队失去了战胜对手、赢得战争的能力。一支军队失败的命运其实在走向战场前就已经决定了。从东南抗倭开始，到平定北虏，戚继光开始了明朝历史上少有的大规模全面改革创新，前所未有地提出"旧可用者更新之，不堪者改设之，原未有者创造之"。唯改革才是赢得战争的重要途径。军队改革从来不是靠简单复制、模仿以往的经验，它必然要求在编制形式、制度模式、兵器装备、作战方式上实现创新，才能脱胎换骨，实现作战能力的提升突破。

练兵方法的系统创新。练兵是军队建设的关键，是一切军事活动的开端。戚继光把练兵方法概括为五个部分：练伍法、练胆气、练耳目、练手足、练营阵。"练伍法"指挑选士卒、编组部队的方法，主要按照积极防御的战略，把骑兵、步兵、车兵、辎兵分开，制定不同的编制，单独进行训练，待各兵种训练结束，统一部署进行联合演练。"练胆气"指思想教育，主要从两方面抓起：将吏作为管理者，要了解士卒的心理，关心士卒的生活；士卒的言行举止，必须符合有关规定。"练耳目"指通过专门训练，使士卒辨别指挥工具，熟悉指挥信号。"练手足"指军事技能和体能训练，以技能训练为核心，有严格的考核标准。"练营阵"涉及队列训练、行军宿营、野外扎营、作战指挥问题，包括"场操""行营""野营""战约"等项目。这样从选择士卒、组编队伍，到行军宿营、指挥作战，构成体系化的练兵方法。

组织编制创新。不用明军旧制，而是建立以队、哨、营等组织和调度都很灵活的新编制。招募来的士兵和军官按照营、司、官、哨、队严

密组织起来，一级节制一级，级级相制。这样指挥员就能实施有效的指挥，指哪儿打哪儿。军队的组织编制要适应战斗队形的需要，打仗需要有什么样的战斗，就要有与这种战斗队形相适应的编制。战斗队形的变化也要在编制的伍法中进行，如鸳鸯阵的小队，也可以变成大小三才阵和两仪阵。这种编制和队形相一致的最大好处是便于管理、便于训练、便于协同作战。平时一个队在一起生活、训练，使队长了解士兵，士兵也互相熟悉，到打起仗来就能密切协同，形成整体战斗力。

火器技术发展创新。戚继光认为："器械不利，以卒予敌也；手无搏杀之方，徒驱之以刑，是鱼肉乎吾士也。"他非常重视火器技术并对火器技术的发展作出了重要贡献。1517 年至 1522 年，明朝军队从葡萄牙人那里缴获了佛郎机。此后，明军对佛郎机进行了大量仿制。但是戚继光不仅仅是停留在仿制、模仿的阶段，而是敢于大胆创新。到蓟镇以后，戚继光发明了以虎蹲炮、"无敌大将军"炮、"三飞"炮、"钢轮发火"炮为代表的众多火器装备。戚家军成为明军中火器配备比例最高的部队。

300 多年前，戚继光面对倭寇肆虐，成功破除"和平积弊"，力挽狂澜、荡尽强敌。300 多年后，面对日军挑衅，北洋水师难以摆脱"和平积弊"的陈规陋习，优势尽失、全军覆没，山河泣血。今天的中国军人，一定要强化"拖不得""虚不得""慢不得"的忧患意识，全心全意抓武备、练打赢，全力锻造召之即来、来之能战、战之必胜的过硬力量。

第三节　破除和平积弊须从"平时"做起

和平积弊是战斗力致命的腐蚀剂，累积在平时，渗透到备战打仗的方方面面；流弊于平时，贻害至制胜打赢的招招式式。破除和平积弊必须从"平时"做起，以整风精神挖根刨底、祛疾除疴、革弊鼎新，不断固牢"主战"的意识，砥砺"敢战"的血性，锤炼"务战"的作风，增强"善战"的本领，切实向新时代强军备战交出优秀答卷。

一、思想偏移在平时，须从平时纠偏正向清源除淤，树立练兵备战的鲜明导向

思想的锈蚀比枪炮的锈蚀更可怕。练兵备战工作紧不起来、实不起来，思想根子是不少官兵得了"和平病"，以不打仗的心态做打仗的准备。破除形形色色的和平积弊，从平时做起根治思想上的"和平病"是首要，必须进行思想大清理，树立躬身练兵、矢志备战的思想标高。

一是笃定信仰，立好纲魂。要坚定对习近平强军思想的信仰，始终把习近平强军思想作为根本的制胜之道，高举习近平强军思想这面旗帜不动摇，立好部队建设的"魂"、指导各项工作的"纲"，确保练兵备战始终沿着中国特色强军之路砥砺奋进。

二是保持初心，担当主责。长期安享太平，"生活味"冲淡了"硝烟味"，少数官兵丢掉了"军人生来为战胜，战士就该上战场"这个初心，把战斗的战位当成谋生的岗位，心思不在练兵、备战不在状态，"熬混等"仍有迹可循。这种认知上的走偏往往带来思想上的麻痹和精神上的萎靡，必须从唤醒军人初心入手，把使命责任深植于心、付之于行。要把练兵备战作为党委第一要务、主官第一责任，全力以赴解决"为谁扛枪""为谁打仗""当兵为什么""打仗干什么"等问题，不断牢固"部队第一属性是战斗队、军人第一身份是指战员"观念，力促决策指导、工作统筹和问题解决，始终聚焦练兵备战。

三是丢掉幻想，准备斗争。和平大环境使部分官兵只见太平盛世、不见群狼环伺，丢了"狼来了"的高度警惕，多了"打不起来、轮不到

我"的侥幸和"当和平兵、做和平官"的心态。然而，天下虽安，忘战必危。我国处于由大向强的安全高风险期，面临"修昔底德陷阱"和"树大招风"挑战，必须剔除幻想、紧绷战弦。要紧盯强敌牵制之忧、领土主权之争、民族分裂之患、周边动荡之祸和非传统安全威胁之害，明确备战没有"休息日"、练兵没有"等一等"，强化战火随时重燃、战患随时来袭的危机警惕，始终保持"明天就要打仗、今晚就上战场"的临战上膛状态。

二、骄娇滋生在平时，须从平时淬火砺锋强筋健骨，激扬血战到底的血性胆魄

气为兵神，勇为兵本。习主席强调，"军人要有血性，我说的血性就是战斗精神，核心是一不怕苦、二不怕死的精神"①。战斗精神历来是我军克敌制胜的重要法宝。事实一再证明：没有血性胆魄，光有好的作战条件也不能打胜仗。那种认为现代战争主要靠武器和技术，而不需血性的观点是错误的。新时代备战打仗，既要让部队的"钢"更多，更要注重从平时淬筋砺骨，让官兵的"气"更壮。

一是基因强心，赓续血脉。红色基因是血性的源头，优良传统是滋养血性的沃土。培养血性就要充分发挥我党我军优良传统的育人强心功能，把部队传统纂成简史学、写成教案讲、编成故事传、谱成歌曲唱、排成节目演，激励官兵从波澜壮阔的革命史、艰苦卓绝的斗争史、可歌可泣的英雄史中深刻体悟"三个不相信"英雄宣言，从战史、战例、战功、战绩中学习传承先辈先烈们视死如归、血战到底的革命精神。要在接受传统熏陶和精神洗礼中树立正确的战争观、生死观、荣辱观，把练兵备战不惜用命、临阵对敌不惧拼命、制胜打赢不辱使命的战斗基因根

---

① 《十八大以来重要文献选编》（中），中央文献出版社 2016 年版，第 203—204 页。

植于心、融入血脉。

二是典型引路，激荡血气。备战打仗必须始终保持永不懈怠的精神状态和一往无前的奋斗姿态。要注重在群众性练兵比武活动中积极发现、培养和宣传训练尖子、备战能手和打赢标兵，通过设"精武榜"、晒"新纪录"、开"报告会"，让激情练兵、笃志备战的先进人物上荧屏、进橱窗、得荣誉，让"练兵当先锋、备战打头阵"成为荣誉追求，不断增强一门心思练兵、全神贯注备战的血气豪气。应在入党入学、评功评奖和晋职晋衔等方面依规予以倾斜，亮出训练有为、备战有功的"风向标"，营造"见贤思齐、争当典型"的良好氛围，激发"有第一就争、见红旗就扛"的意气志气。

三是任务历练，砥砺血性。军人的血性不是讲出来、喊出来的，而是靠平时持之以恒、常抓不懈练出来的。要坚持把军人血性培养融入训练全程，将练心理、练意志、练品性、练胆气与练战术、练技能、练指挥、练协同有机结合，务求平时多朝气、练时生虎气、演时展杀气、战时显霸气。要充分运用重大战训活动、急难险重任务等军事实践，有意识地设强任务、设险环境、设难条件狠抓耐高寒、耐缺氧、耐低压、耐负荷训练，多层次、全方位磨砺敢打必胜的底气、舍我其谁的勇气、赴汤蹈火的胆气、所向披靡的锐气、宁死不屈的骨气，确保备战打仗过得硬、攻坚克难顶得起、危急关头豁得出、稳势控局慑得住、遏战决战打得赢。

三、虚假潜行在平时，须从平时深查严纠扶本归正，熔铸真抓实备的战斗作风

打仗是硬碰硬、狠斗狠的殊死搏杀，训练必须是真对真、实打实的厉兵秣马，唯有真训实练、真抓实备才能使胜利之树常青、让和平之花常开。

一是利剑高悬，震慑鞭策。练兵备战方面很多工作实不下去，一个很重要的原因是，有的责任不够清晰具体，有的责任明确了也没有很好落实。必须充分运用监督执纪问责"四种"形态，督促各级真正把责任扛起来、落下去。要依据新的条令条例和军事训练大纲明晰练兵备战责任，围绕职能职责详细制定具体的量纪问责清单，紧跟训练进程伴随监督、嵌入监督、自主监督，快查严查深查训练降标准、演习走过场、考评弄虚作假等损害战斗力的人和事，较真斗硬执纪问责，铁腕治训高悬利剑，警示震慑训练领域的违规违纪和倾向性问题，鞭策各级按质保量精练强训。

二是靶向发力，精准破立。问题是时代的声音，有问题并不可怕，关键要善于发现问题、直面问题、研究问题、回答问题、解决问题。只有问题查摆越深入，除虚打假才会越彻底，备战打仗才会越居中。要以"时间去哪了、人员上哪了、精力用哪了、经费投哪了"为抓手，广泛进行训练问题大检视、大查摆、大纠改，对危不施训、险不练兵，训战脱节、战建分家和演练"跑龙套""当演员"等问题，既要把表象查清楚，又要把症结分析透，还要把措施定实在，切实以问题查纠强力破除虚标准、假标准、伪标准，精准立起真标准、实标准、硬标准，推动训练回归中心、备战聚焦打赢。

三是以上率下，贯通带动。基层末端抓训务战的虚与假都能从领导干部身上找到根源，不是有意无意"惯"出来的，就是有形无形"带"出来的，上图虚名、下求出彩，上好文牍、下重文饰，上专事务、下搞折腾。风在于上，俗化于下。领导干部必须立身为旗树立标杆、当好榜样，刀口向内真查真改、立行立改，多用"显微镜"透视自身的"和平做派"，盯住主要矛盾开方下药做好主业的加法、事务的减法，根除"二八"现象、"五多"问题等顽瘴痼疾，上率下随打通铲除"文山"、填平"会海"的关键环节，以关键少数"领头雁"作用引领部队推动练兵备战往深处走、向实里落。

四、弱差隐匿在平时，须从平时固长补短精武强能，锻造胜战打赢的必杀本领

能战方能止战，准备打才可能不必打，越不能打越可能挨打。强军之强归根结底是本领之强，不战则已、战则必胜。必须从平时使气力、下苦功，强砺精武之志、精练打赢之技、厚积胜战之势。

一是胜战拷问，常存恐慌。习主席"胜战之问"是对军队根本职能的追问，更是对胜战打赢能力的拷问。必须从中深刻体悟最高统帅"为什么对胜战关切这么重""为什么对备战抓得这么紧""为什么对能战忧思这么深""为什么对实战标准这么严""为什么对研战要求这么高""为

图为 2021 年 1 月 4 日，新疆军区某团在严寒条件下组织装甲分队展开机动协同训练。（袁凯摄）

什么对联战谋得这么远""为什么对敢战强调这么多",在胜战制敌、赶超一流的压力强驱下保持本领恐慌、能力危机,经常扪心自问"带出的部队能不能上战场""上了战场会不会打仗""剑锋所指能不能所向披靡",积极查找差距、短板和弱项,以时不我待的紧迫感查缺补漏、固强补弱,获得走向战场、赢得战争的"资格证""合格证""荣誉证"。

二是实战催化,更新思维。任何思维都是一种能力。未来胜战打赢将取决于军事思维的发展层次,若仍旧墨守成规、避生就熟,总在"老一套"上转圈圈,就不可能赢得战场主动。必须积极对接实战实训,主动拿出甘当小学生的态度,研学领悟现代战争制胜机理和作战特点规律,精学掌握履行战位职能必需必备的知识技能,不断实现思想突围、优化素质结构。要运用综合训练、战术演练等方式,不拘一格作对抗、不循常理作研讨、不设前提作复盘,以偶然性骤发性打破传统局限、破除思维定式,奋力开阔视野、激发潜能、增长智慧,做到因事而化、因时而进、因势而新,让"你打你的,我打我的""不按常理出牌"更具杀伤力。

三是谋战促动,精修匠心。战争是一门艺术,要打赢战争必先设计战争,不会设计战争就会搞"拍脑门的谋略、凭感觉的指挥",终会打糊涂仗、打败仗。只有围绕"跟谁打、在哪打、怎样打",秉持匠心谋划设计战争、精准施训强训,才能增加打赢筹码,确保制胜更有胜算。因此,要积极弘扬自我革命精神,瞄准军事发展前沿,培养练兵备战的匠德匠心匠技,不贪一时之功、不图一时之名,苦下绣花功夫精益求精设计作战精品图、训练精细图、施训精准图,撸起袖子朝着一流练、向着极致训,切实以大国军事巨匠的好样子谋战布势、谋势强训、谋训制胜,为肩负起党和人民赋予的新时代使命任务提供坚强支撑。

第四篇
大力弘扬军队光荣传统和优良作风

第十章

人民军队的精神支柱

——坚定理想信念

第一节　坚守初心使命　践行"两个课题"

习主席指出，要"把不忘初心、牢记使命作为加强党的建设的永恒课题，作为全体党员、干部的终身课题"①；"党的初心和使命是党的性质宗旨、理想信念、奋斗目标的集中体现"②。从初心和使命两者关系来看，初心是理想信念和价值追求，主要体现意识的能动性，回答的是"为了什么"；使命是必须完成的现实目标任务，更多反映主体的实践性，回答的是"要做什么"。初心决定使命，为使命提供价值指引和精神动力，没有初心的坚守，使命就会沦为"宿命"；使命支撑初心，不同阶段的使命是初心的具体化表达，没有使命的担当，初心就会变成"空心"，两者相辅相成、相得益彰。

---

① 《习近平谈治国理政》第三卷，外文出版社 2020 年版，第 531 页。
② 《习近平谈治国理政》第三卷，外文出版社 2020 年版，第 538 页。

一、共产党人初心和使命的动力源头

一是救亡图存的爱国情怀。我们党诞生之前，中华大地暮霭沉沉。从 1840 年到 20 世纪初，泱泱华夏沦落到几乎人尽可欺的地步。积贫积弱至此，中国向何处去？怎样才能救中国？这样的深沉之问，叩击着无数仁人志士的心。一批又一批勇敢的中国人奋起抗争，辛亥革命前后成立的政党多达 300 多个，其中孙中山创立的兴中会第一个响亮喊出"振兴中华"的口号，这个口号集中体现了以爱国主义为核心的民族精神，这种精神在中国共产党人身上得到了最坚定的继承和发扬。为了救国救民，共产党人付出了巨大牺牲。从 1921 年到 1949 年，我们党有名可查的烈士就有 170 多万人，还有大量的牺牲者连名字都没有留下。党的六大有过一次不完全统计，1927 年 3 月到 1928 年 6 月，被杀害的共产党员就有 2.6 万多人。党的五大选举的第一个中央监察委员会委员王荷波，被捕后在狱中受尽酷刑，坚贞不屈，牺牲前唯一的嘱托就是请求党组织对他的子女加强革命教育，千万别走和他相反的道路。后来他的长子王夏荣继承他的遗愿参加抗日救亡，南京沦陷时被日寇捆绑在灯柱上活活烧死。这种不怕牺牲、前赴后继的大忠大勇，在共产党人身上不断传承。杨靖宇牺牲前，遇到几个打柴人劝他说"现在不杀投降的人"。杨靖宇说："老乡，我们中国人都投降了，还有中国吗？"后来，日本人解剖他的遗体，看到胃里只有草根、树皮和棉絮，都震惊了：中国竟有如此威武不屈之人。为有牺牲多壮志，敢教日月换新天。我们党的历史上舍身报国的先烈还有很多，他们的爱国情怀，是共产党人初心使命最厚重的底色、最生动的注解。

二是对科学真理的执着追求。一个政党信仰什么，是政治灵魂之所在，也是初心使命之所依。真正的共产党人，一旦确立信仰，就会像《国际歌》里唱的那样，"满腔的热血已经沸腾，要为真理而斗争"。我们党无数先烈抛头颅、洒热血，攻克一个个"娄山关""腊子口"，靠的就是对马克思主义和共产主义的真理信仰。李大钊上刑场前，行刑官问他有没有什么要写给家属。他回答："我是崇信共产主义者，知有主义不知有家，为主义而死分也，何函也?!"方志敏在狱中 100 多天，写下 16 篇文稿，其中一篇表达"共产主义殉道者"的决心，标题只有一个字：死！向往和追求心中的真理，不惜舍弃家业、舍生忘死，是很多共产党人的无悔选择。有人统计，我们党埋骨雨花台的烈士，74% 受过高等教育；葬身渣滓洞的英灵，70% 出身富裕家庭。一个个风华正茂的年轻人，为了信仰而与旧世界彻底决裂。人民有信仰，国家有力量，民族有希望。一代代中国共产党人正是凭着用生命追求真理的执着精神，坚定不移把马克思主义播撒在祖国大地上，成为引领民族复兴、谋求人民幸福的"红色之光"。

三是革命领袖的正确引领。马克思说："每一个社会时代都需要有自己的大人物，如果没有这样的人物，它就要把他们创造出来。"[①] 我们党之所以能够在极端困境中发展壮大，在濒临绝境中突出重围，在困顿逆境中毅然奋起，一个很重要的原因，就是在事关党和人民前途命运的抉择关头，总能找到正确的"领路人"。"长夜难明赤县天"，我们党在初创时期，没有形成一个成熟的稳定的领导核心，前进路上跌跌撞撞、屡受挫折。直到遵义会议以后，我们党开始确立毛泽东同志在党内军内的领导地位，才能够真正走出雪山草地，走到杨家岭、走进西柏坡、走上天安门，从此"一唱雄鸡天下白，万方乐奏有于阗"。建设社会主义没有现成的路可走。面对困难和曲折，不加快发展，中国就有被开除"球籍"的危险，不进行改革，就是"死路一条"。回过头看，如果没有邓小平同志的战略魄力和政治智慧，就没有改革开放，就没有中国特色

---

① 《马克思恩格斯选集》第 1 卷，人民出版社 2012 年版，第 502 页。

社会主义的辉煌成就。新的历史条件下，江泽民同志、胡锦涛同志带领我们坚定不移、团结一心、勠力奋斗，不断开创中国特色社会主义建设新局面。中国特色社会主义进入新时代，我们党确立习近平同志为党中央和全党的核心，这是党的选择，也是人民的选择、时代的选择。党的十八大以来，中国特色社会主义事业取得全方位、深层次、开创性伟大成就，国家建设和人民生活发生翻天覆地新变化，实践充分证明，有以习近平同志为核心的党中央领航掌舵，是党之大幸、国之大幸、民之大幸。新冠疫情暴发后，习主席亲自决策、亲自指挥、亲自部署，还深入社区、医院、军地科研机构和疫情最严重地区调研；多次强调，要把人民群众的生命安全和身体健康放在第一位；要让党旗在疫情防控斗争第一线高高飘扬；要紧紧依靠人民群众，坚决打赢疫情防控的人民战争、总体战、阻击战；指示我们军队牢记宗旨、闻令而动、勇挑重担、敢打硬仗。这一系列坚决有力的重大战略部署，让全国人民坚定了必胜信心，也给全世界树立了应对疫情的国家典范，创造了抗击疫情的中国方案、中国速度、中国奇迹。

四是英雄模范的精神激励。中华民族崇尚英雄、成就英雄、英雄辈出。我们党是工人阶级的先锋队，也是中国人民和中华民族的先锋队。这支先锋队一路走来，创造了红船精神、井冈山精神、长征精神、延安精神、西柏坡精神、"两弹一星"精神等，涌现出无数的英雄模范，他们的光辉事迹，映照着党的初心使命。新中国成立之初，英雄的血性基因在炮火硝烟中流淌。70多年前的抗美援朝战争，志愿军战士打得敌人胆战心惊。仅被记录下来的"黄继光式"战斗英雄就有6名，"杨根思式"战斗英雄多达44名。上甘岭战役中，危急时刻拉响手雷、手榴弹、爆破筒、炸药包与敌人同归于尽，舍身炸敌地堡、堵敌枪眼等，成为普遍现象。社会主义建设的各个岗位上，从雷锋、焦裕禄、孔繁森、谷文昌、杨业功等，到这次抗疫一线的勇士，无数优秀的共产党员，把岗位当战场，用牺牲奉献铸就伟大。空军有一位了不起的人物，名字叫孙忠国。1952 年 4 月一次空战中，他奋不顾身与美军 8 架飞机搏斗，击落、击伤敌机各 1 架，后因寡不敌众低空跳伞，右腿断成三截。在只能靠两根钢条连接行走的情况下，他以顽强的毅力艰苦训练一年多时间，又重返蓝天，被誉为"无脚飞将军"。英雄长存，精神永继。英雄模范身上固有的忠诚、执着、朴实的鲜明品格，承载着党的初心使命，激励着更多的人学习英雄、争做英雄，在平凡的岗位上续写辉煌。

五是人民群众的拥护期盼。"民有所呼，我有所应。"回顾历史，谁把人民的利益高高举过头顶，人民就会把谁真正放在心里。红军出征，老母亲把 8 个儿子全部送上战场；抗日关头，多少红嫂用乳汁救我们的伤病员；淮海战役，平均每个战士身后就有 9 名群众推着小推车在支援。老百姓认定共产党为人民谋利益，真心歌唱"共产党好"、共产党"辛劳为民族，一心救中国"，拥护我们夺取政权、执掌政权。"民心是最大的政治""得民心者得天下"，这是千古铁律，违背了就要付出沉重代价。苏联从 20 世纪 30 年代开始实行领导干部高薪制，还设置名目繁多的补助和特权，形成了一个占全国总人口 1.5% 的特权阶层。苏联解体前一次民意调查，认为苏共还代表人民利益的，已经不到 7%。原苏联部长会议主席雷日科夫总结教训时，说过一段有哲理的话："权力应当成为一种负担。当它是负担时就会稳如泰山，而当权力变成一种乐趣时，那么一切也就完了。"[1] 殷鉴不远，警钟长鸣。2015 年 11 月，在中央扶贫开发工作会议上，习主席深刻指出："在国际风云激烈变幻的过程中，我们党和我国社会主义制度岿然不动，就是因为我们党的路线方针政策给亿万人民带来了好处。"[2] 他还强调："中国共产党在中国执政就是要

---

① 李永忠：《让权力成为一种负担》，《杂文月刊（文摘版）》2012 年第 1 期。

② 《十八大以来重要文献选编》（下），中央文献出版社 2018 年版，第 32 页。

为民造福，而只有做到为民造福，我们党的执政基础才能坚如磐石。"①
这些重要论述，饱含着清醒忧患，警醒我们永志不忘"以百姓心为心"，
鞭策我们始终把人民放在心中最高位置，不断满足人民对美好生活的向
往、对光明未来的期盼。

二、人民军队党缔造，党的初心就是军队的初心

一是听党话、跟党走。我军的创建源于党的号令。大革命失败
后，我们党以一系列武装起义，开启了独立领导革命战争的新纪元。
跟着共产党干，成为真正革命军人的选择。从南昌起义发端、在三湾
改编奠基、于古田会议定型，最终确立党对军队绝对领导的根本原则
和制度，成为我军完全区别于一切旧军队的政治特质。"军叫工农革
命，旗号镰刀斧头。"我军始终坚持以党的旗帜为旗帜，以党的方向
为方向，以党的意志为意志，一部人民军队的战斗史、改革史、发
展史，就是军旗跟着党旗走的光辉史。奋进新时代，人民军队践行初
心使命，就是要增强"四个意识"、坚定"四个自信"、做到"两个维
护"，贯彻军委主席负责制，一切行动坚决听从党中央、中央军委和
习主席指挥。

二是爱人民、为人民。对人民的大爱，是催生我军蓬勃而起的原动
力。无论奋斗历程多么艰难曲折，我军热爱人民的这枚胎记从来没有褪
灭。战争年代，"狼牙山五壮士"为了掩护群众引开敌人，以必死的决
心跳下悬崖。"刘老庄连" 82 名同志为了村里老百姓安全转移，面对 20
倍数量的敌人，坚守阵地 13 小时全部牺牲。解放战争中辽西战役，老
百姓的园林结满了苹果，但战士们一个都不去拿，他们觉得"不吃是高
尚的，而吃了是很卑鄙的，因为这是人民的苹果"。和平岁月，无论是

---

① 《十八大以来重要文献选编》（下），中央文献出版社 2018 年版，第 32 页。

1927 年 9 月 29 日，秋收起义失败后，毛泽东率领不足 1000 人的起义军余部到达江西省永新县的三湾村，进行了著名的"三湾改编"。图为反映"三湾改编"的油画。

山崩地裂、洪水滔天、烈火肆虐，还是突发疫情蔓延，总有子弟兵为人民撑起一片天。无论什么时候，人民军队践行初心使命，就是要始终坚持全心全意为人民服务的根本宗旨，始终做人民信赖、人民拥护、人民热爱的子弟兵。

三是胜强敌、建一流。以弱胜强、遇强更强，善于打破敌人不可战胜的神话，这是我军的鲜明特质。我们用"小米加步枪"打败国民党反动派和日本侵略者，抗美援朝又以"气"胜"钢"。朝鲜空战中，美军飞行员大部分参加过第二次世界大战，飞行时间是我们的 50 倍，但我们的飞行员凭着有我无敌的勇气，在"米格"战"佩刀"的较量中，打下了美军空中王牌、打出了人民空军威风。这里面彰显的是空军飞行员的智慧与血性，也是我们战胜强敌的精神密码。敢战强敌的基因代代传承，面向未来，人民军队践行初心使命，就是要发扬光荣传统，勇于创新超越，在战胜强敌对手中全面建成世界一流军队。

三、持续推动"不忘初心、牢记使命"，必须始终坚持问题导向，在解决问题中促进常态化

一是坚定理想信念。这是牢记初心使命的"根"和"源"。一切违背初心使命的人和事，归根结底是理想信念出了问题，精神上得了"软骨病"。现在影响理想信念的因素很多，从外部来看，敌对势力渗透破坏一刻也没有停止；从内部来看，一些官兵组织上入了党、思想上没过关，不谈理想谈利益，缺少境界和格局。有的年轻干部缺乏政治训练、实践锤炼、思想淬炼和斗争历练，政治辨别力不强；有的顺境时沾沾自喜，遇到挫折则灰心丧气。解决类似问题，要以身作则、大兴学习之风，特别是学经典、读原著、悟原理。在此基础上，还要深入基层、深入实践，在理论与实践的结合中学懂弄通做实，从渐悟到顿悟，头脑中有了定盘星，就能经得起风浪考验。

二是恪守党指挥枪。这是凝聚初心使命的"魂"和"纲"。党指挥枪的原则和一整套制度，是保证我军永不变色、发扬优势、凝聚力量的根本政治制度设计。在这套制度中，处于最高层次、居于统领地位的是军委主席负责制。军委主席负责制体现"兵权贵一"的治军规律，体现党的意志、人民意志、国家意志的高度统一，必须作为最高政治要求和最高政治纪律来维护。要强化"绝对"标准，教育引导官兵，一切行动听习主席指挥、对习主席负责、让习主席放心。强化各级层层抓落实的责任，确保党对军队的绝对领导直达基层、直达官兵，确保部队绝对忠诚、绝对纯洁、绝对可靠。

三是牢记根本职能。这是践行初心使命的"本"和"核"。能打胜仗，是军队存在的根本价值。我们讲初心如磐、使命在肩，说到底就是在党

和人民需要的时候，习主席一声令下，我们能扛起使命、不辱使命。人民军队有着光荣战史、辉煌战绩，但也要看到，着眼未来战场，直面强敌对手，我们还有不少短板要补齐。要持之以恒根除"和平病"，强化战斗精神培育，教育官兵牢固树立练兵打仗、带兵打仗，随时准备打仗、立足现有条件打胜仗的思想。要大力传承英雄基因，在苦练精训中强本领、在研练创新中求突破、在应对准备中砺斗志，敢于压倒一切困难、压倒一切敌人。

四是强化组织功能。这是支撑初心使命的"梁"和"柱"。党的力量来自组织，组织强则军队强。这次主题教育取得了明显成效，但有的党组织功能弱化，党员队伍作用发挥不明显，有的领导干部不担当不作为，这些违背初心使命的问题还有待根治。当前，要适应改革后的新体制新编成，及时完善相应的党组织设置、职能定位和运行机制，增强各级党组织的领导力组织力执行力。要突出"关键少数"，引导广大党员干部在担当尽责、改革创新、廉洁自律等方面当好表率。

五是锻造过硬基层。这是坚守初心使命的"底"和"基"。新时代基层建设必须坚持创新发展、统筹规划、体系建设，有效破解基层建设的"盲点""堵点""痛点"。比如，解决"思想教育跟不上"，就要坚持不懈抓好理论武装，越是"风云变幻"越注重坚持政治建军、越是"乱花迷人"越注重把牢政治方向、越是"山重水复"越注重凝聚军心士气，确保基层建设方向不偏、重心不移。再比如，解决"工作指导跟不上"，需要各级领导机关主动动起来，深入一线知兵心、察兵情、排兵难、解兵忧，用创新的思维和办法"帮旅、训营、强连"，化解实际困难和矛盾，全面锻造"三个过硬"的基层。

第二节　不忘初心使命　强化担当奉献

在全党开展"不忘初心、牢记使命"主题教育，是习主席带领全党溯根探源的伟大精神之旅，是向老一辈无产阶级革命家的集体致敬，是中国共产党人走好新时代长征路的催征号角，恰逢其时、意义重大、影响深远。党的十八大以来的实践表明，习主席忧党之深、兴党之切、治党之严、强党之力，展现出非凡的政治勇气、政治智慧、历史担当和战略定力，极大地焕发了我们党的凝聚力创造力战斗力。在党的建设取得历史性成就的今天，习主席再次谆谆告诫："船到中流浪更急、人到半山路更陡"①。党面临的执政考验、改革开放考验、市场经济考验、外部环境考验将是长期的、复杂的，党面临的精神懈怠危险、能力不足危险、脱离群众危险、消极腐败危险将是尖锐的、严峻的。"四个不纯""七个弱化"等现象问题也亟待破解，明确要求每名党员干部特别是领导干部要常怀忧党之心、为党之责、强党之志。

践行初心使命，核心在于坚定信仰信念。政治信仰、政治信念，在任何时候都至关重要。个人如此，政党如此，民族国家也是如此。有之，就会愈挫愈奋、愈战愈勇；没有，就会不战自败、不打自垮。"时代楷模"张富清60多年深藏功与名，一辈子坚守初心、不改本色。他说，为信仰而苦、为信仰而死，苦得其所、死得其所。信仰不是一种学问，而是一种行为，只在实践的时候才有意义。信念不是一句口号，只在嘴上喊一喊远远不能说明已经拥有了信念，而是要通过长期的、具体的行动来体现、验证和检验。当前，坚定信仰就是要系统掌握马克思主义基本原理，掌握习近平新时代中国特色社会主义思想和习近平强军思

---

① 《习近平谈治国理政》第三卷，外文出版社 2020 年版，第 531 页。

想，增强"四个意识"、坚定"四个自信"、做到"两个维护"，贯彻军委主席负责制，切实筑牢信仰之基、补足精神之"钙"、把稳思想之舵。要大抓"红色基因代代传"工程。我党我军的光荣传统和优良作风蕴藏着打天下、守江山、育新人的制胜密码，忘不得、丢不得、淡不得，丢掉了好传统好作风，就是自毁长城、自掘坟墓。青年一代官兵对"中国共产党为什么能、人民军队为什么强、中国特色社会主义为什么好"等重大理论和实践问题，知之不多、知之不深、知之不全，少数人甚至一无所知、盲目自信。要充分挖掘党史军史革命史的内在教育功能，大张旗鼓地讲红色故事、学红色典型、塑革命精神，绝不能让青年官兵跟着西方所谓的"普世价值观"跑偏走邪了，绝不能让少数无知者被西方所谓的"自由""民主"概念所蛊惑、蒙蔽、误导，绝不能让西方反华势力把搞"颜色革命"的那一套卑劣手段用到我们的青年官兵身上来。要牢牢守住主流意识形态阵地，用革命军人核心价值观塑造一代新人。

践行初心使命，根本在于提高打赢能力。党的初心使命就是人民军队的初心使命。能不能打仗、能不能打赢，是习主席对军队的最大关切、最严叩问、最重思虑。我们回望初心、铭记初心、践行初心、守护初心，最根本、最急切、最要害的就是提高备战打仗能力、做好各项军事斗争准备。人民军队要迈向世界一流，不负党和人民的期望重托，一刻也离不开习近平强军思想的指引。各级要真正学懂弄通做实，化为信仰、掌握精髓、用作武器，贯穿部队建设各领域全过程。践行初心使命，就必须下大力气治愈"和平病"。甲午战争的惨败，一个重要原因就是战斗精神不够，平时畏战、忘战，战时畏敌、怕死，吃败仗是必然的。现在各级普遍反映，影响练兵备战走深走实的最大制约因素就是"五多"问题。久治难愈的"五多"问题，总根子还是"官僚主义"。要针对"只把备战打仗挂在嘴上，说起来震天响，做起来另一个样"的问题，深挖、深查、深纠，把问题清单与责任清单统一起来，领导干部带头自查自纠，一级抓一级、一级带一级，让"四个立起来"真正深入人心。战争既是武器的较量，也是精神的比拼。要强化战备教育、职能教育、使命教育，用军营文化砥砺、用严格训练锤炼、用严明纪律约束，全面提振部队精气神。

践行初心使命，关键在于忠实贯彻党的群众路线。群众路线是我们党的生命线和根本工作路线，是我们党永葆青春活力和战斗力的重要传家宝。坚持群众路线，核心的问题是党要始终保持同人民群众的血肉联系，一刻也不脱离群众。作为党绝对领导下的人民军队，必须以党的宗旨为宗旨、以党的目标为目标、以党的意志为意志，坚定不移贯彻党的群众路线，密切联系群众，紧紧依靠群众，真诚服务群众，维护和塑造人民军队的好样子。过去，人民军队打胜仗，人民群众是最可靠的靠山；现在，人民军队走向强盛和一流，也离不开人民群众的鼎力支持。省军区系统作为联结军地的桥梁纽带，接触地方群众机会多、与地方党政机关打交道多、领导干部参加地方重要会议多，民兵预备役人员在地方抢险救灾、社会应急处突中发挥的作用也比较多。因此，省军区系统贯彻党的群众路线具有更加得天独厚的优势和条件。必须站上政治和大局的高度，深化认识和理解贯彻党的群众路线问题，并努力把贯彻落实的过程转化为凝聚广大群众思想意志、更自觉地汇聚在党的旗帜下的过程。从某种程度上讲，地方的党员、干部和群众就是通过接触和观察省军区系统人员来全面评价我们的军队。因此，任何时候都要把群众放在心中最高位置，不因强调军队的特殊性而忽略我军的"人民性"。在急难险重任务上，听从号令、全力以赴，不怕牺牲、敢于胜利，发挥出攻坚突击队的强大功能，让人民群众在危难中看到人民子弟兵的本色；在一些涉及社会民生、群众利益的问题上，主动让利于民、还利于民，不与民争利；扎实开展扶贫攻坚工作，保质保量完成扶贫任务，在全面建成小康社会的历史征程中作出应有的贡献。从部队内部来讲，要注重把贯彻党的群众路线落实到抓基层打基础的实践之中。要大力开展"精准抓建基层"活动，深入研究探索新的领导体制下一线建设的特点规律和内在要求，精准把握基层建设的重点重心所在，精准规范基层建设的秩序标准，精准检验基层建设的成果成效。要尊重基层官兵的主体地位和创造精神，把按纲抓建与调动基层官兵积极性有机统一起来，鼓励基层官兵把聪明才智发挥到推动基层的创新发展上。要善于为基层减负降压、替基层排忧解难，凡是涉及基层官兵的事，都要首先想一想基层官兵乐意不乐意、答应不答应、高兴不高兴，各级党委机关要积极听取基层官兵的意见建议、乐于接受基层党员和群众的全面监督。领导干部要带头走出办公室、走进基层武装部和民兵营连，吃家常饭、拉家常话、

　　党的群众路线教育实践活动中，"大渡河连"组织党员重温入党誓词。这个连诞生于 1927 年秋收起义，是"支部建在连上"最早的连队之一。

　　　　　　　　　　　　　　　　　　　　　　　　　　　　　　　　（程小林摄）

扩大基层"朋友圈",掌握第一手情况,推动基层建设纲要落地落实。

践行初心使命,支撑在于驰而不息地推进正风肃纪。在反腐败取得压倒性态势的今天,必须站上更高层面认识理解习主席关于依法治军、从严治军的重要论述,深刻领会习主席对我军正风肃纪、反腐惩恶的战略考量和战略布局。各级必须坚决贯彻习主席"三个永远"的重大论断,始终绷紧作风建设的整治之弦、始终张起新规禁令的制度之网、始终高扬从严惩处的利剑,坚持抓常、抓细、抓长,毫不放松、一步不让,步步为赢、积寸土之功,确保已经整改的不反弹、不回潮,尚未见底的持续深入、久久为功。要高度重视加强对团以上领导干部教育管理和立体有效监督,利用审计、巡视、纪检等方式发现问题线索,加大查纠力度、一查到底,不搞下不为例、不搞特事特办、不搞法外柔情,不能用信任代替监督,不能用批评代替追责。特别要对后备干部以及今后还可能提升使用进入重要岗位的人员进行正规慎重的政治考核,全方位了解掌握真实情况,对其政治品格、政治意识、政治修养做细致的考察,切实做到由表及里、由浅入深。对那些个人重要事项隐瞒不报或以漏报为借口的,要格外予以注意;对那些个人对外交往过多过频、心思精力不够集中的,要做更大范围、更宽视野的考察了解。对于党员领导干部而言,带部队就是带风气、鼓士气、扬正气。新风正气上扬,歪风邪气就掀不起恶浪。要注重精心打造个性鲜明的强军文化,让庸俗落后文化没有生存的土壤和空间,通过先进文化的滋养和培育,让过去那种亲如兄弟、同甘共苦、生死与共的战友情、同志爱成为部队内部关系的常态。对党员干部个人来讲,要切实摆正个人与组织、个人与群众、个人与集体的基本关系,经常问一问自己从哪里来、为什么参军入伍、为什么加入党组织、为什么走上党的工作岗位,经常摆一摆自己为党作了多少贡献、尽了多少责任、起到多少模范带头作用,自觉地回望初心使命,自觉地反省灵魂深处的公与私、得与失、大与小的天平是否仍然端正如初，从而不断强化党性修养和品德修炼，自觉地向"心无妄思、足无妄走、人无妄交、物无妄受"的精神境界靠拢。各级党员干部要把慎独慎微慎初作为必修课，真正懂得小事小节中有政治、有方向、有形象、有人格的道理，从小事小节上加强约束、规范自己，常掸心灵灰尘，常清思想垃圾，常掏灵魂旮旯，慎重对待朋友交往，防止被别有用心的人"围猎"，不要在稀里糊涂中踩上"地雷"、掉进"陷阱"。

第三节　在坚定理想信念中凝聚践行初心使命磅礴力量

　　理想如旗，信念似铁；初心永固，使命常青。习主席在"不忘初心、牢记使命"主题教育总结大会上强调，"不忘初心、牢记使命，必须作为加强党的建设的永恒课题和全体党员、干部的终身课题常抓不懈"[①]，在第十九届中央政治局"不忘初心、牢记使命"专题民主生活会上指出，"理想信念是共产党人的政治灵魂，是共产党人初心的本质要求"[②]，并反复要求"在真学真信中坚定理想信念，在学思践悟中牢记初心使命"[③]，旗帜之鲜明，内蕴之深邃，阐述之透彻，要求之具体，令人深受启迪、大有裨益。我军作为党绝对领导下的人民军队，必须始终以党的理想信念为理想信念，以党的初心使命为初心使命，积极运用理想信念的红色火种点燃初心使命的燎原烈焰，砥砺奋进、担当作为，擘画新

---

　　① 习近平：《在"不忘初心、牢记使命"主题教育总结大会上的讲话》，人民出版社 2020 年版，第 10—11 页。

　　② 《中共中央政治局召开专题民主生活会强调　带头把不忘初心牢记使命作为终身课题　始终保持共产党人的政治本色和前进动力》，《人民日报》2019 年 12 月 28 日。

　　③ 《习近平谈治国理政》第三卷，外文出版社 2020 年版，第 518 页。

2016 年 9 月，空军航空兵某团飞行一大队轰 –6K 轰炸机和歼击机编队飞越宫古海峡进行远洋训练。
(邵晶摄)

时代强军兴军伟业，为实现强国梦强军梦作出更大贡献。

一、深刻体悟坚定理想信念的重大意义，矢志筑牢践行初心使命的思想根基

中华民族走出苦难、中国人民实现解放，有赖于英雄的人民军队；中华民族实现伟大复兴、中国人民创造更加美好生活，也必然有赖于一流的人民军队。越是接近宏伟目标，越会面对各种重大挑战、重大风险、重大阻力、重大矛盾，我军作为慑止侵略、瓦解颠覆、遏制分裂的武装集团，必须忠诚应对渗透破坏、拉拢腐蚀等考验，以坚定理想信念坚守初心使命，确保军队始终是党的军队、人民的军队、社会主义国家

的军队。

永葆忠诚的灵魂柱石。党政军民学，东西南北中，党是领导一切的。党对人民军队的绝对领导，关乎强国强军事业发展，关乎社会主义前途命运，关乎党和国家长治久安，是颠扑不破的真理，是永远不变的军魂。正是枪杆子始终掌握在党的手里、忠诚听党指挥，军队才舵稳向准，历经各种动荡和考验，永远保持强大的凝聚力、向心力、战斗力。建军必先铸魂，强军必先强魂。无论内外环境怎么翻天覆地、编制体制怎么演变调整，"党指挥枪"原则都是命根子，必须一以贯之、历久弥坚，视同生命忠诚坚守，以生命忠诚捍卫，做到"一颗红心永向党"、时刻"最听党的话"。

赢得胜战的精神法宝。革命理想高于天，人民军队之所以能够发出"三个不相信"英雄宣言，压倒一切敌人而不被敌人压倒、征服一切困难而不被困难征服，始终拖不垮、打不烂、攻无不克、战无不胜，关键是时刻以崇高理想信念凝聚精神动力。我军正经历革命性变革，推动组织形态实现整体性重塑，解决长期积累的体制性障碍、结构性矛盾、政策性问题，仍有许多"雪山""草地"需要跨越、许多"娄山关""腊子口"需要征服，必须坚定理想信念，保持初心使命，继续以战天斗地的革命精神拓荒开路，克服艰难险阻、战胜强敌对手，奋力走好新时代的长征路。

赓续血脉的政治基因。当前，强军之"强"远未实现"全面的强""跨越的强""赶超的强"，敌对势力认为有机可乘，正加紧"政治转基因""颜色革命"，鼓吹"军队非党化、非政治化"和"军队国家化"等歪理邪说，妄图污染红色基因、推进"拔旗""蛀魂"，阴谋把军队拉离党的旗帜，将"带兵人"剥离组织光环，让军人动摇摇摆。面对意识形态斗争，必须持续深化习近平新时代中国特色社会主义思想武装，不断赓续红色基因、当好红色传人，固强意识"上甘岭"、高扬新时代主旋律，大是大非面前旗帜鲜明，小事小节面前清醒斗争，做到平时听招呼、战时听指挥、关键时刻不含糊。

经受考验的坚强护盾。军队不是真空层，同样充斥各种诱惑，稍有不慎就会被"糖衣炮弹"俘虏。个别领导干部政治上变质、经济上贪婪、道德上堕落、生活上腐化，无不是因为理想信念发生最致命的滑坡。军队是新时代的闪亮名片，绝不容许任何"腐殖层"存在，必须始终坚定"一辈子'补钙'、补一辈子'钙'"的决心，科学解决好世界观、人生观、价值观这个"总开关"问题，强力把牢"定盘星"、稳托"压舱石"、坚挺"主心骨"，时刻以理想信念为堡垒、以初心使命为护盾，免疫防范拉拢腐蚀，自谨自律笃定心神，做到除了强军一无所求、为了强军一无所惜。

二、准确把握坚定理想信念的核心要求，切实强化践行初心使命责任的政治自觉

历史规律表明，由大向强、将强未强之际往往是国家安全的高风险期。我国正处于由大向强发展的关键阶段，面临的围堵遏制势必加剧、周边局势充满变数、现实冲突更加凸显、生乱生战可能骤增，强国"复兴号"向前劈波斩浪需要人民军队提供坚强安全保障。党和人民所需就是人民军队的理想信念所在、初心使命所系，必须以更高的标准要求坚定理想信念、践行初心使命，固强"钢铁长城"、铸强"定海神针"，切实向党和人民交出优秀答卷。

习近平强军思想必须坚决贯彻。越是处在国家和民族的重要关头、军队建设和发展的关键时期，就越需要发挥强军思想的引领作用。军队为人民谋幸福、为民族谋复兴，必须始终以习近平强军思想为行动纲领，大力深化政治建军、改革强军、科技强军、人才强军、依法治军，全面加强新时代军队党的建设，真正立起统领部队建设的"魂"、指导各项工作的"纲"。要自觉做习近平强军思想的坚定信仰者、忠实执行者、模范践行者，聚焦武装头脑、指导实践、推动工作，在学懂弄通做实上下功夫，持续贯通学思用、统一知信行，增强"四个意识"、坚定"四个自信"、做到"两个维护"，在强军兴军伟大实践中坚决听习主席指挥、对习主席负责、让习主席放心。

使命任务必须时刻牢记。军队因使命而存在，军人因履行使命而荣光。我军使命任务与党的历史使命紧密相连，同国家安全、民族复兴和人民利益息息相关。党和人民赋予的新时代使命任务阐明了军队的发展方向、奋斗目标和建设原则，是军队的全部价值所在。我军必须坚决服从服务于党的历史使命，对接新时代国家安全和发展战略需求，适应国家现代化进程新变化新发展新要求，为巩固中国共产党领导和社会主义制度提供战略支撑，为捍卫国家主权、统一、领土完整提供战略支撑，为维护国家海外利益提供战略支撑，为促进世界和平与发展提供战略支撑，不断锻造和展示胜利之师、威武之师、文明之师、和平之师的时代形象。

真理力量必须不断彰显。强国必须强军，军强才能国安。实现强军梦想，有很多无人走过的道路需要试错，唯有始终以马克思主义的立场观点方法观察解读现实、回应官兵关切，才能打通关节、推动发展。要坚定不移站在党和人民的立场上，深刻领悟"子弟兵须在先锋队领导下为人民谋幸福"的真谛，立起忠诚于党、忠诚于人民、忠诚于党和人民事业的新时代革命军人好样子。要深入领会马克思主义战争观军事观，准确把握国防和军队建设规律，稳中求进化解矛盾风险，不断铺平强军道路。要注重运用马克思主义方法论破解改革难题、深化军事实践，推动强军"文章写在大地上，果实结在天地间"。

性质宗旨必须始终保持。"为了谁"的问题，是带有根本性、原则性的问题，全心全意为人民服务这个根本宗旨为我军接续奋斗、勇往直前明确了理想和目标。只有坚持站在为民族谋复兴、为人民谋幸福的政治高度，准确弄清"我是谁""为了谁""依靠谁"等问题，才能从根本上定准角色、规划远景，时刻永葆人民军队性质宗旨本色。要始终牢记我党我军根植群众、来自人民，永远把人民群众放在心中最高位置，坚持密切联系群众、团结群众，真诚关心人民、服务人民，不断固强与人民群众心连心、同呼吸、共命运的鱼水桥梁，聚力推进国防和军队现代化。

三、强势激扬坚定理想信念的时代旋律，奋力开拓践行初心使命更高境界

空谈误国，实干兴军。坚定理想信念、践行初心使命，既属于理论的范畴，更属于实践的范畴，只有将理论付诸实践，反复以理论指导实践，进而以实践深化理论，切实打通理论与实践的链路，才能推动理想信念落地生根、初心使命开花结果。用强军梦支撑强国梦，必须严格对表世情国情军情，积极担当作为，既做坚定理想信念的"知者"，又做践行初心使命的"行者"，才能不辱使命、不负时代，"坚决顶起自己该顶的那片天"。

依靠学习走向未来。我党我军依靠学习走到今天，也必然依靠学习走向未来。依靠学习强军，必须积极响应习主席"来一次大学习"号召，加强改进学风，变"要我学"为"我要学"，变"软指标"为"硬杠杠"，始终带着问题、带着责任、带着感情向书本学、向实践学、向人民群众学，真正学得本领、学到担当、学出信仰。要始终把学习习近平强军思想作为第一学务，抓好全面系统学、及时跟进学、深入思考学，不断根植听党指挥的忠诚因子。要重点突出增强能力方面，坚持干什么学什么、缺什么补什么，不断丰富知识、增长才干、开拓视野，切实依靠学习研究科学制定军队转型发展规划，有力推动强军事业向前发展、赢得

未来。

强军备战决胜疆场。能战方能止战。无论何时，军事手段始终是保底手段，必须充分发挥其塑造态势、管控危机、遏制战争、打赢战争的战略功能，才能为强国复兴提供坚强的实力后盾。要深入贯彻新时代军事战略方针，始终把备战打仗作为第一要务，把军事训练摆在战略位置，牢固确立战斗力这个唯一的根本的标准，对照习主席"胜战之问""本领拷问"深入纠治和平积弊，大兴学习战争、研究战争之风，扎实开展群众性练兵比武，强化联合作战指挥体系和能力建设，淬炼培育"一不怕苦、二不怕死"的战斗精神，做好随时打仗的充分准备，做到召之即来、来之能战、战之必胜，切实以"胜战打赢指数"推高"强国强军指数"。

图为第74集团军某炮兵旅在西北戈壁组织实兵实弹战术演习，"志愿军战歌连"对"敌"实施火力打击。

（黄海摄）

自我革命砥砺奋进。推进国防和军队现代化既要固本培元开新图强，又要施药动刀纯健肌体，必须以强烈的自我革命精神推进自我净化、自我完善、自我革新、自我提高。一方面要紧跟新时代发展大势刮"头脑风暴"、行"思想破冰"，坚决打破一切不合时宜的惯性思维、常规套路和传统方法，强力突破既有利益藩篱和体制机制弊端，通过革故鼎新开辟强军道路；另一方面要针对理想信念滑坡、初心使命淡化的突出问题，以彻底的革命斗争精神实事求是剖根析源、硬起手腕刮骨疗毒，全面清除一切侵蚀军队党的先进性和纯洁性的顽瘴痼疾，重犁深耕肃正基层风气、净化政治生态，不断构建砥砺奋进、逐梦强军的强大能量磁场。

担当作为建功立业。强军事业是全党的事业、全国人民的事业、全体官兵的事业，越是处于转型发展的加速推进期、攻坚克难期和严峻考验期，越要把理想信念、初心使命转化成担当作为、干事创业的实际行动。要增强舍我其谁、责无旁贷的担当精神，立足岗位职责把个人"小目标"融入强军"大目标"，以高度的事业心责任感"向党要副担子挑在肩上"，敢为天下先弄潮搏击、摸石探路，为强军鸿篇巨制添砖加瓦、添辉增彩。要弘扬埋头苦干、真抓实干的务实作风，专心致志、心无旁骛把工作当事业干、把事业当使命干，以踏石留印、抓铁有痕的狠劲实劲建功立业、创造荣誉、赢得尊崇。

第十一章

克敌制胜的重要法宝

——加强战斗精神培育

第一节 传承红色基因 培育战斗精神

习主席指出，要把"红色传统的基因一代代传下去，让革命事业薪火相传、血脉永续"①。在强军兴军的伟大征程中，红色基因的传承是不可或缺的。没有对党忠诚的信念，我们就会信仰缺失，迷失自我；丢失血性胆气，我们就会临阵退缩，一溃千里；缺乏过硬作风，我们就会松松垮垮，不战自乱。所以，不论时代如何变迁，根植于血脉之中的红色基因永远是我们克敌制胜的根本因子，是砥砺战斗精神的不二密码。我们要在继承创新中传承红色基因，补足官兵成长历程中缺失的红色基因片段，培育官兵"舍生忘死、敢打必胜、坚韧不拔"的战斗精神。

---

① 《在古田会议光芒照耀下继续前进——习近平主席出席全军政治工作会议侧记》，《人民日报》2014 年 11 月 3 日。

一、从战寇御辱的浴血奋战中，提炼舍生忘死的精神内核——心胜方能决胜

东北抗战，堪称中国乃至世界战争史上的奇迹，其范围之深广、历时之漫长、力量之悬殊、场面之惨烈、灾难之深重，均世所罕见。支撑抗联将士在如此艰苦卓绝的斗争中浴血奋战的力量，来源于英勇顽强的战斗精神，更归根于忠党爱国的坚定信念。革命战争年代如此，新时代亦是如此。培育官兵战斗精神，必须从坚定理想信念入手，依靠强大的内心，催生强大的动力，激发强大的战力。一要研学"红色理论"，强化思想引领。抗联将士之所以能够在残酷的斗争中、恶劣的环境下、敌人的诱惑下，战斗至最后一人、战斗到最后一刻，"为谁而战"是关键问题。为一己之私而战，则不战自溃；为国家人民而战，则越战越勇，其根源在于对党的理论的无比笃信、对革命事业的充分笃定。要把党的创新理论作为"心学"，把习近平强军思想作为"主课"，坚持读原著、悟原义、明原理，在"大学习"中回炉灵魂、提纯思想、培固初心、铸牢军魂，确保能在波谲云诡、莫衷一是中廓清迷雾，在乱云飞渡、众声喧哗中站稳立场，在艰难困苦、玉汝于成中百炼成钢。二要追寻"红色足迹"，增进情感认同。把教育课堂搬进红色遗址，把英雄故事搬上荧幕舞台，让青年官兵走进深山密营去感受、解析经典案例去感悟、聆听先辈事迹去感知，帮助他们在心灵深处打下烙印，增进情感认同，强化使命担当。三要厚植"红色文化"，培养行为自觉。红色文化是红色基因的表现形式，凝结着我们党的价值理念和精神追求，呈现着中国共产党人的鲜亮底色。传承红色基因，就要结合时代特点创作并推广更多更好的红色文化精品，用一系列思想性、艺术性和观赏性相结合的红色文化精品，让红色基因活起来、传下去。要紧贴"互联网+"的时代性，坚持内容为王，打造网络精品，推出视频、动漫、MV、H5 等网络文

化产品，广泛开展"读红色书籍、看红色影视、唱红色歌曲、讲红色故事、写红色日记、创红色氛围"活动，让优良传统在信息时代更加鲜活、更加立体、更加生动，提升铸魂育人的魅力威力。

参加"金头盔 –2021"研练的空军航空兵某旅官兵在任务前组织誓师动员大会。　　（王露摄）

二、从战敌戍边的严酷战斗中，探寻敢打必胜的基因密码——无畏方能无敌

1969 年 3 月爆发的珍宝岛自卫反击战，在敌强我弱、敌众我寡的悬殊实力对比下，依靠我军顽强的战斗精神，以牺牲 68 人、毙伤敌 250 余人的骄人战绩，将苏军赶出了珍宝岛，深刻诠释了参战将士生命不息、冲锋不止的革命英雄主义精神，生动阐释了战争中蕴含的制胜机理，能战方能止战，准备打才可能不必打，越不能打越可能挨打。时代已变，使命仍在。当前，战争与和平转换节奏加快，战斗形式不断变化，对官兵打仗能力要求越来越高。我们要着力培育官兵顽强的战

斗精神，传承"一不怕苦、二不怕死"的红色基因，时刻准备打仗、随时准备冲锋。一要培植"上一线、打头阵"的英勇气概。要大力弘扬爱国主义和革命英雄主义精神，充分发扬荣誉室、板报、文化氛围布设等教育阵地功能，切实培养官兵舍身报国的战斗信念；要积极发挥战斗文化的振奋精神和育人功能，结合训练动员、战备拉动、演习演练等时机，组织写决心书、开宣誓会等仪式，积极营造备战打仗的浓厚氛围，深入激发官兵闻战则喜的高昂士气，使思想备战成为官兵的思想原点和行为习惯。要广泛开展比武竞赛活动，着力培养官兵"扛红旗、争第一、打头阵"的荣誉感和使命感。二要强化"战强敌、打硬战"的必胜信念。在各类联合演习、战备拉动、对抗演练等任务中，坚持把对手设强、把情况设险、把困难设够，使官兵在挑战困难、迎战艰险的考核中，磨砺坚毅品质和顽强作风，以严格的训练培养官兵时时处处自觉培育和展现战斗作风的良好习惯。要充分利用战备出动、战术考核、临机拉动等实战课目和任务，充分把握其贴近实战环境、考验训练成效的特点，结合任务进程融合抓好实战化训练，让部队在各种紧张、复杂环境中磨炼坚强意志，厚积打赢底气，切实把军人因战而生、逢战必胜的信条铭刻于官兵头脑。三要砥砺"不怕死、不畏难"的血性胆气。要根据具体任务具体阶段的具体要求，有针对性地开展信心、胆量、意志力、判断力和服从意识等训练，依托近似实战的环境和气氛，培养官兵处变不惊、临危不惧、百折不挠的心理品质；要善于发现培养、总结宣扬不同层次、不同类型的训练典型，充分发挥身边典型的直接影响，以可亲可敬可学的榜样引领官兵端正思想行为、提升精神境界、锤炼战斗品质，努力把官兵锻造成"当兵不怕苦、训练不怕累、打仗不怕死"的钢铁勇士，找到新时代革命军人的正确"打开方式"。

三、从战天斗地的拼搏实践中，汲取坚韧不拔的顽强作风——奋斗方能奋进

战斗精神既迸发在战时，更体现在平时。在战争年代，战斗精神是一种不怕牺牲、舍生忘死的革命精神；在和平时期，战斗精神是一种废寝忘食、勇挑重担的顽强作风。以黑龙江为例，新中国成立后，在黑龙江这片土地上，一代代共产党人带领人民，在严寒之地、荒野之外、密林之中，艰苦创业、开疆辟土，进行了大庆油田开发大会战、大兴安岭开发大会战等，为国家建设输送了丰富资源，让地区发展焕发了生机活力。由此凝结而成的"铁人精神""大庆精神""北大荒精神"滋养着龙江大地，哺育着龙江人民。必须牢牢抓住这条红色根脉，着力培树官兵坚韧不拔、开拓进取的过硬作风，砥砺培育战斗精神。一要弘扬"大庆精神"，培养严实作风。要把"大庆精神"中展现出来的"三老四严"作风体现在工作中，始终做到对革命事业当老实人、说老实话、办老实事，对待工作，有严格的要求、严密的组织、严肃的态度和严明的纪律。着力根治当前少数官兵暴露出的危不施训、险不练兵，练为看、演为看，训用脱节、问责不力，"二八"现象、"五个不会"等问题，解决实战实备中的不严不实的问题，在思想深处立起战斗力标准，树起实战化导向。二要弘扬"北大荒精神"，锤炼坚韧品格。要着力弘扬以"艰苦奋斗、勇于开拓、顾全大局、无私奉献"为内核的北大荒精神，着力根治少数官兵存在的"工作怕艰苦、训练怕辛苦、生活怕清苦，艰苦环境不适应、艰巨任务不担当、艰险战斗不冲锋"等问题，培养官兵战天斗地、勇往直前的战斗精神，凝聚强军兴军意志力量。三要弘扬"铁人精神"，强化责任担当。铁人精神体现最为鲜明的就是为人民争光、为国家分忧。作为新时代的革命军人，要学习王进喜忧国忧民的博大情怀，始终保持忧患意识、危机意识、责任意识和打仗意识，着力根治少

数官兵以"打工"心思抓"打仗",以"市场"心态谋"战场",当"和平兵"、站"和平哨"、做"和平官",不想"枪杆子",只想"守摊子""过日子"等"和平积弊",真正让官兵揭开和平幻想的"旧疮疤",嗅到思想清洗的"血腥味",强化忘战必危的使命感,坚定精武强能的决心意志。

第二节　从志愿军"钢少气多"谈开来

站在"两个一百年"奋斗目标的历史交汇点,重温抗美援朝战争这段铁血荣光的历史,人民志愿军赴汤蹈火、视死如归,以"钢少气多"的英雄气概,创造了人类战争史上以弱胜强的光辉典范,其英勇无畏、一往无前的血性胆气,是打败美军必不可少的"精神刀锋",至今让人敬仰、令敌胆寒,仍是我们克敌制胜的法宝。习主席高度重视战斗精神培育,在军委一次重要会议上,他特别强调,无论什么时候,一不怕苦、二不怕死的战斗精神千万不能丢。在党、国家、人民需要的时刻,军队就是要有这股劲、这种精神。[①] 这为新时代我军战斗精神培塑提供了根本遵循。从具体实践上看,需要在增强政治性、战斗性、传承性、时代性上着力,进一步滋养官兵的战斗"基因"和精神"血脉"。

一、突出政治性,在筑牢强军之魂中持续发力

凡战法必本于政胜。任何军事行动都是为政治服务的。我军是中国共产党缔造和领导的人民军队,锤炼和激扬战斗精神,必须着眼筑牢军

---

① 王永昌、谢海燕、刘旭辉:《着力加强新时代战斗精神培育》,光明网,2020年12月11日,见 https://m.gmw.cn/baijia/2020-12/11/34452815.html。

魂、践行宗旨、坚定信念这一永恒主题展开。一要强化对党忠诚这个根本。我军自建军以来始终旗帜鲜明、立场坚定、行动坚决，用鲜血、汗水乃至生命铸就了听党指挥这个军魂。这不仅是强军之魂，更是塑造战斗精神的根本前提。抗美援朝战争中，空军官兵临战受命，虽然飞行时间不足、空战经验缺乏，有的甚至飞行时间还不到 20 个小时，但怀着对党和人民的赤胆忠诚，以敢于"空中拼刺刀"的精神信念，毫无畏惧奔赴前线、升空作战，取得了辉煌战绩，彰显了党的领导和理想信念的伟大力量。军队必须始终把铸造绝对忠诚的军魂放在首位，要坚持党对军队绝对领导的根本原则和制度，着力将习近平新时代中国特色社会主义思想和习近平强军思想融入血脉、进入灵魂，提领政治站位，增强"四个意识"、坚定"四个自信"、做到"两个维护"，贯彻军委主席负责制，打牢官兵对党绝对忠诚的思想根基。二要秉持为民服务这个宗旨。全心全意为人民服务是我军的根本宗旨，是我军的政治生命和价值取向，是塑造战斗精神的内在要求。面对美军对中国东北近邻的入侵和对我国安全的威胁，党中央鲜明提出"抗美援朝，保家卫国"的口号，把出国作战的意义升华到保卫新中国政权的高度，赢得了全国人民的广泛支持，陷敌于灭顶之灾的汪洋大海，最终打败了武装到牙齿的"联合国军"。军队必须始终把人民写在自己的旗帜上，从思想根源上解决"来自谁、为了谁、依靠谁"的问题，贯彻执行党的群众路线，与人民群众心连心、同呼吸、共命运，始终把祖国和人民的利益放在第一位。要始终强调突出永葆人民军队性质宗旨，秉持祖国和人民利益高于一切的革命情怀，相信人民、依靠人民，不断激发必胜的信心和决心，忠实履行好党和人民赋予的使命任务。三要强化精神追求这个支柱。有了信仰才可以不顾一切，军人的血性胆气就是在信仰中铸就的。新时代的人民军队，战争环境的考验少了，和平时期的陷阱多了，西方敌对势力渗透拉拢加剧，意识形态领域斗争复杂尖锐，要求思想政治工作只能加强不能削弱，要把坚定理想信念作为根本要求，把端正价值追求作为重要抓手，把深化新时代"四有"革命军人价值观培育作为培塑战斗精神的根本任务、核心内容渗透到全过程各领域，注重用先进的理论和科学的精神占领官兵的精神高地，坚持不懈地推进价值观培育久久为功、落地落实，强化祖国利益高于一切的政治情怀，坚定为祖国利益、民族尊严、人民幸福而战的政治信念。

二、突出战斗性，在锻造胜战品格中强势发力

抗美援朝战争我军以弱胜强、以劣胜优，昭示了我们之所以胜利的原因不是人力与物力的简单算术和，而是军队瞄着战时、攻于平时，大力弘扬尚武精武之风，注重通过教育引领、任务磨砺、导向激励锤炼"两不怕"的战斗精神，汇聚克敌制胜的磅礴力量。一要在教育中培塑。把思想政治教育作为战斗精神培育的基础工程。入朝作战，通过开展爱国主义、国际主义及革命英雄主义教育和"三观、三热爱"教育，大力宣扬志愿军官兵的英勇事迹，不断掀起群众立功运动热潮，极大地激发了官兵的作战热情。这启示我们，要常态抓好马克思主义战争观学习教育，学思践悟习主席关于战争与政治、战争与和平等系列重要论述，切实以辩证唯物主义的立场观点去理解认识战争，自觉强化战斗队思想。要持续深化"传承红色基因，担当强军重任"主题教育，大力开展"学战例、学战史、学战斗英雄"活动，不断培塑战斗意志品质。要抓好战备形势教育，大力强化危机意识，引导官兵充分认清当前复杂严峻的军事斗争准备格局，充分预估研判战争风险，强化居安思危的忧患意识，在潜移默化中增强直面强敌的勇气胆识。二要在任务中锤炼。把任务锤炼作为战斗精神培育中心环节。要与实战化训练紧密结合、一体推进。要将战斗精神培育具体化，在军事考核课目设置、考核标准制定中充分考虑战斗精神因素，使执行任务与练思想、练意志、练作风有机统一。

要将战斗精神培育实案化，充分利用现代科技手段，设置贴近实战的战场环境和气氛，锤炼提升官兵处变不惊、临危不惧，遇挫不馁、百折不挠的心理素质。要将战斗精神培育常态化，融入点滴抓培养，切实纠治消除思想上的消极保安全思维，持续强化官兵战斗意志，着力借助高强度、实战化的演训任务，大力培养连续作战的耐力、一往无前的勇气和愈挫愈勇的韧劲，做到在任何情况下都能战斗到底、永不言弃。三要在环境中熏陶。把正向激励作为战斗精神培育的支撑保障。要加强外部环境建设，加强军人荣誉体系建设，保障军人合法权益，落实军人优待政策，在全社会营造崇尚军人的氛围，使军人成为受全社会尊崇的职业。要鲜明政策机制导向，在选人用人、物质待遇和荣誉奖励上，向艰苦边远、危险地区官兵倾斜，向参加作战、维和、护航、反恐、救灾等任务

2021 年 10 月 25 日，一位老战士来到沈阳抗美援朝烈士陵园祭奠英烈。　　　　　　（杨青摄）

的官兵倾斜，使"两不怕"的战斗精神充分彰显。要善于培养宣传先进典型，充分发挥榜样在工作、生活、训练中的带领作用，在潜移默化中强化爱岗敬业、爱军习武的职业道德和甘于奉献的精神品质。

三、突出传承性，在强化精神血脉中自觉发力

建军以来，我军之所以能够创造一个又一个战争奇迹，关键在于始终保持和发扬了不怕艰难困苦、不怕流血牺牲的战斗精神。要始终保持这种战斗精神，必须传承革命先烈在不懈奋斗中凝结和升华的红色基因。一要传承遇强气更足的勇气。毛泽东在评价抗美援朝战争时说，志愿军打败美国佬，靠的就是一股气，美军不行，"钢多气少"。美军不明白，为什么志愿军听到冲锋号就奋不顾身、一往无前。我军正是凭借着自身的勇气胆识和顽强意志赢得了胜利，更对美军造成极大的心理震慑。西点军校的纪念馆里，至今仍陈列着上甘岭战役中 597.9 高地和 537.7 高地的模型。当前，我们依然需要发扬这种逢敌亮剑、敢打必胜的大无畏英雄气概，把红色基因和血脉传承下去，始终保持坚定的意志、旺盛的斗志和高昂的士气，为我们战胜艰难险阻，能打仗、敢打仗、打胜仗提供强大精神力量。二要传承临危抢先上的气概。狭路相逢勇者胜。我空军在抗美援朝战场上，正是靠着压倒一切敌人而不被敌人压倒、征服一切困难而不被任何困难所征服的革命精神，与敌人一次次生死搏斗，最终击退了敌大机群、大编队进攻。回顾我军艰苦卓绝的战斗历程，勇猛顽强、无所畏惧、敢打必胜是我军血性胆气积淀形成的"精神品牌"，也是战胜敌人的力量源泉。要充分挖掘我军革命文化中蕴含的红色基因作为凝聚军心士气的"魂"、排除一切困难的"势"，不断创造新形式、增添新内容、熔铸新效能。三要传承打赢何所惧的精神。军人为战争而存在，而有战争就会有牺牲。我军从来都是"一不怕苦、二不怕死"，"除却胜利一无所求、为了胜利一无所惜"。美军一位师长

回忆，他的第二师曾经被堵截了 8 个小时，而他的作战对象居然只是一名中国士兵、1 支枪和 3 颗手雷。这名中国士兵叫谭秉云，面对成千上万的敌人，他单枪匹马冲向敌军，掩护了我大部队的安全转移。未来信息化战争激烈残酷，战场态势瞬息万变，多域火力、密集打击、远程杀伤相互交织，要求官兵必须保持不怕牺牲的战斗品质。因此，要广泛开展马克思主义教育，用革命烈士的先进事迹激励官兵，真正激发官兵不怕流血、不怕牺牲的战斗血性。

四、突出时代性，在把握演进脉搏中精准发力

战斗精神的内涵是动态发展的，它与战争形态、军队装备水平和社会发展程度等密切相关，具有鲜明的时代特征。认识和培塑战斗精神，既要注重其普遍的衡量尺度，更要关注其特殊的时代变化，不能因循守旧，必须紧跟发展变化因势利导。一要紧跟新时代去深化。时代是培塑战斗精神的丰沃土壤，只有与时代同频、高扬时代主旋律，紧跟时代风尚不断激发驱动、引起共鸣，才能更好地顺应时代、引领时代。要紧跟新时代特点不断推动理念、内容、载体与制度机制创新，通过军队融媒体等文化平台，传播强军声音、展现强军风貌、讲好强军故事，增强时代感和感召力。当前，尤其要注重用战"疫"故事激扬战斗精神，注重发挥战"疫"英雄的种子力量，激发人性中天然崇尚英雄的基因，用战"疫"英雄冲锋在前的感人故事和誓死不退的精神品格引发官兵心灵共鸣，让其精神品质和价值追求成为广大官兵的普遍认同和行动自觉，积聚起为民而战、舍我其谁的精神力量。二要紧盯新战争去打磨。随着信息化作战样式的改变，"非接触式作战"代替了过去的"刀光剑影"，短兵相接的绞杀"征服"演变成了全域相争的心理"攻防"，战场态势更加多变和不测，制脑权、心理攻防和意志对抗等对军人的意志品质和战斗精神提出更加严峻的考验。着眼未来

信息化条件下联合作战，要帮助官兵理解战争胜利的伟大意义，认清战争的正义性和方向性，认清每个岗位、每项任务和每支力量对于战争胜利的意义，激发必胜的信心决心和勇于奋战的责任意识；要锻炼培育沉着冷静、严谨缜密的心理品质，确保临阵不乱、临危不惧；要大抓实战化训练中凝练的新观念、新思维、新精神、新经验的学习研究，提高快速判断情况、决策指挥、作战行动的认知力和准确性，以提升能力克服来自"未知"的恐惧，增强打赢信心。三要紧贴官兵特点去创新。短视频的火爆，源于"去中心化"的特点将庞大的用户群体由围观者变成参与者。战斗精神培塑要始终保持质效，也需要秉持用户思维，深刻把握新时代官兵思想、心理和行为特点，既用好传统手段灌输锻炼，也遵循官兵的认知特点和成长发展规律，鼓励其在全面参与、广泛融入中开展群众性自我强化。比如，抖音通过技术的赋能、使能与加力，以较低"进入门槛"让每位用户都能制作"专业级"短片，激发了他们的参与热情和兴趣。因此，可以通过最大限度地调动官兵的积极性主动性，引导他们充分发挥聪明才智和首创精神，不断创新手段方式做好红色基因和血性胆气的诠释和传递，并以此为"燃点""爆点"，在精准化、个性化的推送中实现意志的转化与积累，促进战斗精神培塑从"旧质"向"新质"飞跃。

第三节　把官兵带得更有血性

习主席高度重视、反复强调要加强战斗精神培育，发扬一不怕苦、二不怕死的精神，把官兵带得更有血性，把部队带得虎虎生威。战斗精神是部队战斗力的灵魂支撑，是克敌制胜的力量之源，是强军打赢的关键因素。要坚持以习近平新时代中国特色社会主义思想为指导，深入贯彻习近平强军思想，认真分析新时代战斗精神培育面临的困难挑战，深入贯彻强军目标的时代要求，把战斗精神培育作为重中之重抓深抓实抓到位，为有效履行新时代我军使命任务注入强大的精神动力。

一、加强新时代战斗精神培育，要在清醒认识面临的困难挑战上下功夫

进入新时代，战争形态、使命任务、官兵成分发生了新变化，对战斗精神培育带来新挑战、赋予新课题、提出新要求。

战争形态的新变化，给战斗精神培育带来了新挑战。当前，随着高新技术的发展，战争形态已由机械化向信息化、智能化演变，攻关夺隘时的敢死冲锋、孤立无援时的以命相拼、短兵相接时的刺刀见红等战场形态已逐渐成为过去，依托网络信息系统、高新武器装备参战成为新样式，通过战斗单元威力、武器系统效能体现人的因素成为新常态。新样式新常态呼唤战斗精神的新升级。面对战争形态的新变化，既需要充分挖掘新兴科技对战斗力的贡献率，更需要以新的血性胆气对新型武器装备进行"二次赋值"。只有引导官兵全身心投入思战、研战、练战的努力中，实现"人和武器"在新作战样式背景下的更高水平融合，血性胆气才会焕发新生、落地生根。

使命任务的新变化，对战斗精神培育赋予了新课题。当今世界，和平和发展面临众多的全球性问题和挑战，霸权主义和强权政治还将长期存在，世界面临的不确定性、不稳定性因素明显增多，地区热点敏感问题此起彼伏，我国安全形势不容乐观，新时代赋予我军"四个战略支撑"的使命任务。使命任务的新变化，兵力运用的常态化、多样化，特别是我军参与国际维和、海外护航、抗震救灾、实战化演习等急难险重任务日益增多，都使得官兵承受的压力更大、处境更危险、生死考验更直接，对官兵的血性胆气、敢战精神提出了更高的要求。适应使命任务

的新变化新要求，需要我们在持续锻造官兵尚武精武、敢打必胜的战斗精神上下功夫。

官兵成分结构的新变化，对战斗精神培育提出了新要求。当前，官兵的特点发生了很大的变化，"90后""00后"逐步成为基层官兵的主体，大学生士兵比例显著提高。他们的成长历程受市场经济的快速发展、网络媒介的传播渗透、长期的和平环境等因素影响较深，入伍前经历更加丰富，价值取向更加多元，这些都对部队官兵战斗精神培育提出了新要求。我们必须积极适应这些新情况新问题，努力改进战斗精神培育方式，确保官兵战斗精神始终充满生机和活力。

二、加强新时代战斗精神培育，要在深入贯彻强军目标的时代要求上下功夫

党在新时代的强军目标，是加快推进国防和军队现代化的行动纲领，为强军兴军提供了根本遵循。战斗精神培育作为实现强军目标的重要支撑，必须深入贯彻强军目标的时代要求，站在新的更高的起点上来思考和筹划，以新的更高的标准来推进。

听党指挥是我军战斗精神的灵魂。在强军目标中，听党指挥是灵魂，决定军队建设的正确方向。听党指挥是我军的建军之本、强军之魂，也是战斗精神的灵魂和源泉。作为强军的"军魂"，听党指挥不是一句空洞的口号，必须落实到所思所想、一言一行。加强新时代战斗精神培育，要深入贯彻听党指挥的时代要求，引导官兵永远听党话、跟党走，与党中央、中央军委和习主席保持高度一致，坚决维护党中央、中央军委和习主席权威，任何时候任何情况下都坚决听从党中央、中央军委和习主席指挥；树立国家利益和民族利益高于一切的观念，忠于祖国、忠于人民，誓死捍卫国家主权和领土完整，坚决同一切破坏国家和人民利益的行为作斗争；培养高尚的军人气节，勇敢面对各种诱惑、威

胁、困境，经受得起各种艰难险阻甚至是生死的考验，保持"捐躯赴国难，视死忽如归"的献身精神。

能打胜仗是我军战斗精神的根本指向。能打胜仗是核心，反映军队的根本职能和军队建设的根本指向。能打胜仗本身体现的就是高昂的战斗精神。加强新时代战斗精神培育，要深入贯彻能打胜仗的时代要求，引导官兵始终保持高昂的军心士气和旺盛的革命斗志，保持蓬勃朝气、昂扬锐气、浩然正气，保持箭在弦上引而待发的高度戒备状态；强化不畏强敌、敢打必胜的战斗信念，锤炼敢打硬战、善打恶仗的战斗作风，磨砺连续作战、攻坚克难的战斗意志，一往无前，奋勇杀敌；继承和发扬英勇顽强、立足现有装备打胜仗的光荣传统，树立压倒一切敌人、战胜一切困难的英雄气概，敢于出手，敢于胜利；培塑坚忍不拔、临危不惧的意志品质，面对残酷的斗争环境能够泰然处之、百折不挠。

作风优良是我军战斗精神的鲜明标志。作风优良是保证，关系军队的性质宗旨本色。作风优良才能塑造英雄部队，作风松散可以搞垮常胜之师。加强新时代战斗精神培育，要深入贯彻作风优良的时代要求，不断强化官兵的号令意识，一切行动听指挥，培养部队听令而行、闻令而动、步调一致、雷厉风行的良好作风；深入贯彻依法治军、从严治军的方针，把培育官兵法治精神作为战斗精神培育的重要内容，引导官兵把法治内化为政治信念、外化为行为准则，自觉培养法治思维和法治信仰，实现治军方式的"三个根本性转变"；把纪律建设作为核心内容，突出政治纪律和政治规矩，狠抓条令条例和各项规章制度落实，培养官兵严格而又自觉的纪律观念。

三、加强新时代战斗精神培育，要在采取务实有效的方法举措上下功夫

用好思想政治教育"导航仪"，打牢笃定信念跟党走的思想根基。

思想是行动的先导，过硬的战斗精神源于政治上的坚定和思想上的自觉。培养战斗精神要从思想入手，要把思想政治教育作为战斗精神培育的中心环节，通过扎实开展思想政治教育夯实战斗精神培育的理论和认知基础。一要高举旗帜强化理论武装。坚持用党的创新理论武装官兵，把学习贯彻习近平新时代中国特色社会主义思想和习近平强军思想作为培育战斗精神的首要政治任务，引导官兵深刻领悟习近平强军思想蕴含的新理念新思想新战略和马克思主义立场观点方法，深刻理解"当兵打仗、带兵打仗、练兵打仗"的时代要求，推动理论武装向信仰原点落、往灵魂深处走。二要锻造忠诚加强教育引导。扎实开展"不忘初心、牢记使命""传承红色基因、担当强军重任"主题教育，广泛组织"学强军思想、讲强军故事、干强军事业"群众性主题实践活动，引导官兵增强"四个意识"、坚定"四个自信"、做到"两个维护"，贯彻军委主席负责制，坚决听习主席指挥、对习主席负责、让习主席放心。创新开展"思战有几分、敢战差在哪、能战会多少、胜战行不行"和生死观大讨论，结合岗位练兵、比武竞赛等活动常态开展职能使命教育，培育官兵枕戈待旦、闻战则喜的战斗精神。三要重温历史，坚持以史励志。历史是最好的教科书。要采取专家授课、官兵研讨、深化融入等形式，深入开展党史国史军史学习教育，让官兵清楚我党我军筚路蓝缕的革命史、激情澎湃的建设史、波澜壮阔的改革史，进一步增强官兵深层认知、增加感情厚度。

用好使命任务"淬炼炉"，锻造能打仗、打胜仗的胜战本领。实践是检验真理的唯一标准，任务是磨砺战斗精神的最佳平台。加强战斗精神培育，必须坚持从难从严从实战出发，通过血与火、苦与累、生与死的实战化训练，培养官兵不畏强敌、敢打必胜的血性胆气。一要融入实战实训培育。实战化训练最能磨砺官兵的战斗精神。要按照"打仗需要什么就苦练什么"的要求，坚持"真难严实"的标准，将"残酷""流血""对抗"等浓浓战味引入演训课目，把官兵拉到实兵、实弹、实爆的实战环境中摔打，在"吃苦头""栽跟头"中除娇气、砺血性、练作风。坚持按纲施训，大力整治训风演风考风问题，把形式主义、假把式赶出训练场，提振官兵时刻准备上战场的精气神。二要贯穿重大任务培育。任务是检验战斗精神的试金石。结合参加抢险救灾、大型军事演练、维和护航等重大任务砥砺军人血性，叫响"见红旗就扛、见第一就争、见困难就上"等口号，在完成急难险重任务中检验战斗精神，在各种恶劣复杂环境中锤炼钢筋铁骨，培塑不讲条件、不辱使命、不负重托的战斗精神和军人血性。三要渗透日常养成培育。战斗精神培育是一项系统工程，必须渗透部队教育、训练和管理的全过程，坚持日积月累、久久为功。要强化纪律意识，严格遵守政治纪律和政治规矩，坚守底线、不踩"红线"、不碰"高压线"。要强化日常管理养成，抓好一日生活制度落实，严格规范"四个秩序"，引导官兵在一言一行、一点一滴、一举一动中强化服从命令、听从指挥的号令意识。

用好红色基因"营养剂"，激活光荣优良传统的强大生命力。树高千尺有根，水流万里有源。"一不怕苦、二不怕死"的口号，最早是由修筑川藏公路的十八军提出，在对印边境自卫反击战中充分彰显，伟大的共产主义战士王杰用生命将其升华。毛泽东说过，"我赞成这样的口号，叫做'一不怕苦，二不怕死'"①。从此，"两不怕"精神激励着一代代官兵战胜艰难困苦和强大敌人，成为我军的一项优良传统。新时代培育战斗精神，一定要发挥红色基因凝魂聚气、感人肺腑的巨大作用，与政治同向、与时代同频、与官兵同语，永葆其生机活力。一要盘活驻地红色资源。驻地革命遗址、烈士陵园和部队军史馆、荣誉室等红色资源，是培育战斗精神的富矿。通过参观革命遗址、缅怀革命先烈，在红

---

① 《毛泽东著作专题摘编》（下），中央文献出版社 2003 年版，第 2110 页。

色氛围中唤醒红色记忆、播撒红色火种、接力红色火炬，在"润物细无声"中培育官兵的战斗精神。二要运用革命文化熏陶。我党我军的革命文化是培育战斗精神的深厚土壤。应坚持以文化人、以文育人，传承红色文化，打造强军文化，大力营造"谋打仗、强本领、练打赢"的良好氛围，让营区角角落落弥漫着浓烈的硝烟味。三要培育典型模范感召。榜样是无声的力量，典型是鲜活的教材。着眼新时代战斗精神培育的新内涵、新标准、新要求，注重挖掘官兵身边的先进典型、感人事迹，为先进典型佩戴荣誉章，制作播放"标兵风采录"视频，让先进典型和模范登台励志，用身边人、身边事立起真实可感、具体可学的标杆，让官兵学有方向、练有标准、赶有目标。

用好领导带头"倍增器"，提高新时代战斗精神培育的质效。领导干部是建军治军的骨干中坚，在加强官兵思想教育、培育官兵战斗精神中发挥着关键作用，领导干部在思想上认识到位、行动自觉，就会发挥"关键少数"的"头雁效应"，大大提高战斗精神培育的质效。一方面，要练强打赢本领。要坚持严兵先严己、练兵先练官，落实干部每月考核、每季讲评、年终评比制度，激发练兵动力；聚焦"五个不会"难题，紧盯"和平官、和平兵""练为看、练为考""图享受、怕吃苦"等和平积习，查找自身短板弱项、看到能力差距不足、强化本领恐慌意识，坚持作战急需什么就重点训什么，能力素质缺什么就重点补什么，通过岗位练兵、交叉代职、集中轮训等多种途径提高素质。另一方面，要发挥表率作用。"其身正，不令而行；其身不正，虽令不从。"要带头吃苦、带头奉献、带头牺牲，把标杆立起来，敢于叫响"看我的、跟我来"，一级做给一级看、一级带着一级干，营造一种风气、提倡一种追求、引领一种方向，形成上行下效的正向效应，让"两不怕"精神在新时代绽放更加夺目的光彩。

第四节 积极构建战斗精神培育新格局

战斗精神，是军人的理想、信念、意志、情感、心理等精神因素的凝结和升华，是我军以弱胜强、克敌制胜的重要法宝。党的十八大以来，习主席对培育战斗精神作出一系列重要指示，多次强调要强化部队战斗精神，探索形成长效机制。要深入贯彻习近平强军思想，把战斗精神培育摆在部队建设的突出位置、纳入军队转型的总体规划，在认清态势、定实对策、加强领导上下功夫，构建体系化制度化经常化的培育大格局。

一、系统构建战斗精神培育的现实路径

加强战斗精神培育，只有把原则要求和具体实践相结合，把长远建设与当前工作相统一，才能确保工作有力有效，才能砥砺官兵的战斗意志和过硬作风。

（一）战斗精神培育的总体思路

遵循一个根本，把习近平强军思想作为"魂"和"纲"，确保战斗精神培育的正确方向。聚焦一个核心，继承和发扬我军"一不怕苦、二不怕死"的大无畏英雄气概和英勇顽强的战斗作风，着力解决战斗精神内涵过于宽泛的问题。突出一个重点，突出抓好领导干部和一线带兵人的战斗精神培育，做到训兵先训官、考兵先考官、育兵先育官。贯穿一条红线，把弘扬我党我军优良传统、传承红色基因作为培育战斗精神的"主脉"，充分发掘和运用各地域各部队独特精神，纳入部队教育，融入工作生活，进入岗位实践。把握五条原则，坚持思想领先、训育一体、全面锤炼、结合渗透、改进创新五条原则，逐级制定战斗精神培育的"路线图""施工图"。

（二）战斗精神培育的重点内容

战斗精神是一个内涵丰富、外延宽广的概念，对于其基本内容，不同军队、不同时代有不同要求。根据我军职能使命，以下五个方面内容要突出培育：一是赤胆忠诚的政治品格。这是我军战斗精神的灵魂，也是培育时代新人的首要因素。要看到，新一代官兵没有经历过大风大浪的考验。必须把赤胆忠诚的政治品格，作为战斗精神的根本内容、能打胜仗的坚强盾牌来培育。二是敢打必胜的血性胆气。这是我军战斗精神的直接体现，也是克敌制胜最重要的"精神利剑"。习主席深刻指出："威武之师还得威武，革命军人还是要有血性。"① 必须把培育"无畏之心"和"敢战之气"突出起来，作为战斗精神培育的重中之重，不断强化固化。三是英勇顽强的钢铁意志。这是我军战斗精神的重要内核。加强战斗精神培育，必须把强化官兵英勇顽强、坚忍不拔的战斗意志作为重要内容，培育不气馁、不服输、不言败的精神。四是临危不惧的心理素质。良好的心理素质是战斗精神的必备条件。现在，青年官兵从小集各种宠爱于一身，遇到不顺就心情低落、悲观失望。加强战斗精神培育，必须把培育处变不惊、沉着果敢、镇定顽强的心理素质作为重要内容，抓紧抓实。五是严明自觉的纪律观念。严明的纪律为统一思想意志、强化战斗精神提供刚性保证。信息化战争更趋标准化、精细化，对纪律观念和协同意识提出更高要求。必须把严明自觉的纪律纳入其中，从日常管理入手，从一言一行抓起，养成令行禁止、雷厉风行的过硬作风。

（三）战斗精神培育的路径抓手

血性不是天性，需要在工作实践中抓在经常、育在日常，确保培塑

---

① 徐隽、李龙伊：《开启强军兴军新征程（新时代的关键抉择）——以习近平同志为核心的党中央推进国防和军队现代化述评》，《人民日报》2021年11月7日。

工作踩到底、落到地。一要从思想入手抓好教育引导。思想是行为的先导。要扭住理想信念这个根本，突出牺牲奉献精神这个重点，用好扫除和平积弊这个抓手，从新兵和新学员抓起，搞好马克思主义战争观教育、我军根本职能教育和生死观、苦乐观、得失观教育，帮助官兵弄清"为谁打仗、为何而战"的根本问题。二要坚持严训严管抓好经常磨砺。严格的训练管理，是和平时期战斗精神培育的主渠道。要把战斗精神培育纳入实战化训练，与训练课目同步筹划部署、同步组织实施、同步检查考评，在近似实战环境中砥砺品格、练胆激气。要扎实抓好战斗精神专项训练，区分不同类型部队探索训练模式，推动战斗精神培育向专业化精细化迈进。三要紧跟重大任务抓好实践锤炼。在实战中锤炼战

武警山东总队开展特战"魔鬼周"集训，重点提升特战队员的意志品质、战斗精神和军事技能。图为特战队员在泥坑中进行自由搏击训练。　　　　　　　　　　　　　（杨磊摄）

斗精神，历来是我军战斗精神培育的光荣传统。随着国家安全和利益的拓展，军队遂行任务更加常态多元，必须把完成任务与锤炼官兵统一起来，在真实敌情、复杂情况和困难条件下经受极限考验，培养优良作风、强化职能意识、磨砺坚强意志。四要打造强军文化抓好环境育人。文化是滋养战斗精神的天然乳汁。要着眼地域实际，发掘拓展边塞文化、红色文化等特色文化，激发官兵忠诚报国、奉献军营的豪情壮志。要持之以恒抓好"红色基因代代传"工程建设，推进工作保持新常态、取得新发展。要广泛开展战味兵味浓郁的文化活动，推行网络内容工程建设，夯实战斗精神培育的深厚根基。五要严格制度措施抓好匡正导向。政策制度是战斗精神培育的刚性保证，带有根本性长远性。要坚持在军事斗争准备实践中考察识别干部，形成良好用人导向；要严格落实《军队奖励和表彰管理规定》，把奖励指标主要用于军事训练，形成良好的奖励导向。要协调地方党政机关，加强军人社会保障体系建设，形成有利于战斗精神培育的政策合力。

二、切实遵循内在规律培育战斗精神

战斗精神培育是一项长期任务、系统工程，涉及军事、政治、保障各领域各部门。必须积极适应"军委管总、战区主战、军种主建"的领导指挥管理体制，更新思维理念，改进方法手段，构建军地协同、上下衔接的培育新格局。

（一）树立求实思维，注重科学组织实施

战斗精神培育是一个精神塑造的过程，有其内在的特点规律。要克服"突击速成"的倾向，坚持循序渐进，既要有全局性部署又要有针对性举措，不能"毕其功于一役"；要克服"单纯教育"的倾向，充分认清战斗精神培育是多种因素共同作用的结果，教育只是培育的一个环节，做到各项措施科学配伍；要克服"重下轻上"的倾向，既要抓好基

层官兵这个主体，更要突出领导干部这个重点，确保领导干部教育在前、锤炼在先，以良好形象感召官兵、带动部队。

（二）建立考评体系，严格实施考核评估

对战斗精神进行科学的考核评估，是搞好战斗精神培育的重要工作。建立覆盖连以上单位的考评办法，把"软指标"变成"硬杠杠"。大单位要区分信念、勇气、士气、作风、心理等内容，设计官兵战斗精神量化表，合理确定考评权重，构建科学的评价指标。同时，要注重运用信息化手段，研发战斗精神考核软件，逐人建立考评电子档案，使战斗精神考评更加准确，实现评估由粗放向精准转变。

（三）加强基础建设，创设良好培育条件

构设近似实战的训练条件，紧贴实战开展战斗精神培育，是世界主要军事强国的普遍做法。当前，战斗精神培育缺乏专业设施、缺少场地保障的问题比较突出。要把加强基础设施建设、创设良好条件，作为搞好战斗精神培育的重要工作，纳入部队整体建设规划。旅团级单位力所能及地建好心理行为训练场，使战斗精神训练有场所、教学有力量。

（四）注重研究创新，着力破解矛盾难题

当前，部队建设的内外环境发生了深刻变化，给战斗精神培育带来很多矛盾困难。要以问题为牵引，加强对战斗精神培育新情况新问题的研究，增强培育工作的科学性有效性。特别要深入研究信息化战争对官兵思想心理的影响，深刻把握打赢现代战争对战斗精神的新要求，积极探索行之有效的培育途径，切实在守正创新中探索新路径、取得新成效。

第十二章

夯实强军之基

——坚持依法治军从严治军

第一节　运用法治思维和法治方式推动工作

中央军委印发的《关于新形势下深入推进依法治军从严治军的决定》中提出，要强化法治信仰和法治思维，按照法治要求转变治军方式。这是我军依法治军理论在适应时代要求、总结历史经验基础上的一种提升，按照法治要求转变治军方式，关键是知行合一，将法治思维和法治方式统一于治军实践中，运用法治思维和法治方式推动工作。习主席提出要实现"党委依法决策、机关依法指导、部队依法行动、官兵依法履职"，就是对不同主体运用法治思维和法治方式推动工作的实践要求。只有各级党委、各级机关、基层部队、全军官兵都在依法治军的事业中找到自己的位置，明确自己的行为模式、法治责任，才能在全军建立起全面规范的法治秩序，真正实现依法治军。

一、以强化制度刚性为重点，保障党委依法决策

党委决策是实现党对军队绝对领导的主要方式，习主席说它既是一种政治设计，也是一种制度安排，就是说党委依法决策背后还要有

一整套复杂的规则来支撑保障。党的十八大前，全军违法决策的案例不在少数，决策议题不合法、程序不合法、内容不合法的情况都存在，这说明党委依法决策仍然面临很大困境，究其原因不是缺乏制度依据，而是制度刚性不足。因此，要落实党委依法决策首先必须严肃制度刚性。

要严肃决策程序制度。程序是控制权力、提高组织效率的基本方式，但在实践中，各级领导干部在决策中"结果"导向意识较强，重结果轻程序，对权力的制约有待提升。随着国家法治环境的不断改善，科学有效的决策程序已经基本形成，为全军各单位健全决策程序提供了重要参考，同时也为严肃决策程序塑造了整体的社会氛围。

要严格落实责任追究制度。党的十八届四中全会决定提出建立重大决策终身责任追究制度和责任倒查机制，这对保障党委依法决策制度的刚性运行具有重要意义。2019 年 9 月，国务院公布《重大行政决策程序暂行条例》，对决策机关行政首长、其他领导人员和直接责任人员的倒查责任和终身责任进行了明确规定，这对我军相关制度建设起到了巨大的示范作用。当前，我军有关内部制度的具体建设还在摸索推进中，但党中央、中央军委高调强推的态度形成比较大的震慑力，表明违法违规决策的风险越来越大，当然仅靠外在压力对规范党委决策的作用还是暂时的，最终起长效作用还要依靠制度完善和刚性。

要普遍建立法律顾问制度。党委依法决策是一项专业性、综合性很强的工作，随着改革调整和转型建设的深入发展，党委决策的范围更广、专业性更强、时效性更高，其中牵涉到的法律问题还会有军地衔接的内容，稍有不慎就会给部队建设带来巨大的损失。《关于新形势下深入推进依法治军从严治军的决定》强调，"推动建立党委决策法律咨询保障制度，探索实行党委决策重大事项事先进行合法性审查"。当前，我军法律人才供给还不足以支撑保障党委依法决策的需求。要普遍建立法律顾问制度还需要综合施策，在人才培养、干部选拔人员等工作中从多方入手。

二、以转变治军方式为抓手，落实机关依法指导

机关依法指导在依法治军各环节中起着承上启下的作用，机关作用发挥如何，既影响着党委首长的领导决策水平，也关系着基层部队的建设水平。但是当前非法治化的治军方式在机关工作中依然存在。解决问题的办法，归根结底还是要服从习主席"谋划工作要运用法治思维，处理问题要运用法治方式"① 的指示。

第一，机关谋划工作要运用法治思维，形成依法行政的自觉。对于机关而言，依法行政的具体要求很丰富，但核心要求有两个：一是明确权力间的界限；二是明晰权力与权利的界限。其一，要明确权力之间的界限。机关坚持依法行政，当前来说主要工作就是适应改革调整。首先从横向上划清机关各职能部门的权责关系、规范工作流程、制定工作制度；其次在纵向上明确上下级机关的权力界限。新修订的《军队基层建设纲要》就对军委机关、战区机关、军兵种机关、师旅团机关的具体指导权限在纵向上进行了明确。当然，上下级之间、左右部门之间更为明晰的权力界限，还需要在实务中不断磨合确定下来。其二，明晰权力与权利的界限。长期以来我军依法治军工作一个误区就是把广大官兵当成法治的客体、管理的对象。因此，《关于新形势下深入推进依法治军从严治军的决定》指出官兵是军队的主体，必须坚持官兵主体地位。

---

① 中共中央文献研究室编：《习近平关于全面依法治国论述摘编》，中央文献出版社 2015 年版，第 124 页。

第二，机关处理问题要运用法治方式，按法规制度开展工作。按法规制度开展工作，使法规制度进入和支配法治实践，才能减少和排除单纯依靠行政命令的老套路。首先，机关干部要克服法律工具主义思想，要明确依法治军不是以法治军，法是治军的尺度而不是工具，不能需要时拿来用一用，符合自己的意愿就执行，不符合就束之高阁。其次，要学好法律知识，具备法律分析能力。努力学习法律知识是掌握领导工作主动权的关键。当前正处改革调整期，法律法规的制度供给严重不足，很多法律法规定量不够，执行性可操作性比较差。机关执法时会遇到很多问题。解决这一问题，就要对照新的领导指挥体制，吃透法治的精神，具备法治分析的能力，结合实际制定相应的细则。

第三，机关处理问题要运用法治方式，还特别强调要严格依条令条例办事。条令条例是军事法规的主体，它规范基本军事活动，其核心是建立和保持正规的战备、训练、工作和生活秩序。刘伯承元帅是推动我军各项条令条例建设的主要创制人之一，他曾说过："军队生活秩序能依照条令办事，像一部大机器，车间与车间，这一齿轮与那一齿轮，能有准确的规律，向共同的生产目标

火箭军某导弹旅发射一连连长尹东被官兵誉为依法从严治军的"铁连长"。他时刻播撒法治信仰的种子，灌输法治思维的观念，树立依法治训的导向，带出了一支10多次圆满完成实兵演习、实弹发射等任务的过硬连队。图为尹东在发射阵地指挥操作训练。

（陈双维摄）

协同动作。这就是正规化。"① 可见，依条令条例办事不仅是依法治军的重要内容，还是实现军队正规化的重要手段，直接关系着部队战斗力养成。因此，条令条例比一般的军事法律法规具有更为明确的规定、更少的弹性空间，必须不打折扣地严格执行。

三、以建设主体能力为内容，推进官兵依法履职

大厦之成，非一木之材；大海之阔，非一流之归，军队法治化最根本的还是广大官兵社会行为的法治化，也就是官兵履职行为的普遍合法化。当前，我们进行的军事行动越来越多样化、复杂化，依法履职再也不能简单化、庸俗化地理解为"走走步、整整铺，穿衣戴帽扫扫路"，而是有着更为丰富和复杂的内容。在这种情况下，要求官兵依法履职，在依法治军过程中发挥主体作用就必须强调主体能力建设。

熟悉常识，精通本职。法律法规规章的数量非常庞大，在百度百科上查一下，各类法律法规条文有 50 万条之多，法学家也难以做到面面俱到。广大官兵学法律不是为了从事专业，而是为了更加科学有效地把本职工作搞好，在这个问题上不必求全责备，把涉及本职工作的相关法律法规搞懂弄通，上好必修课，做足基本功，确保我们依法履职尽责的需要即可。有一些指挥员到任之后，第一件事就是交代机关把分管领域相关的法律制度作个汇编，时时学习、时时查阅、时时纠正，这个工作思路就很值得肯定。

涉法难题，学会求助。官兵在社会中生活，个人遇到棘手的涉法问题是常有的事，对一些法律法规不理解不精通是正常的，这时候要虚心向专业的人员或机构咨询，找到最有利于自己的法律法规和解决方式。比如，军委机关、各军兵种在强军网上都有法律咨询服务的专栏，一些

---

① 《刘伯承军事文选》，解放军出版社 1992 年版，第 485 页。

咨询服务机构公布有咨询电话，这些都是免费的咨询途径。此外，如果依靠自己解决不了的时候，要相信组织的能力，遇到难题，依靠组织解决困难是最可靠的方法。

分析法理，一线取证。官兵生活在具体的社会中，开展履职活动就会与地方社会产生关系，处理军地涉法问题，就要建立培养法理分析能力，即运用法治的概念原理对问题进行认识并得出初步判断，而后及时作出决定控制局面。

从 1988 年中央军委首次在正式文件中提出依法治军，我军提出和推动依法治军工作已经有几十年了，新时代依法治军工作站在新的历史起点，提出的要求标准是"深入推进"，这是在解决了法治有无的基础上，对深度和广度的要求，要求军队的每个要素、每个成员在各自的军事活动中都能行为规范。为此，习主席在多个场合强调要"党委依法决策、机关依法指导、部队依法行动、官兵依法履职"①，既把这四项要求作为中国特色军事法治实施体系的组成部分，又把它作为依法治军所要形成的法治局面，可见这四项要求既是路径又是目标，我们每一个人不管从事什么样的具体工作，在依法治军问题上都可以在这四项要求中找到自身定位。全面彻底地贯彻落实了"党委依法决策、机关依法指导、部队依法行动、官兵依法履职"，就标志着建立了横向到边纵向到底的法治秩序。

第二节　人民军队依法治军从严治军的历史经验和启示

法治兴则国家兴，法治强则军队强。依法治军、从严治军是军队建

---

① 中共中央宣传部编：《习近平总书记系列重要讲话读本（2016 年版）》，学习出版社、人民出版社 2016 年版，第 259 页。

设的铁律，是战斗力生成的源泉，也是我军战胜强敌、发展壮大的重要条件和可靠保证。我军作为无产阶级的新型人民军队，无论是战争年代还是和平时期，都以纪律严明著称于世。正是严格的制度、严明的纪律，保证了我军从小到大、从弱到强、从胜利走向胜利。

一、人民军队依法治军从严治军的历史经验

早在革命战争年代，依法治军、从严治军在我军中就已有丰富的实践。为把以农民为主要成分的军队建设成为具有严格纪律和强大战斗力的新型人民军队，在毛泽东的领导下，井冈山斗争时期红军就唱响了"三大纪律六项注意"，抗日战争时期八路军和新四军又广泛开展了以巩固党的领导、提高自觉纪律、提高战斗力为根本目的的"新式整军运动"，解放战争时期我军又以重新修订颁发"三大纪律八项注意"为契机深入开展严明纪律教育。在此期间，我军先后颁布了《中国工农红军编制草案》《中华苏维埃共和国军制草案》《中国工农红军政治工作暂行条例（草案）》《中国工农红军暂行内务条令》《八路军军法处工作条例草案》《新四军奖惩暂行条例》等大量条令、条例、宣言、布告或训令。

新中国成立后不久，毛泽东就提出了人民军队正规化的任务，要求全军实行"统一的指挥、统一的制度、统一的编制、统一的纪律、统一的训练"，并加强"组织性、计划性、准确性和纪律性"。从新中国成立到 1966 年 5 月，由全国人大及其常委会、国务院、国防部颁发的国防和军事法律、法规、法令达 200 多件，全军制定和颁布条令、教程和教范达 7100 多件，层次分明、门类众多、内容协调的统一的军事法规体系基本形成。

党的十一届三中全会以后，伴随着国家法制建设的重新启动，依法治军也踏上了新的征程。邓小平作出了全面恢复和建立军事法规制度的

重大决策，强调"还是要靠法制，搞法制靠得住些"①。在此期间，《中华人民共和国惩治军人违反职责罪暂行条例》《征兵工作条例》等一批军事法律、法规的陆续颁布和实施，使部队管理做到了有法可依，"文化大革命"期间积累的"肿、散、骄、奢、惰"等状况得到有效整顿，部队各项秩序逐渐恢复。随着世界新军事革命的日新月异，以及我国改革开放力度不断扩大和社会主义市场经济建设步伐加快，党中央和中央军委审时度势，不断加大从严治军和法制建设的力度，不断推进各项军事法律、法规和规章建设，逐步形成了覆盖军队建设各个层面的军事法规体系。

党的十八大以来，习主席鲜明提出党在新时代的强军目标，强调依法治军、从严治军是强军之基。2014 年 10 月，党的十八届四中全会把依法治军、从严治军写入全会决定，纳入依法治国总体布局。2015 年 2 月，中央军委印发《关于新形势下深入推进依法治军从严治军的决定》，人民军队法治化建设进入"快车道"。围绕实现党在新时代的强军目标，中央军委制定年度立法计划和"十三五"期间立法规划，加强军事立法的宏观统筹和顶层设计。各战区、各军兵种、军委机关各部门和武警部队根据军委部署要求，纷纷制定本领域立法规划计划。从军队党的建设到部队各项改革，从作战训练到作风建设，一项项重点领域立法接连出台，为深化国防和军队改革、为强军备战提供了有力法规制度保障，中国特色军事法规制度体系不断发展完善。

二、人民军队依法治军从严治军的历史启示

我们这支在诞生之初就以纪律严明、秋毫无犯著称的人民军队，面对所处内外环境的重大变化、使命任务的拓展深化，始终在依法治军、

---

① 《邓小平文选》第三卷，人民出版社 1993 年版，第 379 页。

从严治军的轨道上勠力前行，用自己的光辉实践向党和人民交出了一份份合格的答卷。人民军队 90 多年依法治军从严治军的宝贵经验给了我们深刻的启示。

深入推进依法治军从严治军，必须坚持把党对人民军队的绝对领导作为核心和根本要求。党对人民军队的绝对领导是我军的建军之本、强军之魂，体现了我军作为党的军队、人民的军队、社会主义国家的军队的本质要求，是宪法、国防法确定的我国基本军事制度。党的绝对领导既决定着我军法治建设的根本性质，又决定着我军法治建设的根本内容，是依法治军、从严治军的根本要求。深入推进依法治军、从严治军，必须有利于坚持和维护党对人民军队的绝对领导，要善于从法理上捍卫党对人民军队绝对领导的根本原则，坚持和完善党对人民军队绝对领导的一整套制度，以法治强制力确保党指挥枪的原则落地生根，必须加强党对依法治军、从严治军的领导，切实贯彻体现到军事法治建设的全过程和各方面。

深入推进依法治军、从严治军，必须坚持战斗力这个唯一的根本的标准。军队建设各项工作，如果离开战斗力标准，就失去其根本意义和根本价值。保障能打仗打胜仗正是依法治军、从严治军的要义和根本目的。必须通过军事法治建设把战斗力这个唯一的根本的标准在全军牢固树立起来，形成有利于提高战斗力的政策导向、制度体系和监督机制，激励督导各级党委把统兵打仗作为第一要务，领导干部把带兵打仗作为第一职责，广大官兵把练兵打仗作为第一追求；充分发挥作战、训练、法制、纪检、监察、巡视、审计等职能部门作用，加大检查监督力度，纠治训风演风考风不实问题；加强战备工程建设、武器装备研发、大宗物资采购等领域法治监管，严格落实责任制，严格检验评估，把各项军事斗争准备工作往前赶、往实里抓、往深处走，确保部队召之即来、来之能战、战之必胜。

深入推进依法治军、从严治军，必须坚持官兵主体地位。官兵是构成军队建设的主体，军队建设的一切实践活动，都是通过官兵来组织和实施的。依法治军、从严治军是全军官兵共同的事业和责任。必须充分尊重官兵的主体地位和创造精神，心系基层，情系官兵，切实把官兵的切身利益实现好、维护好、发展好，把他们投身军事法治建设的积极性、主动性、创造性保护好、引导好、发挥好。要不断扩大官兵的知情权、参与权和监督权，集中全军官兵智慧和力量，形成全军共同建设法治、厉行法治、维护法治的良好局面。

深入推进依法治军、从严治军，必须坚持依法与从严相统一。习主席一再强调："军无法不立，法无严不威。"① 军队作为武装集团，军队、军人、军事活动的特殊性，决定了必须坚持在立法、执法、司法、守法各个环节体现从严，标准高于社会组织、严于普通公民。从严要以依法为前提，严在法内、严之有据、严之有度，不能层层加码、搞"土政策"。各级领导和机关要依法筹划和指导基层建设，严格按照《军队基层建设纲要》开展工作，推动基层建设全面进步、全面过硬。

深入推进依法治军、从严治军，必须坚持法治建设与思想政治建设相结合。法治约束和思想引导是规范官兵行为的基本手段。深入推进依法治军、从严治军，既要重视法治的规范和强制作用，又要发挥思想政治建设的教育和引导作用，以法治体现思想政治建设要求、强化法律对思想政治建设的促进作用，以思想政治建设滋养法治精神、强化对法治文化的支撑作用。着力抓好基本理论、基本传统、基本规范、基本道德教育，大力培育社会主义核心价值观和当代革命军人核心价值观，引导

① 中共中央宣传部、中央全面依法治国委员会办公室编：《习近平法治思想学习纲要》，人民出版社、学习出版社 2021 年版，第 68 页。

官兵坚定理想信念，坚守精神家园，眼睛向内立德修德践德，做有灵魂有本事有血性有品德的新时代革命军人。

第三节　推动纪律建设新发展　护航强军兴军新征程

加强纪律性，革命无不胜。纪律是胜利之母，没有纪律的军队是没有战斗力的军队，是不能打胜仗的军队。军队作为执行政治任务的武装集团，纪律是军队赖以生存和发展的根本保证，也是实现新时代强军伟业的重要依靠，必须不断深化思想认识、把准时代特点、贯彻从严要求，切实把纪律建设抓得紧而又紧、严而又严，为推动人民军队向世界一流迈进护航。

一、强化思想认识，切实把纪律建设摆到突出位置

马克思指出，"必须绝对保持党的纪律，否则将一事无成"①。党的十九大站在推进全面从严治党伟大工程战略新高度，将党的纪律建设纳入党的建设总体布局中进行统筹推进，具有格外重大而深远的意义。纪律作为党的生命，是军队的命脉所在，是人民军队保本色、保作风、保战斗力的关键要素，必须摆到突出位置不断加强建设。

从历史进程来看，严守纪律是我军夺取革命胜利的重要法宝，是我党我军的优良传统和独特优势。我军历来以军纪严明闻名于世。人民军队的第一条纪律就是从工农革命军在进军井冈山途中，毛泽东见有人挖老百姓红薯吃，便当即规定部队"不准拿老百姓一个红薯"开始的。随后，"打土豪要归公""一切行动听指挥"等一条条纪律逐步确立下来。

---

① 《马克思恩格斯全集》第29卷，人民出版社1972年版，第413页。

"军令如山重，纪律似铁坚"从此成为我军的鲜明写照，是我军战胜艰难险阻、夺取革命胜利的重要法宝，也涌现了许多可歌可泣的感人事迹。毛泽东曾指出："共产党与红军，对于自己的党员与红军成员不能不执行比较一般平民更加严格的纪律。"①抗日战争时期，根据党与红军的纪律，党中央决定将逼婚不成打死女学员的黄克功处以极刑；挺进大别山，刘邓大军对部队"约法三章"、严肃军纪，含泪枪决了违纪的战斗英雄赵桂良；解放上海，陈毅、粟裕率部进城宁可冒雨露宿街头也决不违纪扰民，始终秋毫无犯、严守军纪；抗美援朝战场上，邱少云在熊熊烈火烧遍全身情况下忍受剧痛、纹丝不动，除了钢铁般意志外，靠的是纪律。可见，纪律从来就是我军的生命。纪律作为我军夺取革命胜利的重要法宝，始终是我党我军的优良传统和独特优势。

从现实需要来看，纪律是有效化解风险挑战、破解矛盾困难、促进军队建设发展的坚甲利器。新中国成立伊始，党和人民就严格依纪依法果断处决了大贪官刘青山、张子善等，用法纪维护了党内政治生态。当今世界正处于百年未有之大变局，我国安全形势日益严峻，意识形态领域斗争愈演愈烈，军事领域正发生革命性变化，我军官兵的政治素养、思想觉悟、价值观念和成分结构都发生新的变化。面对如此复杂严峻形势，如果没有纪律作保证，人民军队不但不能保持高度的集中统一和巩固稳定，还将变成一盘散沙，面临随时变质变色的危险。所以，必须更加严明纪律，以化解前进发展中的风险与挑战、矛盾与困难，捍卫军队的集中统一。从近年来查处的贪腐分子来看，他们丧失信仰、违纪乱军、违法犯罪，严重破坏我党我军政治生态，给军队建设造成了极大伤害和不可估量的损失，严重阻碍我军建设发展。彻底肃清流毒影响，进行正本清源，就是要重拳出击、重整纲纪，充分发挥纪律这一坚甲利器

---

① 《毛泽东文集》第二卷，人民出版社 1993 年版，第 39 页。

作用，为军队建设筑牢安全防线。

从未来发展来看，纪律是实现党在新时代的强军目标、建设世界一流军队的根本保证。厉行法治、严肃军纪，是治军带兵、建设强大军队亘古不变的铁律。站在新的历史起点上，党的十九大进一步明确了党在新时代的强军目标，提出了建设世界一流军队的伟大号召，赋予了我军新的职能使命。这就要求我们必须不断加强纪律建设，用纪律为履行好新时代使命任务提供稳定可靠的环境，为强军兴军伟业护航。因为只有建立严明的纪律，才能更好地统一号令、凝聚意志，保证军令政令畅通，确保党对军队绝对领导的根本原则落地生根；只有建立严明的纪律，才能真正凝神聚力练兵备战、对接战场苦练本领，确保能打胜仗的根本要求顺利实现；也只有建立严明的纪律，才能有效维护我军文明之师、威武之师良好形象，确保人民军队优良作风发扬光大。

二、把准时代特点，深刻理解纪律建设的科学内涵

由于不同时期我军所处的背景条件、担负的使命任务以及官兵成分结构等都不尽相同，纪律建设也应有不同的内容标准和要求。伴随着时代的发展进步，我军纪律建设不断与时俱进、丰富拓展，蕴含了许多新的丰富内涵，必须深刻理解、牢牢把握。

首先，坚持把政治纪律摆在首位，不断增强纪律建设的政治性。纪律是执行政治路线、思想路线和组织路线的根本保证。旗帜鲜明讲政治是马克思主义政党及其军队区别于其他政党和军队的显著特征。作为党亲手缔造、亲自领导的人民军队，加强纪律建设，就是要把政治纪律作为纪律建设的"纲"和"魂"，作为打头的、管总的摆在突出位置，不断强化纪律的政治统领作用。要围绕强化"四个意识"、坚定政治方向、站稳政治立场等明确政治规定、政治规矩，引领官兵在大是大非面前保持清醒的政治头脑，提高官兵政治敏锐性、辨别力，确保官兵在思想

上行动上始终同党中央、中央军委保持高度一致；要着眼落实"两个维护"，增强贯彻落实军委主席负责制的自觉性、坚定性，不断增强政治纪律执行力、约束力，确保部队始终做到绝对忠诚、绝对纯洁、绝对可靠；要认真对照有违政治纪律的"负面清单"开展政治整顿，进行政治审查，坚决防止和避免政治性问题发生，确保政治纪律真正成为我军政治生态的可靠"护林员"。

其次，统筹推进"六大纪律"建设，不断增强纪律建设的时代性。我军是靠革命理想和铁的纪律建立起来的人民军队，在长期的革命斗争和发展建设实践中，建立了以纪律条令为核心的纪律规范。随着时代条件的深刻变化，党和军队面临"四大危险"、需要应对"四大考验"，军队纪律建设必须紧扣保本色、保作风、保战斗力的根本目标，统筹构建完善融"政治纪律、组织纪律、廉洁纪律、群众纪律、工作纪律和生活纪律"于一体的纪律体系，确保军队各方面都有严格规范的纪律约束。具体而言，严明政治纪律，主要围绕贯彻党对军队绝对领导规范官兵政治行为和言论，确保军队牢牢掌握在党的手中；严明组织纪律，重点围绕落实民主集中制这项根本组织原则，进一步完善军队各级党组织间相互关系的准则和组织制度、人事纪律；严明廉洁纪律，主要着眼推进党风廉政建设、打赢军队反腐败斗争，不断健全党员领导干部廉洁从政行为规范等；严明群众纪律，重点是贯彻以人民为中心的思想，坚守全心全意为人民服务的宗旨，构建完善密切新时代军政军民关系和维护人民群众利益的纪律规范；严明工作纪律，主要针对军队性质、军人属性的特殊性，进一步规范部队战备训练、思想政治教育和日常管理等；严明生活纪律，主要按照全面从严治党、全面从严治军要求，对官兵特别是党员干部对外交往、日常生活、家庭子女等提出更加明确的纪律规范。"六大纪律"涵盖的内容系统全面，必须根据时代发展要求统筹完善、协调推进、严格落实。

最后，聚力备战打仗，不断增强纪律建设的针对性。对于军队而言，纪律建设的全部价值与意义在于巩固提高部队战斗力，在于保证军队打胜仗。因此，除了要从整体上统筹"六大纪律"建设、构建军队纪律体系外，还要重点围绕新时代赋予我军的新使命新任务，聚焦备战打仗，针对军事斗争准备需要，不断巩固完善各项军事纪律。尤其是军队作为执行特殊任务的武装集团，纪律建设必须适应打赢信息化局部战争要求，紧贴练兵备战实际，准确理解把握军队纪律建设平时与战时的相互关系、特点规律，着力加强军事训练纪律、作战协同纪律、军事保密纪律以及战时群众纪律等建设力度，促进军队纪律建设平时保稳定保安全与战时保方向保打赢的有效衔接，以严明的军纪护航备战打仗，为打赢现代战争提供坚强纪律保证。

三、贯彻从严要求，不断增强纪律规矩的刚性约束

盖天下之事，不难于立法，而难于法之必行。纪律的生命力在于执行。毛泽东曾指出，"路线是'王道'，纪律是'霸道'"[①]。光靠觉悟不够，必须有刚性约束、强制执行，这就是纪律。随着我军纪律建设的内容体系日趋完善成熟，当前最紧迫的就是要从严执纪，强化纪律的约束力、执行力。

一是坚持"严"字当头、一严到底。纪律的生命力在于"严格"。纪律效用如何，关键也要看是否把"严"的要求落到实处。习主席指出："执行党的纪律不能有任何含糊，不能让党纪党规成为'纸老虎'、'稻草人'，造成'破窗效应'。"[②]纪律一经形成，就必须严格执行。军纪有更严的标准、更严的要求，必须"严"字当头、一贯到底，初始即严、

---

① 《毛泽东文集》第二卷，人民出版社 1993 年版，第 374 页。

② 中共中央纪律检查委员会、中共中央文献研究室编：《习近平关于党风廉政建设和反腐败斗争论述摘编》，中国方正出版社、中央文献出版社 2015 年版，第 44 页。

步步从严。要牢固确立"严"的思想，纪律面前绝不讨价还价，违纪问题绝不姑息迁就；要严在经常，健全严格执纪常态机制，保障纪律常态化落实，严惩日常细小违纪问题；要严出长效，常抓不懈、持续用力，不可让纪律时紧时松、松松垮垮，切实让纪律成为永远守护官兵安全而不可触碰的"高压线"，永葆人民军队性质宗旨、本色作风和战斗力的"警戒线"，护航强军征程的"生命线"。

二是坚持执纪必严、违纪必究。战场无亚军，打仗只有第一、没有第二。纪律对于军队来说同样具有极其特殊的要求，执行纪律必须无条件说到做到，不打折扣、不搞变通，有纪必执、违纪必究，绝不能随心所欲，合意的就执行，不合意的就不执行，更不能把纪律作为一种摆设、一种软约束或一纸空文而束之高阁。相反，遵规守纪是部队官兵天经地义的责任与义务，执纪严明是军队强大的重要体现。即使是和平建设时期，执行军纪也绝不能放任自流、任由性子来；即便是细微小事，严肃军纪也绝不能轻描淡写、简单处之。严格执纪既是对官兵的厚爱与关心，也是对部队战斗力的保障和对强军事业的极端负责，决不是额外的苛刻要求，必须以"零容忍""无例外"的态度查纠各种违纪问题。

三是坚持挺纪在前、纪严于法。从根本上讲，纪与法的本质目标是一致的。法纪作为治党之戒尺、治国之重器、治军之利剑，必须坚持纪法协同、双施双守，相互贯通、一体贯彻。无数案例表明：违法必先破纪。违法犯罪行为的发生发展往往都是从突破纪律、破坏规矩开始的。这就要求必须把纪律、规矩挺在前面，从严执纪，从苗头抓起，从源头上筑牢"防火墙"。要坚持纪先于法、纪严于法，坚决摒弃"违纪只是小节，违法才去处理""突破点规定问题不大，只要不犯法就行"等麻痹思想和错误认识，尤其是对那些看似微不足道、不痛不痒的小毛病、小缺点、小错误、小问题，更要严格按照纪律要求从早从快、从严从重查处，避免"小错不纠酿大祸"。只有真正把纪律、规矩挺在前面，才能确保官兵远离纪律红线，守住法律底线。

四是坚持纪令合一、令行禁止。军队是执行特殊任务的武装集团，历来强调军令如铁、执纪似钢，军人是以服从命令为天职的，历来强调绝对服从、绝不含糊。增强军队纪律的刚性约束力、执行力，就是要坚持纪令合一、令行禁止，要按照军队的属性特点，突出强化命令意识、服从意识、执行意识，把执行纪律规定与执行命令指示统一起来，按照执行法的同等效力来执行命令指示，任何时候都不打折扣、不讨价还价，坚决做到有令则行、有禁则止，令纪归一、令行禁止，确保军令政令顺畅贯通，确保部队思想上高度稳定统一、行动上步调一致。

后　记

　　锻造一支听党指挥、能打胜仗、作风优良的人民军队，一刻也离不开理论武装。党的理论创新每发展一步，军队的理论武装就跟进一步。在全军和武警部队不断把学习贯彻习近平强军思想引向深入的热潮中，我们精选了全军党委理论学习中心组学习期刊《解放军理论学习》的部分精品力作，努力给官兵奉上一道"理论大餐"。这些作品是党的十九大以来军队各级学习、研究、宣传习近平强军思想的代表性成果，按照强军目标的逻辑体系编排在一起，旨在对军队理论学习特别是党委中心组理论学习起到辅导和参考作用。

　　本书系军队"双重"学科建设的政治理论协同创新平台重点课题成果，由国防大学习近平新时代中国特色社会主义思想研究中心编写，主编贺霞、汤俊峰。人民出版社曹春作了精心编辑，对此表示衷心感谢！由于本书主题重大，编写时间紧迫，难免有疏漏和不妥之处，敬请广大读者批评指正。

编　者

2024 年 10 月

责任编辑：曹　春

封面设计：汪　莹

图书在版编目（CIP）数据

新时代部队理论学习前沿问题研究／国防大学习近平新时代中国特色
　社会主义思想研究中心编写 . — 北京：人民出版社，2025.4
ISBN 978 - 7 - 01 - 026296 - 3

I. ①新… 　II. ①国… 　III. ①军队政治工作 - 中国 - 学习参考资料
　IV. ① E221.3

中国国家版本馆 CIP 数据核字（2024）第 031911 号

新时代部队理论学习前沿问题研究
XINSHIDAI BUDUI LILUN XUEXI QIANYAN WENTI YANJIU

国防大学习近平新时代中国特色社会主义思想研究中心　编写

人民出版社 出版发行
（100706　北京市东城区隆福寺街 99 号）

北京九州迅驰传媒文化有限公司印刷　新华书店经销
2025 年 4 月第 1 版　2025 年 4 月北京第 1 次印刷
开本：710 毫米 × 1000 毫米 1/16　印张：18.75
字数：242 千字

ISBN 978 - 7 - 01 - 026296 - 3　定价：98.00 元

邮购地址 100706　北京市东城区隆福寺街 99 号
人民东方图书销售中心　电话（010）65250042　65289539